P. 42 orario

55 , 161

il fotografo fra le fotografie   Ca scuola

A settembre si riapre

in autunno andiamo in francia

un dollaro vale 1200 lire italiane

Translate into Italian.

inglish
Italian.

La lingua Italiana è una lingua
autentica.

PRIMO CORSO D'ITALIANO

PRIMO CORSO

D'ITALIANO

BY JOSEPH LOUIS RUSSO

D. C. HEATH AND COMPANY
Lexington, Massachusetts   Toronto

DRAWINGS BY GERALD G. VALENTI

MAPS BY RICHARD C. BARTLETT, JR.

COVER Canal in Venice *Ewing Krainin—Photo Researchers*

Detail from façade of St. Mark's *H. Armstrong Roberts*

TITLE PAGE Bellagio on Lake Como *H. Armstrong Roberts*

Library of Congress Catalog Card Number: 60–9356

PREFACE

PRIMO CORSO D'ITALIANO and its companion volume, SECONDO CORSO D'ITALIANO, are being published in answer to the many requests from teachers for new high school texts which more closely fit the present programs in the first two years of foreign language study. They incorporate the latest teaching techniques and are easier to work with than the series used so widely heretofore.

PRIMO CORSO D'ITALIANO is divided into seven parts. The first part, consisting of twenty-two preliminary lessons, is based on the direct method and affords young students the opportunity to talk Italian from the very start, without any knowledge of formal grammar. This section is intended to overcome inhibitions and put the students at ease in their new language. They will learn words, phrases, and expressions which they can use with one other and perhaps at home. The novel adventure will arouse their interest and seem like fun to them.

The remaining parts of the text consist of twenty-eight regular lessons and six review lessons. These offer, besides an essential minimum of grammar, a varied and interesting program of study whereby the student acquires the first elements of the language with only a moderate effort and with carefully organized gradual progress. Constant practice, oral and written drills, and frequent repetition of words and idiomatic expressions constitute the basis for this progress.

The basic features of the author's previous books on the same subject were utilized to the best advantage in this work. Most important among them is the principle of having only a very limited number of new words in each lesson and building the lesson which follows exclusively on the vocabulary already learned — plus the new words, of course. Frequent repetition is bound to leave an impression on young minds; therefore, extreme care has been taken to use each new word at least five times in subsequent lessons. Naturally, for obvious reasons, this principle could not be followed in the last few lessons.

At the request of various experienced teachers, nouns appearing in the lesson vocabularies are presented with their definite articles. The articles were omitted in the previous edition because the author felt that Italian has an advantage over other languages in that one can tell the gender of most of the nouns by their final vowels. However, since the consensus of opinion is that the articles help to impress proper usage on the minds of the students, the author is glad to accede to this request.

As for pronunciation, it should be carefully noted that the explanations given in the Introduction and Appendix are intended exclusively for reference. The student should learn step by step to pronounce this new language. In order to make sure that he does not go astray, special pronunciation exercises are provided at the beginning of each of the first twenty regular lessons. If these exercises are done accurately, the student will have no difficulty in acquiring a correct pronunciation.

The *Lettura*, which immediately follows the pronunciation exercise, is the basic part of each lesson. The student's attention should be concentrated on it because the structure of the entire lesson, as well as of the lessons which follow, requires an accurate knowledge of this section. Proceeding on the principle that the immediate surroundings hold the liveliest interest for the students, the author has based the *Lettura* for each of the first six lessons on the classroom. This theme provides ample topics for short conversations in which all can participate. In the reading sections of the later lessons this sphere of interest is expanded to include episodes of daily life, both at home and outdoors. The general plan is to provide the student with subject matter with which he is familiar.

The *Lettura* is followed by the Lesson Vocabulary, the Grammatical Notes, the Exercises, and the *Conversazione*.

The Grammatical Notes present in a clear and concise manner the general rules of grammatical structure, which are essential for building a solid foundation in a new language. These rules emphasize the essentials for the particular level at which the student is working, and the wording is the result of years of experience. As a result they should offer no difficulty.

The Exercises are of a varied nature. They should be worked out first orally in class, and then in writing. Writing is an essential part of the learning process because it fixes the attention of the student in a permanent way. It is up to the teacher to decide which exercises must be taken up and which can be omitted, since the teacher alone can evaluate the mental level and ability of the class. In no case should he feel that if all the exercises of each lesson are not done by every single student, something vital will be missed. Various exercises are offered to accomplish the purpose of the lesson, and the experienced teacher has the opportunity of modifying the assignments according to the particular needs of the class.

Since the primary purpose of the study of a modern language is the ability to speak it, oral drill is considered an essential part of the course.

It is suggested that the teacher or one of the students read the questions of the *Conversazione* aloud and clearly. The student who is to furnish the answer should be called on *after* the question has been read, and not before. Thus the attention of the whole class will be maintained throughout. In order to stress the importance of oral drill, the author has provided twenty-eight *Dialoghi pratici*, which are grouped at regular intervals throughout the book. These *dialoghi* utilize the vocabulary of each lesson. By practicing them and memorizing them the student will have a storehouse of familiar material for easy and fluent conversation.

Each part of this book, except the first, is followed by reading material of a varied nature; hence the title *Letture Varie*. The stories presented lend themselves to various uses: for classroom work, for outside reading, translation, dramatization, etc. Here again the choice is left to the teacher. The author has given abundant material for all types of classes.

Following the most recent methods, cultural material is presented in English selections in order to make it easily accessible to all. The purpose of the cultural material is to arouse a wide interest in the civilization of the country whose language the student is learning. These readings deal with Italy, its physical aspects, its regions, and its most important cities with their history and traditions. It was felt that at this level the student should first become acquainted with the general aspects of the country that has been so significant in the history of civilization. Italian history, the actual Italian achievements in the fields of literature, arts, and sciences, together with Italian folklore, will be discussed in greater detail in SECONDO CORSO D'ITALIANO.

A separate section offers some of the most melodious and popular songs of a people who seem to have singing in their blood. We are confident that teachers will approve the inclusion of these songs and their English translations in the text, for they well know that choral singing, besides being fun, is an excellent aid to language teaching.

The book is richly illustrated by photographs which are carefully integrated with the subject matter of the reading selections. These illustrations not only enhance the appearance of the book, but they can be of considerable help in promoting conversation in class.

The author wishes to thank Dr. Vincenzo Cioffari and Miss Grace Griffin of D. C. Heath and Company for useful suggestions he received from them.

J.L.R.

THE TABLE OF CONTENTS

Preface   vii

List of Illustrations   xix

Introduction   3

    The Alphabet

    Pronunciation

    Elision and Apocopation

    Capitals

    Punctuation

Classroom Expressions   11

PARTE PRIMA (*ORALE*): LEZIONI PRELIMINARI

THE WORLD LANGUAGES   14

    Stress Marks, Accent, and Symbols Used in This Book   19

    I. FACCIAMO L'APPƐLLO   19

    II. CHI Ɛ?   22

    III. MI MOSTRI IL LIBRO   23

    IV. NUMERI   25

    V. DI CHE Ɛ IL LIBRO?   27

    VI. DI CHE COLORE Ɛ IL GƐSSO?   29

    VII. DOVE SIAMO?   30

    VIII. CHI Ɛ L'ALUNNO?   32

IX.	ANIMALI DOMESTICI	33
X.	DA CHI COMPRO I LIBRI?	35
XI.	CHE È LA ROSA?	37
XII.	PER FAVORE...	39
XIII.	COME SI CHIAMA LEI?	41
XIV.	CHE ORA È?	42
XV.	IL CALENDARIO	45
XVI.	LA SETTIMANA	47
XVII.	I MESI	49
XVIII.	IL CORPO UMANO	51
XIX.	DOV'È L'AUTOMOBILE?	53
XX.	ABITANTI E LINGUE	55
XXI.	CHI FA QUESTO QUADRO?	57
XXII.	ALLA LAVAGNA	59

PARTE SECONDA

IS THE ITALIAN LANGUAGE HARD TO LEARN? — 62

1 Saluti — 69

2 In classe — 71
Conjugations. First conjugation: present indicative. Question form

3 Chi è Roberto? — 75
Indefinite article. Gender of nouns

4 Scriviamo — 78
Second conjugation: present indicative. Subject pronouns. Negative verb

5   **Il maestro scrive**   82
Definite article. Plural of nouns. Adjectives in –o

6   **Conversazione in classe**   85
Third conjugation: present indicative. Possession

WHY STUDY ITALIAN?   90

RIPETIZIONE LEZIONI I–VI   97
LETTURE VARIE
1. Parliamo italiano   99
2. Congratulazioni   100

DIALOGHI PRATICI I–VI   100

PARTE TERZA

7   **La casa d'Enrico**   105
Nouns and adjectives in –e. Position of adverbs.
Some cardinal numbers

8   **La camera di Beatrice**   109
Some relative pronouns. Contractions of **a** and **di**
with the definite articles

9   **Il compleanno di Beatrice**   113
Partitive construction. Contractions of **da** and **in**
with the definite articles

10   **Auguri!**   117
Lo and **la** as object pronouns. Contractions of **su,**
con, and **per** with the definite articles. Forms of
address

CHRISTMAS IN ITALY   122

RIPETIZIONE LEZIONI VII–X   127
RECOGNITION OF WORDS   128

DIALOGHI PRATICI VII–X   130

PARTE QUARTA

11 **Buon Natale!** 135
Object pronouns **li** and **le**. Present indicative of the
auxiliary verbs

12 **Studio a casa** 139
Past participles. Some irregular past participles.
Position of adjectives

13 **Una collezione di francobolli** 143
Present perfect with the auxiliary **avere**

ITALY 148

14 **Corrispondenza con l'Italia** 155
Possessives. Use of the possessives

15 **A pranzo in casa d'Antonio** 159
Present perfect with the auxiliary **essere**. Agreement of past participle

MORE ABOUT ITALY 164

RIPETIZIONE LEZIONI XI–XV 169

LETTURE VARIE
3. Una giornata con Paolo 170
4. A tavola 173
5. Tutti a cercare 174

DIALOGHI PRATICI XI–XV 175

PARTE QUINTA

16 **Anna desidera d'uscire** 179
First conjugation: future. Use of the future. Nouns
and adjectives in **–io**

17 **Riccardo s'alzerà presto**   183
Reflexive verbs

18 **Faremo delle spese**   188
Second and third conjugations: future. Further
cardinal numbers. A verb with two or more subjects.
Days of the week

ROME   194

19 **Una partita di calcio**   202
Still on the use of the possessives. Possessives with
nouns denoting relationship. Some diminutives

20 **Dopodomani arriverà la mia amica**   207
Future of the auxiliary verbs. Familiar forms of first
names

MILAN AND NAPLES   212

RIPETIZIONE LEZIONI XVI–XX   219

LETTURE VARIE
6. La medicina   221
7. I mesi e le stagioni   222
8. Il tempo   223
9. L'anno   223
10. Carletto   224

DIALOGHI PRATICI XVI–XX   225

PARTE SESTA

21 **Enzo racconta**   231
Irregular verbs of the first conjugation. Present
indicative of **andare** and **fare.** Definite article
before titles. Apocopation of titles ending in **–ore**

22 Al telèfono 234
Present indicative of **dare** and **stare**. **Non . . . che.**
Further cardinal numerals

TURIN, GENOA, AND PALERMO 240

23 Andiamo al cinematògrafo 249
Cardinal numerals. Use of the cardinal numerals

24 Piccole compere 253
Position of adjectives. Present indicative of **dire**

FLORENCE 258

RIPETIZIONE LEZIONI XXI–XXIV 265
LETTURE VARIE
11. Ha tòrto il signor Pinzi ? 267
12. Filosofia pratica 269
13. Lavoro e òzio (*Metastasio*) 271
14. La sa a memòria 271
15. Tròva un tesòro 272

DIALOGHI PRATICI XXI–XXIV 273

PARTE SETTIMA

25 Al ristorante 277
Commands. Common expressions

26 Al giardino zoològico 281
Imperative. Negative imperative

BOLOGNA, VENICE, AND TRIESTE 286

27 L'estate s'avvicina 295
Imperative of the auxiliary verbs. Imperative of the
four irregular verbs of the first conjugation

28 **Alla stazione** 300
 Future of probability. Hours of the day

RIPETIZIONE LEZIONI XXV–XXVIII 305

 LETTURE VARIE
  16. La ricotta 307
  17. Ritornerà a mezzogiorno 308
  18. Fanciulla, che cosa è Dio? (*Aleardi*) 309
  19. È vero, Gino? 310
  20. Non doveva far questo (*Cepparelli*) 312

 DIALOGHI PRATICI XXV–XXVIII 313

APPENDIX 315
   I. Given names in Italian
  II. Auxiliary verbs
 III. Regular verbs
  IV. Irregular verbs
   V. Idiomatic expressions
  VI. Additional notes on pronunciation

SONGS 331

VOCABULARY

 Italian-English 353

 English-Italian 373

INDEX 385

LIST OF ILLUSTRATIONS

Ruins of the Greek temple of Castor and Pollux near Agrigento, Sicily   14
EVANS FROM THREE LIONS

Looking south from the top of the "Gran Paradiso"   15
H. ARMSTRONG ROBERTS

Lake Como   H. ARMSTRONG ROBERTS   15

Road leading from the fashionable resort of Cortina to Austria   16
SCREEN TRAVELER FROM GENDREAU

"The Faun," excavated at Pompeii   PHILIP GENDREAU   17

Arch of Constantine, Rome   PAT MILLER FROM MONKMEYER   17

Piazza di Spagna, Rome   H. ARMSTRONG ROBERTS   18

Grand Canal, Venice   H. ARMSTRONG ROBERTS   62

Swiss guard at the Vatican   PHILIP GENDREAU   63

The Colosseum, Rome   EWING GALLOWAY   63

The Campanile and the Palace of the Doges, Venice   *Enit*   64

Sidewalk café in Como   SCREEN TRAVELER FROM GENDREAU   65

Would you like some *caffè espresso?*   65
GEORGE DANIELL — PHOTO RESEARCHERS

Busy street near the Rialto Bridge, Venice   H. ARMSTRONG ROBERTS   66

Open-air shop in Florence   PHILIP GENDREAU   66

Parmesan cheese on display   LEA WOLFF — PHOTO RESEARCHERS   67

The Wednesday market in the Campo dei Fiori, Rome   67
ERNEST NASH — PHOTO RESEARCHERS

Palazzo Pubblico, Siena   *Enit*   68

Self portrait of Leonardo da Vinci, Uffizi Gallery, Florence   90
PHOTO ALINARI

Dante. Fifteenth-century bronze in the National Museum, Naples   90
PHOTO ALINARI

House in Genoa where Christopher Columbus was born   91
PHILIP GENDREAU

Basilica of St. Anthony, Padua   *Enit*   92

Statue of General Gattamelata by Donatello   PHOTO ALINARI   93

Uffizi Gallery, Florence   PHILIP GENDREAU   93

Gioacchino Rossini   94

Giuseppe Verdi   PHOTO ALINARI   94

La Scala Opera House, Milan   PHILIP GENDREAU   94

Alessandro Manzoni   95

Detail from statue of the poet Carducci, Bologna   PHILIP GENDREAU   95

Bronze doors of the Baptistry, Florence   PHILIP GENDREAU   96
Ancient Sirmione castle on Lake Garda   PHILIP GENDREAU   104
Basilica of Saint Francis, Assisi   *Enit*   122
Italian crib maker and an interested onlooker   123
PAUL PIETZSCH FROM BLACK STAR
"The Nativity," fourteenth-century work by the school of Giotto   123
COURTESY, MUSEUM OF FINE ARTS, BOSTON
Famous crib maker at work   PAUL PIETZSCH FROM BLACK STAR   123
Christmas decorations in an Italian schoolroom   THREE LIONS   124
Young boy admires a *presepio*, symbol of Christmas   THREE LIONS   124
Christmas shopping in Piazza Navona, Rome   125
SYLVIA A. BROWN FROM BLACK STAR
"Virgin and Child with Angels, Saints, and Donor," by Fra Angelico   126
COURTESY, MUSEUM OF FINE ARTS, BOSTON
Shores of Lake Como   H. ARMSTRONG ROBERTS   134
The Matterhorn from the Italian side of the Swiss frontier   148
PHILIP GENDREAU
Atrani, a picturesque town on the road from Amalfi to Salerno   149
JACOBS FROM THREE LIONS
Helping in the family vineyard   JOE COVELLO FROM BLACK STAR   152
Portofino, on the Italian Riviera   *Enit*   152
E. U. R. Palazzo della Civiltà, Rome   *Foto–Enit–Roma*   153
Bridge leading to Castel Sant'Angelo, Rome   153
LOUIS GOLDMAN FROM RAPHO-GUILLUMETTE
Leaning Tower of Pisa   PHILIP GENDREAU   154
Lake Maggiore   MONKMEYER PRESS PHOTO SERVICE   164
A park in Padua   H. ARMSTRONG ROBERTS   165
Garden of the Villa Medici, Rome   165
ERNEST NASH — PHOTO RESEARCHERS
"Trulli" houses in Alberobello   THREE LIONS   165
Road leading to Mount Etna, Sicily   *Enit*   165
The Geese Palio in Pavia   PUBLIFOTO FROM BLACK STAR   166
Gelati and Coca-Cola — a new combination   166
LOUIS S. DAVIDSON FROM MONKMEYER
Venetian glassworkers   PHILIP GENDREAU   166
Pretty girls in the regional costumes of Abruzzi   167
PHOTOS LANDAU FROM RAPHO-GUILLUMETTE
Tuscan girl near the old well in San Gimignano   167
MADELEINE MOECKEL FROM BLACK STAR
Country scene in Central Italy   167
GEORGE DANIELL — PHOTO RESEARCHERS
Making music with a jug   168
BERNARD G. SILBERSTEIN FROM RAPHO-GUILLUMETTE
Painted cart on a Sicilian road   THREE LIONS   168
Tarantella band in colorful costumes   168
BERNARD G. SILBERSTEIN FROM RAPHO-GUILLUMETTE

One of the fountains in St. Peter's Square   PHILIP GENDREAU   178

Julius Caesar   194

Roman ruins along the Via Appia   RUOHOMAA FROM BLACK STAR   195

River Tiber, Rome   C. GULLERS FROM RAPHO-GUILLUMETTE   196

Arch of Titus with the Colosseum in the background, Rome   197
MOTYKA FROM MONKMEYER

Piazza del Foro Traiano, Rome   197
LOUIS GOLDMAN FROM RAPHO-GUILLUMETTE

The prophet Daniel by Michelangelo   198
MONKMEYER PRESS PHOTO SERVICE

Michelangelo   199

"Moses," by Michelangelo   EWING GALLOWAY   199

Basilica of St. Peter, Rome   199
DEANE DICKASON FROM EWING GALLOWAY

Room in the Vatican Library   200
LEONARD VON MATT FROM RAPHO-GUILLUMETTE

Detail from one of the Bernini fountains in Piazza Navona, Rome   200
PHOTOS LANDAU FROM RAPHO-GUILLUMETTE

Marcus Aurelius column, Rome   PHOTO ALINARI   201

Il Duomo, Milan   H. ARMSTRONG ROBERTS   212

Church of Santa Maria delle Grazie, Milan   213
CHARLES MAY FROM BLACK STAR

Modern supermarket, Milan   PUBLIFOTO FROM BLACK STAR   214

Galleria Vittorio Emanuele, Milan   MOTYKA FROM MONKMEYER   214

Open-air market during the watermelon season   214
LEA WOLFF — PHOTO RESEARCHERS

Skyline of modern Milan   PUBLIFOTO FROM BLACK STAR   215

Main entrance of the cathedral at Amalfi   *Enit*   216

Bay of Naples   EWING GALLOWAY   216

Cliffs and rock formations on the island of Capri   *Enit*   217

Arch of Caligula, Pompeii   PHILIP GENDREAU   217

Angevin Castle, Naples   *Enit*   218

University of Naples   *Enit*   218

Amphitheater at Pompeii   230
STUDIO GULLER FROM RAPHO-GUILLUMETTE

Palazzo Madama, Turin   *Foto-Enit-Roma*   239

Piazza San Carlo, Turin   *Foto-Enit-Roma*   239

Bridge over the river Po, Turin   *Foto-Enit-Roma*   240

Porta Palatina, Turin   *Foto-Enit-Roma*   241

Fiat-Mirafiori plant, Turin   *Istituto Italiano di Cultura*   241

Via Brigata Partigiani, Genoa   *Foto-Enit-Roma*   242

"Western Riviera" near San Remo   *Foto-Enit-Roma*   243

Façade of the Cathedral, Genoa   *Foto-Enit-Roma*   243

A view of Mount Pellegrino from the port of Palermo   244
Foto-Enit-Roma

Palermo Cathedral   *Foto-Enit-Roma*   245
Cathedral of Monreale   *Foto-Enit-Roma*   245
Cloister of San Giovanni degli Eremiti, Palermo   *Foto-Enit-Roma*   246
Mount Etna, Sicily   THREE LIONS   247
Close-up of the temple of Castor and Pollux, Sicily   THREE LIONS   248
Detail from the main door of the Cathedral of Santa Maria del Fiore   258
     PHILIP GENDREAU
Dome of the Cathedral and the bell tower, Florence   259
     C. GULLERS FROM RAPHO-GUILLUMETTE
Ponte Vecchio, Florence   EWING GALLOWAY   260
The Baptistry, Florence   MARIE J. MATTSON FROM BLACK STAR   261
Detail from the Baptistry's eastern door   PHILIP GENDREAU   261
"Perseus" by Cellini and a copy of Michelangelo's "David" in the
     Piazza della Signoria, Florence   MAX TATCH FROM BLACK STAR   262
"Un Viandante," example of Roman art in the Uffizi Gallery   262
     PHILIP GENDREAU
Pitti Palace, Florence   PHILIP GENDREAU   262
Football game in the square before the Palazzo Vecchio   263
     LEA WOLFF FROM MONKMEYER
Michelangelo's statue of Lorenzo de' Medici   PHILIP GENDREAU   263
Battlements of the Palazzo Vecchio   HENLE FROM MONKMEYER   264
Detail from the throne of Archbishop Maximian, Ravenna   276
     PHILIP GENDREAU
University of Bologna   *Istituto Italiano di Cultura*   286
Fountain of Neptune, Bologna   *Foto-Enit-Roma*   287
The Garisenda and Asinelli towers, Bologna   *Foto-Enit-Roma*   287
Venice, city of canals   EWING GALLOWAY   288
Bronze bell ringers, Venice   PHILIP GENDREAU   289
Rialto Bridge, Venice   REFOT FROM RAPHO-GUILLUMETTE   289
Winged Lion of St. Mark, Venice   H. ARMSTRONG ROBERTS   290
Basilica of St. Mark, Venice   291
     BERNARD G. SILBERSTEIN FROM RAPHO-GUILLUMETTE
Bridge of Sighs, Venice   PHILIP GENDREAU   292
Ca' d'Oro, Venice   *Foto-Enit-Roma*   292
Piazza Oberdan, Trieste   SCREEN TRAVELER FROM GENDREAU   293
Cathedral of San Giusto, Trieste   *Foto-Enit-Roma*   293
East End of the Canal Grande, Trieste   EWING GALLOWAY   294
Teatro Romano, Trieste   *Foto-Enit-Roma*   294
Harvest time   THREE LIONS   304

MAPS

Physical map of Italy   150
Political map of Italy   151

PRIMO CORSO D'ITALIANO

THE ALPHABET

1. The Italian alphabet consists of the following twenty-one letters:

LETTER	NAME	LETTER	NAME	LETTER	NAME
a	a	h	acca	q	cu
b	bi	i	i	r	εrre
c	ci	l	εlle	s	εsse
d	di	m	εmme	t	ti
e	ε	n	εnne	u	u
f	εffe	o	o	v	vu
g	gi	p	pi	z	zεta

The letter **j** (*i lungo*) is rarely used in modern Italian, **i** having taken its place; **x** (*iccase*) is found only in such expressions as **ex deputato, ex ministro,** etc.; the letters **k** (*cappa*), **w** (*doppio vu*) and **y** (*ipsilon*) are used exclusively for the spelling of foreign words.

PRONUNCIATION

2. Stress Marks. When a word has two or more vowels, one vowel is stressed more than the other or others. Usually only a word stressed on the last vowel is marked in Italian with an accent; no sign marks the stress when it is on any other vowel. For the convenience of the student, however, certain symbols have been adopted in this book to mark the stress: printing in italic type; in the special type ε (called "open *e*"); and in the special type ɔ (called "open *o*").

camera   **mεdico**   **mɔbile**

If none of the vowels is specially printed, the stress is on the next-to-the-last vowel.

veranda   **cantare**   **locomotiva**

3. Vowels. 1. The five vowel signs represent seven different sounds, and are pronounced as follows: [1]

a	as *a* in *father*	carta	sala	stalla
e (*close*)	as *a* in *late*	mele	vedere	temere
e (*open*)	as *e* in *let*	sɛlla	tɛma	tɛnda
i	as *i* in *machine*	siti	vini	finiti
o (*close*)	as *o* in *rope*	sole	coda	colore
o (*open*)	as *o* in *soft*	pɔrta	tɔro	vɔlta
u	as *oo* in *moon*	fumo	luna	tutto

Close and *open* vowels are not differentiated in spelling, but their pronunciation follows somewhat definite rules (*see* Appendix VI).

2. In pronouncing Italian vowels an effort should be made to avoid nasal resonance entirely and to carry the voice well forward in the mouth. The mouth should be well opened in pronouncing **a, e** *open*, and **o** *open*, and almost closed with the lips drawn back when making the sound **i.** The student should note also that, while in English long vowels tend to become diphthongal (like *a* in *late* and *o* in *rope*), this tendency does not appear in Italian: Italian vowels are uniform throughout their utterance.

3. A marked difference in pronunciation between Italian and English is that in Italian the unstressed vowels keep their pure sound, while in English unstressed vowels are often slurred. This is due to the fact that Italian is not, like English, an explosive language, but rather a singing (chromatic) language. Accents are not strong stresses which mutilate preceding and following vowels, but rather soft stresses that are shown in the lengthening of the vowel sounds.

4. It may be useful to call the beginner's attention to the following cases in which Italian vowels are frequently mispronounced by English-speaking students:

(*a*) Initial or final unstressed **a**, which should not be slurred: **amica, arɔma, arɛna.**

(*b*) The vowels **e, i, u,** when followed by **r,** should not be incorrectly pronounced like the *i* in *girl:* **Verdi, Curci, permesso, firma.**

(*c*) Initial, unstressed **o** should not be mispronounced like the *o* in *office:* **occupare, ostacolare, osservare.**

---

[1] For practical purposes, the pronunciation will be explained by comparison with English sounds. It must never be forgotten, however, that the sounds of any two languages seldom correspond exactly. As for the vowels, note that those which occur in unstressed position at the end of a word are uttered slightly more rapidly than the others.

(*d*) The vowel **u,** followed by l or **n,** should not be pronounced like the *u* in *full:* **u**ltimo, **punto.**

The beginner should strive to overcome such tendencies from the start, bearing in mind that the sound of the Italian vowels should be kept pure and distinct without regard to their position.

4. Semivowels. Unstressed **i** and **u,** placed before another vowel, are pronounced respectively like *y* in *yet* and *w* in *well.* They are often called semivowels.[1]

iɛri   aiuto   uɔmo   nuɔvo

5. Diphthongs. A combination of two vowels, uttered as one syllable, constitutes a diphthong. The vowels **a, e,** and **o** may combine with **i** or **u,** in which case the stress falls on the **a, e,** or **o;** or the diphthong may be **iu** or **ui,** in which case it is the second vowel which is stressed.

piɛno   biada   mai   rɑuco   pɔi   guida   suɔno

6. Consonants. The following consonants are pronounced approximately as in English: **b, d, f, l, m, n, p, q, t,** and **v.** In pronouncing **d, l, n,** and **t,** however, the tip of the tongue should touch the upper teeth, and **p** should be made with an effort to avoid the explosive aspiration which accompanies the same sound in English. It should also be noted that the letter **n,** when standing before a **c** which has the sound of *c* in *cap,* a **g** which has the sound of *g* in *go,* or a **q,** has the sound of *ng* in *bang.*

bianco   lungo   dovunque

c and **g** have either a *palatal* sound or a *guttural* sound. Before **e** or **i,** they take the palatal sound, that is, they are pronounced toward the front of the mouth: **c** like *ch* in *chill,* and **g** like *g* in *general.*[2] In all other cases the guttural sound occurs; that is, they are pronounced to the rear of the mouth, and **c** corresponds to the English *k,* **g** to the *g* in *go.*

PALATAL:	**aceto**	**vicino**	**gentile**	**regina**
GUTTURAL:	**sicuro**	**credo**	**gallo**	**grande**

[1] Semivowel **i** is written **j** by a few writers (ex. **ajuto**), but this usage is rapidly growing obsolete.   [2] In Tuscany and in some other parts of Italy, **c** and **g** between two vowels, the second of which is **e** or **i,** are pronounced respectively like the *sh* in *ship* and the *s* in *pleasure.*

| **h** | is always silent. It appears in a few short words. |

| | **ha** | **hai** | **ahi** | **hɔ** |

| **r** | is trilled, that is, pronounced with a vibration of the tongue against the alveolar ridge, i.e. the inner ridge of the gum at the base of the upper front teeth. |

| | **caro** | **sera** | **mare** | **marito** |

| **s** | has two different sounds: unvoiced **s**, like *s* in *sand*, and voiced **s**, like *s* in *rose*. |

| | UNVOICED: | **spesso** | **sabbia** | **rɛsto** | **busta** |
| | VOICED: | **sleale** | **sbarco** | **prɔsa** | **esame** |

| **z** | also is pronounced in two different ways: like a vigorous *ts* (unvoiced **z**), or like a prolonged *dz* (voiced **z**). |

| | UNVOICED: | **marzo** | **azione** | **zio** | **tɛrzo** |
| | VOICED: | **romanzo** | **bronzo** | **zero** | **manzo** |

For rules concerning the sounds of **s** and **z**, see Appendix VI.

Each Italian consonant, except those forming digraphs (*see* § 8), has a distinct and separate sound value, and should be clearly pronounced.

The letters **l, m, n,** and **r,** when preceded by a stressed vowel and followed by another consonant, are uttered longer than usually.

| | **palma** | **ambo** | **pianto** | **parte** |

7. Double Consonants.

In Italian the double consonant is always more prolonged and emphatic than the single, except in the case of **zz,** which is pronounced almost like **z.** A similar doubling occurs in English only when two words, the first of which ends and the second of which begins with the same consonant sound, are pronounced without a pause between, as *good day, penknife,* etc.

Note carefully also:

1. The stressed vowel is long before a single consonant (not final) and short before a double consonant.

2. Double consonants always represent a single, energetic, and prolonged sound. This is true also of double **c** and double **g,** which never are pronounced separately, as two distinct sounds, as in the English words *accept, suggest,* etc., but together, with more intensity and length than if they were single. Their palatal or guttural nature is determined by their being followed or not by **e** or **i.**

| | **atto** | **vacca** | **accɛnto** | **aggettivo** | **palla** |

8. Combined Letters. The following combinations, or digraphs, which really represent single sounds, are to be noted:

ch and **gh** (used only before **e** or **i**), the first representing the sound of a *k*, the second that of *g* in *go*.

> **chiave**   **laghi**   **schiavo**

ci and **gi,** pronounced respectively like *ch* in *chill* and *g* in *general*, when followed by **a, o, u.** In the resulting groups (**cia, cio, ciu; gia, gio, giu**) the **i**, unless stressed, merely indicates that the **c** or **g** has the palatal sound before **a, o,** or **u.**

> **provincia**   **ciottolo**   **fanciullo**
> **giallo**   **ragione**   **giusto**

gli   which is pronounced somewhat like *lli* in *billiards* and *million*, but with the tip of the tongue against the lower teeth. When no vowel follows **gli,** the **i** is pronounced.

> **figlio**   **figli**   **egli**   **paglia**   **gigli**

> In the following words, however, **gl** sounds as in the English word *angle:* **Anglia,** poetic name of England; **anglicano,** *Anglican;* **anglicismo,** *Anglicism;* **glicerina,** *glycerine;* **geroglifico,** *hieroglyphic;* **negligere,** *to neglect;* the derivatives of **negligere,** and a few other uncommon words.

gn   which has a sound similar to that of *ni* in *onion*, but with the tip of the tongue against the lower teeth.

> **bagno**   **ogni**   **guadagno**   **ognuno**

qu   pronounced always like *kw*.

> **quattro**   **quanto**   **questo**

sc   pronounced like *sh* before **e** or **i**, like *sk* in any other case.

> **scena**   **scimmia**   **oscuro**   **escluso**

> In the groups **scia, scio, sciu,** the vowel **i**, unless it is stressed, is not sounded, serving only to indicate that **sc** must be pronounced *sh*.

> **sciagura**   **lascio**   **sciupare**

9. The Vowels *e* and *o*. The vowels **e** and **o** are always *close* in unstressed syllables.

> **fame**   **delirio**   **domandare**

For rules concerning the sounds of **e** and **o** in stressed syllables, see Appendix VI.

STRESS AND ACCENT

10. In an Italian word the stress falls nearly always on the same syllable on which it falls in the corresponding Latin word. We may find it on one of the following syllables:

on the last	**fabbricò**
on the next-to-the-last	**fabbricare**
on the third-from-the-last	**fabbrico**
on the fourth-from-the-last	**fabbricano**

Words having the stress on the final vowel are marked with a grave accent (`). No written accent is used on other words, except occasionally in order to avoid ambiguity, but it may be a help for the student to remember: (*a*) that most Italian words are stressed on the next-to-the-last syllable, fewer on the third-from-the-last, and only a very limited number on the fourth-from-the-last; (*b*) that *e open* (ɛ) and *o open* (ɔ) are always stressed.

11. Besides being used on words stressed on the last syllable, as stated above, the grave accent is used also on the words **già, giù, più, può,** and on the following monosyllables which otherwise might be confused with others of the same spelling but of different meaning:

chè because		**che** that	
dà gives		**da** by, from	
dì day		**di** of	
è is		**e** and	
là, lì there		**la, li** *articles*	
nè nor		**ne** of it, of them	
sè himself		**se** if	
sì yes		**si** himself	
tè tea		**te** thee	

ELISION AND APOCOPATION

12. Elision is the dropping of the final vowel of a word, before another word beginning with a vowel. It is indicated by the apostrophe.

l'amico (= lo amico)
un'ɔpera d'arte (= una ɔpera di arte)
un onɛst'uɔmo (= un onɛsto uɔmo)
dovrɛbb'ɛssere (= dovrɛbbe ɛssere)

While optional otherwise, the elision is generally required in the following cases: (*a*) articles; (*b*) conjunctive personal pronouns; (*c*) demonstrative adjectives; (*d*) the adjectives **bɛllo, buɔno, grande,** and **santo;** (*e*) the preposition **di.**

13. Apocopation (called in Italian **troncamento**) is the dropping of the final vowel or of the entire final syllable of a word before another word, no matter how the latter begins. No apostrophe is required when the apocopation affects only the last vowel; when the entire final syllable is dropped, the apostrophe is used in certain instances, while in others it is omitted.

The apocopation is in most cases a matter of choice, being based on euphony and current usage. As a rule, it takes place with words of more than one syllable which end with an **e** or an **o** preceded by **l, m, n,** or **r.**

fatal(e) **destino**	fatal destiny
siam(o) **perduti**	we are lost
son(o) **andati**	they have gone
lasciar(e) **tutto**	to leave all

CAPITALS

14. Capital letters are used in Italian as they are in English, except that small letters are used:

(*a*) With proper adjectives, unless used as plural nouns.

una grammatica italiana	an Italian grammar
But: **gl'Italiani**	the Italians

(*b*) With names of months and days.

ogni giovedì di marzo	every Thursday in March

(*c*) With titles, when followed by a proper name.

il principe Colonna	Prince Colonna
il signor Guidi	Mr. Guidi

(*d*) In contemporary poetry, with the first word of each line, unless a capital letter should be required by the rules of prose.

(*e*) With the pronoun **io,** *I.*

s'io fossi in Italia	if I were in Italy

On the other hand, the personal pronouns **Ella, Lɛi, Loro,** *you* (singular and plural), used in formal address, are generally capitalized.

verrɔ con Lɛi	I shall come with you

PUNCTUATION

15. The same punctuation marks exist in Italian as in English. Their Italian names are:

.	punto	—	lineetta
,	virgola	. . .	punti sospensivi
;	punto e virgola	« »	virgolette
:	due punti	( )	parentesi
?	punto interrogativo	[ ]	parentesi quadra
!	punto esclamativo	}	grappa
-	stanghetta	*	asterisco

They are used as in English, except that the **punti sospensivi** are often employed in place of the English dash, while the latter (**lineetta**) commonly serves to denote a change of speaker in a conversation.

Buɔn giorno !	Good morning ! Good day !
Buɔna sera !	Good evening !
Sì, signore.	Yes, sir.
Nɔ, signore.	No, sir.
Signore. Signor Brown.	Sir. Mr. Brown.
Signora. Signora Smith.	Madam. Mrs. Smith.
Signorina. Signorina Jones.	Madam. Miss Jones.
Per piacere ! *or* **Per favore !**	Please !
Grazie !	Thank you !
Prɛgo ! *or* **Niɛnte !** *or* **Non c'ɛ di che !**	Don't mention it !
Bɛne !	Good !
Benissimo ! *or* **Molto bɛne !**	Very good !
Mi scusi !	Excuse me !
Con piacere.	Gladly. With pleasure.
Arrivederci ! *or* **Arrivederla !**	Good-bye ! Till we see each other again !

Come si chiama Lɛi?	What is your name ♪
Mi chiamo Maria Nelson.	My name is Mary Nelson.
Come si chiama questo in italiano?	What is this called in Italian ♪
Che cɔsa ɛ questo?	What is this ♪
Questo ɛ il libro.	This is the book.
Chi ɛ questo ragazzo?	Who is this boy ♪
Questo ragazzo ɛ un alunno.	This boy is a pupil.
Chi sono questi ragazzi?	Who are these boys ♪
Questi ragazzi sono alunni.	These boys are pupils.
Attenzione !	Attention !
Che c'ɛ?	What is there ♪ What is the matter ♪
Che c'ɛ sulla scrivania?	What is there on the desk ♪
Ci sono dei libri.	There are some books.

Ad alta voce !	Aloud !
In silɛnzio !	Silently !
A che pagina ?	On what page ?
A pagina sɛtte.	On page seven.
A che riga ?	In what line ?
A riga dodici.	In line twelve.
Al principio.	At the beginning.
Alla fine.	At the end.
Alla lavagna !	Go to the blackboard.
Sulla lavagna.	On the blackboard.
A posto !	To your seat ! To your seats !
Silɛnzio !	Silence !
Bravo !	Fine !

SINGULAR	PLURAL	
S'alzi !	S'alzino !	Stand up.
Sɛgga !	Sɛggano !	Be seated.
Vɛnga !	Vɛngano !	Come.
Vada !	Vadano !	Go.
Scriva !	Scrivano !	Write.
Lɛgga !	Lɛggano !	Read.
Ascolti !	Ascoltino !	Listen.
Ripɛta !	Ripɛtano !	Repeat.
Risponda !	Rispondano !	Answer.
Traduca !	Traducano !	Translate.
Corrɛgga !	Corrɛggano !	Correct.
Cancɛlli !	Cancɛllino !	Erase.
Cominci !	Comincino !	Begin.
Apra !	Aprano !	Open.
Chiuda !	Chiudano !	Close.
Prɛnda !	Prɛndano !	Take.
Mi dia !	Mi diano !	Give me.

Dettato.	Dictation.
Ascoltino attentamente !	Listen attentively.
Virgola.	Comma.
Punto e virgola.	Semicolon.
Due punti.	Colon.
Punto e continuando.	Period, same paragraph.
Punto e da capo.	Period, new paragraph.
Punto e basta.	Period, the end.
Leggerò da capo.	I shall read again.

PARTE **PRIMA** *ORALE*

Lezioni preliminari

THE WORLD

LANGUAGES

Among the hundreds of languages spoken in the world today, the most important are those that belong to the linguistic family called Indo-European. They have a common origin and are spoken in Europe, in North, Central, and South America, in Australia, and in some parts of Asia and Africa.

The principal groups of the Indo-European languages are:

1 Greek.

2 The Romance group, so called because it was derived from the language of Rome, i.e. Latin. It includes Italian, French, Spanish, Portuguese, and Romanian.

3 The Germanic group, which embraces German, English, Dutch, and the Scandinavian languages.

4 The Slavic group, which includes Russian, Polish, Bulgarian, and Serbo-Croatian.

5 The Indian group, which includes the many languages that are spoken in India.

Among the other languages, different from the Indo-European ones, the most important are: Arabic, spoken in western Asia and North Africa, Chinese, Japanese, Hungarian, and Turkish.

left   Ruins of the Greek temple of Castor and Pollux near Agrigento, Sicily
right   Looking south from the top of the "Gran Paradiso" in Northern Italy
below Lake Como, one of the most beautiful lakes in Northern Italy

left   The Dolomites tower
         above the road
         leading from the fashionable
         resort of Cortina
         to Austria.
right " The Faun,"
         in the courtyard of one of the houses
         excavated at Pompeii
below Arch of Constantine, Rome

The grand stairway of the Piazza di Spagna, Rome

Stress Marks, Accent, and Symbols Used in This Book

When a word has two or more vowels, one vowel is stressed more than the other or others. Usually only a word stressed on the last vowel is marked in Italian with an accent (**libertà**, *liberty;* **bontà**, *goodness*); no sign marks the stress when it is on any other vowel. For the convenience of the student, however, certain symbols have been adopted in this book to mark the stress: printing in italic type, in the special type ɛ (called "open *e*"), and in the special type ɔ (called "open *o*").

camera *bedroom* **mɛdico** *physician* **nɔbile** *noble*

If none of the vowels is specially printed, the stress is on the next-to-the-last vowel.

amico *friend* **avvocato** *lawyer* **persona** *person*

Open *e* (ɛ) is pronounced as *e* in *let*.
Open *o* (ɔ) is pronounced as *o* in *soft*.
Other symbols used in this book are:
Voiced **s,** pronounced as *s* in *rose;* voiced **z,** pronounced as a prolonged *dz.*

FACCIAMO L'APPƐLLO

MAƐSTRO (MAƐSTRA)[1]

I. Buɔn giorno, ragazzi!

Facciamo l'appɛllo:
Signor ——.
Signorina ——.
Signorina ——.
Signor ——.

ALUNNO (ALUNNA)

Buɔn giorno, signor —— (signorina ——).

Presɛnte.
Presɛnte.
Assɛnte.
Presɛnte.

II. Che è questo?

Questo è un banco.

---

[1] **Maɛstro** (or **professore**) is a man teacher; **maɛstra** (or **professoressa**) is a woman teacher.

Che è questo?   Questo è un libro.

Che è questo?   Questo è un quadεrno.

III. Che è questo?  Questa è una scrivania.

Che è questo?   Questa è una penna.

Che è questo? 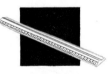 Questa è una riga.

IV. È questo un calamaio?   Sì, signore, è un calamaio.

È questa una la-
vagna?

Sì, signorina, è una la-
vagna.

È questo un qua-
dεrno?

Nɔ, signorina, non è
un quadεrno; è
una riga.

È questa una scri-
vania?

Nɔ, signore, non è
una scrivania; è
un banco.

Che è questo?	è	non è	sì	nɔ
M.	un	questo	libro	
F.	una	questa	riga	

ESERCIZIO UNO

A. Che è questo?   Questo è un ——.
Che è questo?   Questa è una ——.
Che è questo?   Questo è un ——.
Che è questo?   Questa è una ——.
Che è questo?   Questo è un ——.
Che è questo?   Questa è una ——.

B. È questo un ——?   Sì, signore, è un ——.
È questa una ——?   Sì, signore, è una ——.
È questo un ——?   Sì, signore, è un ——.
È questa una ——?   Sì, signore, è una ——.
È questo un ——?   Nɔ, signore, non è un ——; è —
——.

È questa una ——?   Nɔ, signore, non è una ——;
è — ——.

CHI è?

UN ALUNNO		UN ALTRO ALUNNO

I. Chi è Enrico?
Chi è Riccardo?
Chi è Carlo?

Chi è Paolo?

Enrico è un ragazzo.
Riccardo è un ragazzo.
Anche Carlo è un ragazzo.
Paolo è un altro ragazzo.

II. Chi è Luisa?
Chi è Anna?
Chi è Maria?

Chi è Caterina?

Luisa è una ragazza.
Anna è una ragazza.
Anche Maria è una ragazza.
Caterina è un'altra ragazza.

III. Chi sono Paolo e Carlo?
Chi sono Enrico e Riccardo?
Chi sono Anna e Maria?
Chi sono Luisa e Caterina?
Chi sono Anna e Paolo?

Paolo e Carlo sono due ragazzi.
Enrico e Riccardo sono due altri ragazzi.
Anna e Maria sono due ragazze.
Luisa e Caterina sono due altre ragazze.
Anna e Paolo sono due ragazzi.

IV. Chi sono Riccardo, Enrico e Paolo?
Chi sono Caterina, Maria e Anna?
Chi sono Luisa, Anna e Carlo?

Riccardo, Enrico e Paolo sono tre ragazzi.
Caterina, Maria e Anna sono tre ragazze.
Luisa, Anna e Carlo sono tre ragazzi.

Chi è?	Chi sono?	due	tre	e	anche
M.	un altro ragazzo		altri ragazzi		
F.	un'altra ragazza		altre ragazze		

ESERCIZIO DUE

A. Riccardo è un ragazzo?

Sì, signore, Riccardo è un ragazzo.

Luisa è una ragazza?

Sì, signore . . .

Paolo è una ragazza?

Nɔ, signore . . .

Anna è un ragazzo?

Nɔ, signore . . .

B. Carlo e Riccardo sono due alunni?

Sì, Carlo e Riccardo sono due alunni.

Chi sono Enrico e Paolo?

Enrico e Paolo . . .

Chi sono Maria e Caterina?

Maria e Caterina . . .

Paolo, Luisa e Anna sono due alunni?

Nɔ, signore . . .

C. Chi è Enrico? — Chi è Maria? — Chi è Caterina? — Chi è Carlo? — Chi è Paolo? — Chi sono Enrico e Riccardo? — Chi sono Luisa e Anna? — Chi sono Caterina e Maria? — Chi sono Maria e Riccardo? — Chi sono Enrico, Paolo e Carlo? — Chi sono Anna, Caterina e Luisa?

MI MOSTRI IL LIBRO

MAƐSTRO	ALUNNO
I. Mi mostri il libro.	Ɛcco il libro.
Mi mostri il quaderno.	Ɛcco il quaderno.
Mi mostri la penna.	Ɛcco la penna.
Mi mostri la lavagna.	Ɛcco la lavagna.
Mi mostri due libri.	Ɛcco due libri.
Mi mostri due penne.	Ɛcco due penne.

II. Che cɔsa è questo?

Questo è un temperino.

Che cosa è questo?  Questo è un quadro.

Che cosa è questo?  Questo è un orologio da polso.

III. Che cosa è questo?  Questa è una matita.

Che cosa è questo? Questa è una gomma.

Che cosa è questo? Questa è una scatola.

IV. Fare lo stesso con:

un pezzo di gesso   un dizionario   un foglio

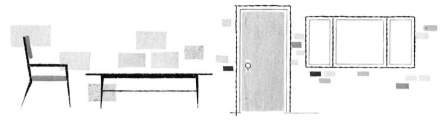

| una sedia | una tavola | una porta | una finestra |

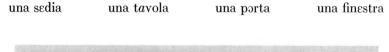

Che cosa?   Mi mostri.   Ecco.
il libro   la penna

ESERCIZIO TRE

A. Mi mostri un ——.   Ecco un ——.
Mi mostri una ——.   Ecco una ——.
Mi mostri il ——.   Ecco il ——.
Mi mostri la ——.   Ecco la ——.

B. Questo è un —— ?   Sì, signore, è un ——.
Questa è una —— ?   Sì, signore, è una ——.
Questo è il —— ?   No, signore, non è il ——; è —
                                        ——.

Questa è la —— ?   No, signore, non è la ——; è —
                                        ——.

C. Un quadro, due quadri, tre quadri. Continui a dire: Una sedia . . .
Un ragazzo . . . Un quaderno . . . Una gomma . . . Un'altra
gomma . . . Una matita . . . Un alunno . . . Un'alunna . . . Una
scatola . . . Un maestro . . . Una ragazza . . . Un libro . . . Un
temperino . . . Una porta . . .

NUMERI

4	quattro	7	sette	10	dieci
5	cinque	8	otto	11	undici
6	sei	9	nove	12	dodici

I. Quanto fanno tre più uno?	Tre più uno fanno quattro.
Quanto fanno quattro più uno?	Quattro più uno fanno cinque.
Quanto fanno cinque più uno?	Cinque più uno fanno sei.
Quanto fanno sei più uno?	Sei più uno fanno sette.
Quanto fanno sette più uno?	Sette più uno fanno otto.
II. Quanto fanno dodici meno uno?	Dodici meno uno fanno undici.
Quanto fanno undici meno uno?	Undici meno uno fanno dieci.
Quanto fanno dieci meno uno?	Dieci meno uno fanno nove.
Quanto fanno nove meno uno?	Nove meno uno fanno otto.
III. Quanto fanno due per due?	Due per due fanno quattro.
Quanto fanno due per tre?	Due per tre fanno sei.
Quanto fanno due per quattro?	Due per quattro fanno otto.
Quanto fanno due per cinque?	Due per cinque fanno dieci.
Quanto fanno due per sei?	Due per sei fanno dodici.

IV.	$7 + 3 = 10$	Sette più tre, dieci.
	$12 - 4 = 8$	Dodici meno quattro, otto.
	$3 \times 3 = 9$	Tre per tre, nove.

ESERCIZIO QUATTRO

A. Conti: 1, 2, 3, 4, 5, 6, 7, 8, 9, 10, 11, 12.
Conti all'inverso: 12, 11, 10, 9, 8, 7, 6, 5, 4, 3, 2, 1.
Conti di due in due: 2, 4, 6, 8, 10, 12. 1, 3, 5, 7, 9, 11.
Conti di tre in tre: 3, 6, 9, 12.

B. Continui a dire: Una signorina, due signorine, tre signorine ...
Un alunno, due alunni ... Un numero, due numeri ... Dodici matite,
undici matite ... Dodici scatole, undici scatole ... Dodici temperini,

undici temperini ... Due alunne, quattro alunne ... Due finestre, quattro finestre ...

C. Lɛgga: $10 + 1 = 11$ $5 + 3 = 8$ $7 + 5 = 12$
              $8 - 3 = 5$ $7 - 5 = 2$ $11 - 3 = 8$
              $2 \times 4 = 8$ $3 \times 3 = 9$ $6 \times 2 = 12$

DI CHE È IL LIBRO?

| | |
| UN ALUNNO | UN ALTRO ALUNNO |

I. Di che è il libro?   Il libro è di carta.
Di che è il quadɛrno?   Anche il quadɛrno è di carta.
Di che è il dizionario?   Anche il dizionario è di carta.

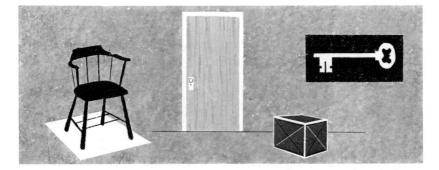

II. Di che è la sɛdia?   La sɛdia è di legno.
Di che è la pɔrta?   Anche la pɔrta è di legno.
Di che è la scatola?   La scatola è di legno o di car-
                                tone.

Di che è la mia chiave?   La sua chiave è di fɛrro.
Di che è la sua chiave?   La mia chiave è d'ottone.

III. Di che è il calamaio? Il calamaio è di vetro.
 Di che è il mio orologio? Il suo orologio è d'oro.
 Di che è il suo orologio? Il mio orologio è d'argento.

di (d')		o	
il mio	la mia	il suo	la sua

ESERCIZIO CINQUE

A. Di che è la chiave? La chiave è — ——.
 Di che è la matita? La matita è — ——.
 Di che è il calamaio? Il calamaio è — ——.
 Di che è la porta? La porta è — ——.
 Di che è la riga? La riga è — ——.
 È di carta il libro? Sì, signore, il libro è — ——.
 È di legno il quaderno? No, signore, il quaderno non è di legno; è — ——.

B. Di che è la scatola? La scatola è — —— o — ——.
 Di che è la mia scatola? La —— scatola è — ——.
 Di che è il mio orologio? Il —— orologio è — ——.
 Di che è il suo orologio? Il —— orologio è — ——.
 Di che è la mia chiave? La —— chiave è — ——.
 Di che è la sua chiave? La —— chiave è — ——.

C. Continui a dire: Una scatola, due scatole, tre scatole... Una carta, due carte... Una tavola, due tavole... Un pezzo di gesso, due pezzi di gesso...

DI CHE COLORE È IL GESSO?

UN ALUNNO	UN ALTRO ALUNNO
I. Di che colore è il gesso?	Il gesso è bianco.
Di che colore è il muro?	Anche il muro è bianco. È un muro bianco.
Di che colore è questo quaderno?	Questo quaderno è azzurro. È un quaderno azzurro.
Di che colore è il suo libro?	Il mio libro è marrone. È un libro marrone.

II. Di che colore è la lavagna?	La lavagna è nera.
Di che colore è la riga?	La riga è gialla. È una riga gialla.
Di che colore è la mia matita?	La sua matita è rossa. È una matita rossa.
Di che colore è la pianta?	La pianta è verde. Tutte le piante sono verdi.

M.	bianco	nero	rosso	giallo
F.	bianca	nera	rossa	gialla

	M.	azzurro	verde	marrone
	F.	azzurra	verde	marrone
		tutte le piante		

A. Di che colore è la scrivania?   La scrivania è ——.
Di che colore è la pianta?   La pianta è ——.
Di che colore è il muro?   Il muro è ——.
Di che colore è la lavagna?   La lavagna è ——.
Di che colore è la matita?   La matita è ——.
Di che colore è il gesso?   Il gesso è ——.

B. È azzurra la matita?   No, signore, la matita non è azzurra; è ——.

È rosso il gesso?   No, signore . . .
È gialla la porta?   . . .
È verde questo libro?   . . .
È marrone questa penna?   . . .
È bianca la pianta?   . . .
È bianco il muro?   . . .
È rossa la carta?   . . .
È marrone il quaderno?   . . .

C. Il —— è bianco. La —— è verde. Il —— è azzurro. La —— è gialla. Il —— è marrone. La —— è rossa. La —— è nera.

DOVE SIAMO?

UN ALUNNO	UN ALTRO ALUNNO
I. Dove sono io?[1]	Lei è in una scuola.
Dov'è Lei?	Anch'io sono in una scuola.
Dov'è Riccardo?	Riccardo è in questa scuola. Egli è in questa scuola.
Dov'è Caterina?	Anche Caterina è in questa scuola. Anch'ella è in questa scuola.

[1] The subject pronoun must be expressed when we wish to be *emphatic* or *clear*, or when it is modified by **anche**.

II. Dove siamo noi? (Noi) siamo in una classe.
Dove sono Loro? Anche noi siamo in una classe.
Dove sono i ragazzi? I ragazzi sono in questa classe. Essi sono in questa classe.
Dove sono le ragazze? Anche le ragazze sono in questa classe. Anch'esse sono in questa classe.

	dove?	in	
io sono	Lɛi è	egli è	ella è
noi siamo	Loro sono	essi sono	esse sono
	i ragazzi	le ragazze	

ESERCIZIO SƐTTE

A. Complɛti: Luisa —— in una classe. Io —— in questa classe. Carlo —— in un'altra classe. Anche Riccardo e Maria —— in un'altra classe. Lɛi —— in una scuɔla. Essi —— in questa scuɔla. Anche noi —— in questa scuɔla. Caterina e Paolo —— in un'altra scuɔla. Anche Enrico —— in un'altra scuɔla.

B. Complɛti: —— sono in una classe. —— è in questa classe. —— è in un'altra classe. Anche —— sono in un'altra classe. —— siamo in una scuɔla. —— sono in questa scuɔla. Anche —— è in questa scuɔla. —— siamo in un'altra scuɔla.

C. Lɛgga:

$3 + 6 = 9$	$2 + 8 = 10$	$5 + 6 = 11$
$12 - 4 = 8$	$11 - 7 = 4$	$10 - 5 = 5$
$4 \times 2 = 8$	$2 \times 5 = 10$	$4 \times 3 = 12$

CHI È L'ALUNNO?

UN ALUNNO	UN ALTRO ALUNNO
I. Chi è l'alunno che siɛde a questo banco?	L'alunno che siɛde a questo banco è il signor ——.
Chi è l'alunna che siɛde a questo banco?	L'alunna che siɛde a questo banco è la signorina ——.
Che fanno gli alunni di questa classe?	Gli alunni di questa classe studiano la lingua italiana.

II. Di chi è questa matita?	Questa matita è del signor ——.
Di chi è questo libro?	Questo libro è della signorina ——.
Di chi è questa penna?	Questa penna è dell'alunno, signor ——.
Di chi è questo quaderno?	Questo quaderno è dell'alunna, signorina ——.

III. Di chi sono queste matite?	Queste matite sono dei signori —— e ——.
Di chi sono questi libri?	Questi libri sono delle signorine —— e ——.
Di chi sono queste penne?	Queste penne sono degli alunni, signori —— e ——.
Di chi sono questi quaderni?	Questi quaderni sono delle alunne, signorine —— e ——.

IV. Conto:

13 tredici		17 diciassɛtte	
14 quattordici		18 diciɔtto	
15 quindici		19 diciannɔve	
16 sedici		20 venti	

	che	a	
l'alunno	gli alunni	l'alunna	le alunne
del = di + il	della = di + la	dell' = di + l'	
dei = di + i	delle = di + le	degli = di + gli	

A. Di chi è questo libro?   Questo libro è del signor ——.

Questo quaderno è della si-   Sì, questo quaderno è . . .
gnorina ——?

Questa penna è della signo-   Nↄ, questa penna non è . . .
rina ——?

Di chi è?   È . . .

B. Questi temperini sono di que-   Nↄ, signore, essi sono degli altri
sti ragazzi?   ragazzi.

Queste matite sono di queste   Nↄ, signore . . .
ragazze?

Queste gomme sono di questi   Nↄ, signore . . .
ragazzi?

Che l*i*ngua st*u*diano gli alun-   Essi st*u*diano . . .
ni di questa classe?

C. L*e*gga:
$$18 + 2 = 20 \qquad 15 + 4 = 19 \qquad 13 + 4 = 17$$
$$20 - 7 = 13 \qquad 19 - 5 = 14 \qquad 20 - 8 = 12$$
$$4 \times 4 = 16 \qquad 3 \times 6 = 18 \qquad 2 \times 7 = 14$$

ANIMALI DOMƐSTICI

UN ALUNNO	UN ALTRO ALUNNO

I. Che è il cane?   Il cane è un animale domestico.

Che è il gatto?   Il gatto è un altro animale domestico.

Che è la gallina?   La gallina è un animale domestico.

Che è la vacca?   La vacca è un altro animale domestico.

Che è il cavallo?   Anche il cavallo è un animale domestico.

II. Che fa il gatto ? Il gatto prende i topi.
Che fa la gallina ? La gallina fa l'uovo.
Che fa la vacca ? La vacca fa il latte.
Le piace il latte ? Il latte mi piace molto.

III. Conto: 21 ventuno   26 ventisei
22 ventidue   27 ventisette
23 ventitrè   28 ventotto
24 ventiquattro   29 ventinove
25 venticinque   30 trenta

Che fa ?		Prende.
Le piace ?	Mi piace.	Mi piace molto.

ESERCIZIO NOVE

A. Che è il cane ? Il cane è un animale domestico.
È il gatto un animale domestico ? Sì, anche il gatto è . . .

È il topo un animale domestico ? No, signore, il topo non è . . .

Che altro animale è domestico ? Altri animali domestici sono . . .

B. Che fa il gatto ? Il gatto prende — ——.
Che fa la gallina ? La gallina fa — ——.
Che fa la vacca ? La vacca fa — ——.
Di che colore è il cane ? Il cane è ——.
È verde il gatto ? No, signore, il gatto non è verde;
è ——.

È azzurro il cavallo ? No, signore, il cavallo . . .
Le piace il latte ? Sì, il latte — ——.
Di che colore è il latte ? Il latte è ——.

C. Lɛgga:

$27 + 3 = 30$	$21 + 9 = 30$	$22 + 6 = 28$
$29 - 4 = 25$	$26 - 5 = 21$	$28 - 5 = 23$
$11 \times 2 = 22$	$6 \times 4 = 24$	$14 \times 2 = 28$

DA CHI COMPRO I LIBRI?

UN ALUNNO   UN ALTRO ALUNNO

I. Da chi compro i libri?
Da chi compra Lɛi le cravatte e le camicie?
Da chi compriamo i berretti e i cappɛlli?

Lɛi compra i libri dal libraio.
(Io) compro le cravatte e le camicie dal camiciaio.
(Noi) compriamo i berretti e i cappɛlli dal cappellaio.

II. La sua mamma da chi compra il pane?
Le mamme da chi comprano la carne?

Ella compra il pane dal panettiere.
Esse comprano la carne dal macellaio.

Da chi compriamo i dolci?   (Noi) compriamo i dolci dal dolciere.

Da chi compriamo le medicine?   Loro comprano le medicine dal farmacista.

da	dal = da + il	le camicie
io compro	egli (ella, Lεi) compra	
noi compriamo	essi (esse, Loro) comprano	

ESERCIZIO DIECI

A. Che cɔsa compra questa ragazza dal libraio?

Ella compra —— dal libraio.

Carlo, la sua mamma che cɔsa compra dal macellaio?

Ella compra —— dal macellaio.

Che cɔsa compro io dal farmacista?

Lεi compra —— dal farmacista.

Che cɔsa compriamo dal panettiere?

(Noi) compriamo —— dal panettiere.

B. Luisa da chi compra il pane?

Ella compra il pane dal ——.

Da chi compriamo la carne?

(Noi) compriamo la carne dal ——.

Lεi compra le cravatte dal panettiere?

Nɔ, signore, io non compro le cravatte dal ——.

Da chi comprano Loro le cravatte?

(Noi) compriamo le cravatte dal ——.

C. I ragazzi da chi comprano   Essi . . .
    i berretti?

Le ragazze da chi comprano   Esse . . .
    i dolci?

Lɛi da chi compra i libri?   Io . . .

Da chi comprano Loro le ca-   Noi . . .
    micie?

Da chi compriamo i cappɛlli?   Noi . . .

Da chi compro io le cravatte?   Lɛi . . .

Le piace il pane?   Sì, il pane — ——.

CHE È LA RƆSA?

<table>
<tr><td align="center">UN ALUNNO</td><td align="center">UN ALTRO ALUNNO</td></tr>
</table>

I. Che è la rɔsa?   La rɔsa è un fiore.

Che è la violetta?   La violetta è un altro fiore.

Che è la margherita?   Anche la margherita è un fiore.

Che è il garɔfano?   Il garɔfano è un altro fiore.

Le piace la rɔsa?   Sì, la rɔsa mi piace molto.

Le piacciono i fiori?   Tutti i fiori mi piacciono.

II. Che è la pera?   La pera è una frutta.

Che è la mela?   La mela è un'altra frutta.

Che è l'uva?   Anche l'uva è una frutta.

Che è il limone?	Il limone è un'altra frutta.
Che è l'arancio?	Anche l'arancio è una frutta.
Le piace l'uva?	Sì, l'uva mi piace.
Le piacciono le frutta?	Tutte le frutta mi piacciono.

III. A chi mostro io questo libro?	Lei mostra il libro al ragazzo del primo banco.
A chi mostro io il mio orologio?	Lei mostra il suo orologio alla ragazza del secondo banco.
A chi mostro io la mia penna?	Lei mostra la sua penna ai ragazzi e alle ragazze di questa classe.

Le piacciono?	Mi piacciono.
la frutta	*pl.* le frutta
primo	secondo
al = a + il alla = a + la	ai = a + i alle = a + le

ESERCIZIO UNDICI

A.

Di che colore è la rosa?	La rosa è rossa o bianca o gialla.
Di che colore è la margherita?	La margherita . . .
Di che colore è il garofano?	Il garofano . . .
Di che colore è la pera?	La pera . . .
Di che colore è la mela?	La mela . . .
Di che colore è l'uva?	L'uva . . .
È rosso il limone?	No, signore, il limone . . .
È nero l'arancio?	No, signore, l'arancio . . .

B. Le piace la violetta? — Le piacciono le margherite? — Le piacciono i garofani? — Le piace l'uva? — Le piacciono i fiori? — Le piacciono le frutta?

C. A chi mostro il mio temperino?
A chi mostro la mia matita?
A chi mostra Lei il suo libro?
A chi mostra Lei la sua riga?
A chi mostro il mio quaderno?
A chi mostra Lei il suo orologio?

Lei mostra —— temperino . . .
Lei mostra —— matita . . .
Io mostro —— libro . . .
Io mostro —— riga . . .
Lei mostra —— quaderno . . .
Io mostro —— orologio . . .

PER FAVORE . . .

UN ALUNNO	UN ALTRO ALUNNO

I. Per favore, mi dia una forchetta.
Grazie.
Di che è questo cucchiaio?
È d'argento questo coltello?
È d'argento questo cucchiaino?

Ecco una forchetta.
Di nulla.
Questo cucchiaio è d'argento.
È d'argento e d'acciaio.
Sì, questo cucchiaino è d'argento.

II. Prego, mi dia un piatto.
Grazie tante.
Di che è questo piatto?
Di che è la bottiglia?
Di che è il tovagliolo?

Ecco un piatto.
Non c'è di che.
Questo piatto è di porcellana.
La bottiglia è di vetro.
Il tovagliolo è di lino.

III. Per favore, mi passi il sale. — Ecco il sale.

Mi dia un bicchiere d'acqua. — Ecco un bicchiere d'acqua.

Mi dia anche un bicchiere di vino. — Ecco un bicchiere di vino.

Prego, mi passi una tazza di caffè. — Ecco una tazza di caffè.

Grazie infinite. — Non c'è di che.

per favore	prego
mi dia	mi passi
grazie grazie tante	grazie infinite
di nulla	non c'è di che

ESERCIZIO DODICI

A. Di che sono i piatti? — I piatti sono di porcellana, di vetro o d'argento.

Di che sono le bottiglie? — Le bottiglie . . .

Di che sono i tovaglioli? — I tovaglioli . . .

Di che sono i coltelli? — I coltelli . . .

Di che sono i bicchieri? — I bicchieri . . .

B. Sono di vetro le forchette? — No, signore, le forchette . . .

Sono d'oro i cucchiai? — No, signore, i cucchiai . . .

Sono di lana i tovaglioli? — No, signore, i tovaglioli . . .

Sono d'acciaio i cucchiaini? — No, signore, i cucchiaini . . .

C. Per favore, mi dia un tovagliolo. — Ecco un tovagliolo.

Grazie tante. — Non c'è di che.

Fare lo stesso con: un piatto, una bottiglia, una tazza di caffè, un bicchiere d'acqua, un bicchiere di vino, un coltello, ecc.

COME SI CHIAMA LEI?

MAESTRO	ALUNNO
I. Come si chiama Lei?	Mi chiamo Alfredo Brown.
Come si chiama Lei?	Mi chiamo Giuseppe ———.
Come si chiama Lei?	Mi chiamo Giovanni ———.
Come si chiama il suo amico?	Il mio amico si chiama ——— ———.
II. Come si chiama Lei?	Mi chiamo Clara Johnson.
Come si chiama Lei?	Mi chiamo Elena ———.
Come si chiama Lei?	Mi chiamo Elisabetta ———.
Come si chiama la sua amica?	La mia amica si chiama ——— ———.
III. Chi si chiama Giuseppe in questa classe?	Io mi chiamo Giuseppe.
Chi si chiama Elisabetta?	Io mi chiamo Elisabetta.
Chi si chiama Mario?	Nessuno si chiama Mario.

IV. Leggo:

31	trentuno	60	sessanta
32	trentadue	70	settanta
33	trentatrè	80	ottanta
38	trentotto	90	novanta
40	quaranta	100	cento
50	cinquanta		

Come si chiama Lei?   Mi chiamo . . .

nessuno

ESERCIZIO TREDICI

A. Si chiama ——— Lei?	Sì, signore, (io) mi chiamo ———.
Si chiama ——— Lei?	Nо, signore, (io) non mi chiamo ———.
Come si chiama Lei?	(Io) mi chiamo ———.

Come si chiama il suo amico? — —— amico si chiama ——.
Come si chiama la sua amica? — —— amica si chiama ——.

B. Chi si chiama Maria? Io —— —— Maria.
Si chiama Elena Lei? No, io non —— —— Elena.
Chi si chiama Giuseppe? Il mio amico —— —— Giuseppe.
Chi si chiama Elisabetta? La mia amica —— —— Elisabetta.

C. Legga: 46 ragazzi 88 sedie 93 galline
77 libri 54 matite 66 cavalli
62 quaderni 45 alunni 100 fiori

D. Legga: $33 + 11 = 44$ $68 + 19 = 87$ $55 + 16 = 71$
$100 - 49 = 51$ $88 - 18 = 70$ $46 - 13 = 33$
$48 \times 2 = 96$ $11 \times 7 = 77$ $8 \times 8 = 64$

CHE ORA È?

UN ALUNNO UN ALTRO ALUNNO

I. Che ora è? È l'una.

Che ora è? Sono le otto.

Che ora è? Sono le dodici.
È mezzogiorno.

II. Signor . . ., vede
    Lei che ora è?

Sì, vedo che sono le
  nɔve e un quarto.

Per favore, signo-
rina . . ., mi dica
che ora è.

Sono le diɛci e mɛzza.

Prɛgo, mi dica
che ora è.

Sono le dodici meno
    un quarto.

III. Vedono Loro che
    ora è?

Sì, vediamo che è
  l'una e dodici.

Vede il suo ami-
co che ora è?

Sì, egli vede che
  sono le nɔve e
  ventiquattro.

Vede la sua ami-
ca che ora è?

Sì, ella vede che
  sono le diɛci meno
  diɛci..

IV. A che ora comin-
cia la lezione?

La lezione comincia
alle dieci.

A che ora finisce?

Finisce alle *u*ndici
meno dieci.

A che ora?	Alle dieci.
Mi dica . . .	
io vedo	egli (ella, Lei) vede
noi vediamo	essi (esse, Loro) vedono

ESERC*I*ZIO QUATT*O*RDICI

A. L*e*gga:

È: 1; 1.15; 1.30; 1.11; 1.18; 1.20; 1.26.

Sono: 1.45; 2; 3.15; 3.30; 5.15; 5.35; 5.45; 7; 8.13; 10; 10.50;
11.15; 11.30; 11.42; 11.50; 12.

B. A che ora comincia la lezione?   La lezione comincia —— ——.

Comincia alle s*e*tte la lezione?   N*o*, signore, non comincia alle
s*e*tte; comincia —— ——.

A che ora finisce la lezione?   La lezione finisce —— ——.

Finisce alle *u*ndici la lezione?   N*o*, signore, non finisce alle *u*n-
dici; finisce —— ——.

C. Che vede L*e*i?   (Io) vedo una classe.

Chi vede L*e*i in questa classe?   (Io) —— un ma*e*stro e molti
alunni.

Che c*o*sa hanno essi?   (Essi) —— libri, quad*e*rni e ma-
tite.

Non ha un libro L*e*i?   Anch'io —— un libro.

Che altro v*e*dono Loro?   (Noi) —— quattro muri, una
p*o*rta e due fin*e*stre.

Chi vedo io?   L*e*i —— gli alunni.

IL CALENDARIO

UN ALUNNO	UN ALTRO ALUNNO
I. C'è un calendario in questa classe?	Sì, c'è. Ecco un calendario appeso al muro.
Mi dica: quanti giorni ci sono nella settimana?	Nella settimana ci sono sɛtte giorni.
Quanti giorni ha il mese d'ottobre?	Il mese d'ottobre ha trentun giorni.
Quanti giorni ci sono nei mesi di settɛmbre e di novɛmbre?	Nei mesi di settɛmbre e di novɛmbre ci sono trenta giorni.
Quanti mesi ci sono nell'anno?	Nell'anno ci sono dɔdici mesi.
II. Carlo, quanti anni ha Lɛi?	Hɔ tredici anni.
E Lɛi quanti anni ha, Ɛlena?	Hɔ dɔdici anni.
Quanti anni ha Lɛi, Enrico?	Hɔ quindici anni.

III. Ha fratɛlli e sorɛlle, Riccardo ?

Ho tre fratɛlli, ma non ho sorɛlle.

E Lɛi, Maria, ha fratɛlli ?

Sì, ho un fratɛllo.

Come si chiama ?

Si chiama Vittorio.

Quanti anni ha Vittorio ?

Ha quattordici anni.

---

c'è   ci sono

nel = in + il   nella = in + la   nei = in + i   nell' = in + l'

Quanti anni ha Lɛi ?   Ho trɛdici anni.

ESERCIZIO QUINDICI

A. Mi dia un calendario, per favore.

—— un calendario.

Grazie tante.

. . .

Quanti giorni ci sono nella settimana ?

Nella settimana ci sono —— ——.

Quanti giorni ci sono nel mese d'ottobre ?

Nel mese d'ottobre ci sono —— ——.

Quanti giorni ci sono nei mesi di settɛmbre e di novɛmbre ?

Nei mesi di settɛmbre e di novɛmbre ci sono —— ——.

Quanti giorni ci sono nel mese di febbraio ?

Nel mese di febbraio ci sono —— ——.

Quante settimane ci sono in un mese ?

In un mese ci sono —— ——.

Quante settimane ci sono nell'anno ?

Nell'anno ci sono —— ——.

Ha diɛci mesi l'anno ?

No, signore, l'anno . . .

B. Quanti anni ha Lɛi, signor ——?

(Io) ho —— anni.

Quanti anni ha Lɛi, signorina ——?

(Io) ho —— anni.

Ha dodici anni Lɛi ?

No, signore, (io) ho —— anni.

Quanti anni ha suo fratɛllo ?

Mio fratɛllo . . .

Quanti anni ha sua sorɛlla ?

Mia sorɛlla . . .

C. Lɛgga:

$47 + 14 = 61$	$75 + 11 = 86$	$53 + 13 = 66$
$99 - 21 = 78$	$87 - 35 = 52$	$44 - 15 = 29$
$7 \times 5 = 35$	$11 \times 6 = 66$	$19 \times 5 = 95$

LA SETTIMANA

UN ALUNNO	UN ALTRO ALUNNO
I. Che è il lunedì?	In Italia il lunedì è il primo giorno della settimana. È il primo giorno di lavoro.
Che è il martedì?	Il martedì è il secondo giorno della settimana. È il secondo giorno di lavoro.
Che è il mercoledì?	Il mercoledì è il tɛrzo giorno della settimana. È il tɛrzo giorno di lavoro.
Che è il giovedì?	Il giovedì è il quarto giorno della settimana. È il quarto giorno di lavoro.

Che è il venerdì?	Il venerdì è il quinto giorno della settimana.
	È il quinto giorno di lavoro.
Che è il sabato?	Il sabato è il sesto giorno della settimana.
	È il sesto giorno di lavoro.
Che è la domenica?	La domenica è il settimo e ultimo giorno della settimana. È il giorno del Signore e il giorno del riposo. Prima lavoriamo, poi ci riposiamo.

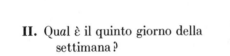

II. Qual è il quinto giorno della settimana?

Il quinto giorno della settimana è il venerdì. È un giorno di lavoro.

Perchè il lunedì è il primo giorno della settimana?

Perchè il lunedì è il primo giorno di lavoro.

Perchè la domenica è l'ultimo giorno della settimana?

Perchè la domenica è il giorno del riposo.

primo	secondo	tɛrzo	quarto
quinto	sɛsto	settimo	ultimo

Qual è?

Prima lavoriamo; pɔi ci riposiamo.

A. Qual è il primo giorno della settimana?

Il primo giorno della settimana è — ——.

Qual è il secondo giorno della settimana?

Il secondo giorno della settimana è — ——.

Qual è il tɛrzo giorno della settimana?

Il tɛrzo giorno della settimana è — ——.

Qual è il quarto giorno della settimana?

Il quarto giorno della settimana è — ——.

Qual è il quinto giorno della settimana?

Il quinto giorno della settimana è — ——.

Qual è il sɛsto giorno della settimana?

Il sɛsto giorno della settimana è — ——.

Qual è il settimo giorno della settimana?

Il settimo giorno della settimana è — ——.

B. Che è il venerdì?

Il venerdì è . . .

Che è il sabato?

Il sabato è . . .

Che è il lunedì?

Il lunedì è . . .

Che è il mercoledì?

Il mercoledì è . . .

Che è il martedì?

Il martedì è . . .

Che è il giovedì?

Il giovedì è . . .

Che è la domenica?

La domenica è . . .

C. Perchè il lunedì è il primo giorno della settimana?

Perchè il lunedì . . .

Qual è il giorno del Signore?

Il giorno del Signore è — ——.

In qual giorno ci riposiamo?

(Noi) ci riposiamo — ——.

In quali giorni lavoriamo?

(Noi) lavoriamo . . .

Prima ci riposiamo e poi lavoriamo?

Nɔ, signore, prima . . .

I MESI

UN ALUNNO

UN ALTRO ALUNNO

I. Per favore, mi dica che è gennaio.

Gennaio è il primo mese dell'anno.

Che è febbraio?

Febbraio è il secondo mese dell'anno.

E marzo che è?

Marzo è il tɛrzo mese dell'anno.

Qual è il quarto mese dell'anno?	Il quarto mese dell'anno è aprile.
E qual è il quinto?	Il quinto mese dell'anno è maggio.
Qual è il sesto?	Il sesto mese dell'anno è giugno.

II.

Prego, mi dica che è luglio.	Luglio è il settimo mese dell'anno.
Che è agosto?	Agosto è l'ottavo mese dell'anno.
E settembre che è?	Settembre è il nono mese dell'anno.
Che è ottobre?	Ottobre è il decimo mese dell'anno.
E novembre che è?	Novembre è l'undicesimo mese dell'anno.
Qual è l'ultimo mese dell'anno?	Il dodicesimo e ultimo mese dell'anno è dicembre.

III.

Quanti sono i mesi dell'anno?	I mesi dell'anno sono dodici.
Quanti giorni ci sono in un mese?	Alcuni mesi hanno trenta giorni; altri, trentuno; e febbraio ha ventotto o ventinove giorni.

ottavo	nono	decimo	undicesimo	dodicesimo
	alcuni		altri	

ESERCIZIO DICIASSETTE

A.

Qual è il primo mese dell'anno?	Il primo mese dell'anno è ——.
Qual è il secondo mese dell'anno?	Il secondo mese dell'anno è ——.
Qual è il terzo mese dell'anno?	Il terzo mese dell'anno è ——.
Qual è il quarto mese dell'anno?	Il quarto mese dell'anno è ——.

B.

È maggio il quinto mese dell'anno?	Sì, signore, maggio è . . .
È luglio il sesto mese dell'anno?	No, signore, luglio non è . . .

Quanti sono i mesi dell'anno?   I mesi dell'anno sono ——.
Quali sono i mesi dell'anno?   I mesi dell'anno sono . . .
Gennaio quanti giorni ha?   Gennaio ha —— giorni.
Aprile quanti giorni ha?   Aprile ha —— giorni.
Febbraio quanti giorni ha?   Febbraio ha —— o —— giorni.

IL CORPO UMANO

UN ALUNNO

I. Che è questo?

Che vediamo sul capo?

Di che colore sono i capelli di questa ragazza?

II. Ecco un occhio.
A che servono gli occhi?

Ecco un naso.
A che serve il naso?

Ecco un orecchio.
A che servono gli orecchi?

UN ALTRO ALUNNO

Questo è il capo d'una ragazza.
Sul capo vediamo i capelli.
I capelli di questa ragazza sono biondi.

Gli occhi servono per vedere.

Il naso serve per odorare.

Gli orecchi servono per udire.

Ecco una bocca.
A che serve la
bocca?

La bocca serve per
parlare e per
mangiare.

III. Che vede Lei
qui?
Che facciamo con
le braccia?

(Io) vedo un brac-
cio.
Con le braccia
(noi) lavoriamo.

Che vede Lei
qui?
Che facciamo con
le mani?

(Io) vedo una
mano.
Con le mani (noi)
prendiamo le
cose.

Che vede Lei
qui?
Che facciamo coi
piedi?

(Io) vedo un piede.

Coi piedi (noi)
camminiamo.

	su	per	con	qui
	sul = su + il	col = con + il		coi = con + i
S.	l'occhio	l'orecchio	la mano	il braccio
P.	gli occhi	gli orecchi	le mani	le braccia

ESERCIZIO DICIOTTO

A. I capelli di questo ragazzo
sono biondi o neri?
I capelli di questa ragazza
sono biondi?

I capelli di questo ragazzo sono
——.
No, signore, i capelli di questa
ragazza non sono ——; sono
——.

Ha Lei capelli biondi? Sì, signore, io . . .
Ha Lei capelli neri? No, signore, io . . .

B. Con che vediamo? (Noi) vediamo con — ——.
Con che mangiamo? (Noi) mangiamo con — ——.
Con che udiamo? (Noi) udiamo con — ——.
Con che parliamo? (Noi) parliamo con — ——.
Con che prendiamo le cɔse? (Noi) prendiamo le cɔse con — ——.

Con che lavoriamo? (Noi) lavoriamo con — ——.

C. A che serve il naso? Il naso serve per ——.
A che servono gli ɔcchi? Gli ɔcchi servono per ——.
A che servono le mani? Le mani servono per ——.
A che servono i piɛdi? I piɛdi servono per ——.
A che servono gli orecchi? Gli orecchi servono per ——.
A che servono le braccia? Le braccia servono per ——.
A che serve la bocca? La bocca serve per —— e per ——.

DOV'È L'AUTOMɔBILE?

UN ALUNNO

I. Dov'è l'automɔbile?
Dov'è l'albero?

UN ALTRO ALUNNO

L'automɔbile è davanti alla casa.
L'albero è diɛtro alla casa.

Dov'è la casa?   La casa è tra gli *alberi*.
Dov'è il ragazzo?   Il ragazzo è sotto l'albero.

II. Dov'è la farfalla?   La farfalla è sul fiore.
Dove sono le farfalle?   Le farfalle sono sui fiori.
Dov'è il *vaso*?   Il *vaso* è sulla *tavola*.
Dove sono i *vasi*?   I *vasi* sono sulle *tavole*.
Dov'è l'uccello?   L'uccello è sull'*albero*.
Dove sono gli uccelli?   Gli uccelli sono sugli *alberi*.

davanti a	dietro a	tra	sotto
sul = su + il	sulla = su + la		sull' = su + l'
sui = su + i	sulle = su + le		sugli = su + gli

ESERCIZIO DICIANNOVE

A. Che c'è sul fiore?   Sul fiore c'è una ——.
Che c'è sull'*albero*?   Sull'*albero* c'è un ——.
Che c'è dietro alla casa?   Dietro alla casa c'è un ——.
Che c'è davanti alla casa?   Davanti alla casa c'è un' ——.

Che c'è tra gli *alberi?* Tra gli *alberi* c'è una ——.
Che c'è sulla *tavola?* Sulla *tavola* c'è un ——.
Chi c'è sotto l'*albero?* Sotto l'*albero* c'è un ——.

B. Dov'è l'*automobile?* L'*automobile* è —— —— casa.
Dov'è l'*albero?* L'*albero* è —— —— casa.
Dov'è la *casa?* La casa è —— gli *alberi.*
Dov'è il *ragazzo?* Il *ragazzo* è —— l'*albero.*
Dove sono le *farfalle?* Le *farfalle* sono —— fiori.
Dove sono *io?* *Lei* è —— —— classe.
Dov'è la *lavagna?* La *lavagna* è —— —— *Lei.*

C. Il libro è sotto il *banco?* No, signore, il libro è —— banco.
La casa è sugli *alberi?* No, signore, la casa è —— gli *alberi.*

L'*automobile* è nella *casa?* No, signore, l'*automobile* è —— —— casa.

La lavagna è davanti alla scri- No, signore, la lavagna è ——
vania? —— scrivania.

ABITANTI E LINGUE

UN ALUNNO	UN ALTRO ALUNNO

I. Chi sono gli abitanti degli Stati Uniti? Gli abitanti degli Stati Uniti sono gli Americani.
Chi sono gli abitanti dell'*Italia?* Gli abitanti dell'*Italia* sono gl'Italiani.
Chi sono gli abitanti dell'*Europa?* Gli abitanti dell'*Europa* sono gli Europei.

II. Come si chiamano gli abitanti della *Francia?* Gli abitanti della *Francia* si chiamano Francesi.
Come si chiamano gli abitanti dell'Inghilterra? Gli abitanti dell'Inghilterra si chiamano Inglesi.
Come si chiamano gli abitanti della *Spagna?* Gli abitanti della *Spagna* si chiamano Spagnoli.
Da chi è abitata la Germania? La Germania è abitata dai Tedeschi.
Da chi è abitata la *Russia?* La *Russia* è abitata dai Russi.

III. Che lingua si parla in Italia?

In Italia si parla la lingua italiana. Si parla italiano.

Che lingua si parla in Inghilterra e negli Stati Uniti?

In Inghilterra e negli Stati Uniti si parla la lingua inglese. Si parla inglese.

Che lingua si parla in Francia?

In Francia si parla la lingua francese. Si parla francese.

IV. Gli Spagnoli che lingua parlano?

Gli Spagnoli parlano la lingua spagnola. Parlano spagnolo.

I Tedeschi che lingua parlano?

I Tedeschi parlano la lingua tedesca. Parlano tedesco.

I Russi che lingua parlano?

I Russi parlano la lingua russa. Parlano russo.

Che lingua studiamo noi in questa classe?

In questa classe (noi) studiamo l'italiano.

Che lingua parliamo noi?

(Noi) parliamo italiano.

---

dai = da + i

Studiamo l'italiano.   Parliamo italiano.

ESERCIZIO VENTI

A. In che paese si parla italiano?   Si parla italiano in Italia.
In che paese si parla francese?   Si parla francese in ——.
In che paese si parla russo?   Si parla russo in ——.
In che paese si parla tedesco?   Si parla tedesco in ——.
In che paese si parla inglese?   Si parla inglese in —— e negli —— ——.

B. Chi parla spagnolo?   —— —— parlano spagnolo.
Chi parla russo?   —— —— parlano russo.
Chi parla francese?   —— —— parlano francese.
Chi parla tedesco?   —— —— parlano tedesco.
Chi parla italiano?   —— —— parlano italiano.
Chi parla inglese?   —— —— e —— —— parlano inglese.

C. Che lingua parlo io?   Lei —— ——.
Che lingua parla Lei?   Io —— ——.
Che lingua parla Paolo?   Egli —— ——.
Che lingua parla Maria?   Ella —— ——.
Che lingua parlano Loro?   Noi —— ——.

CHI FA QUESTO QUADRO?

UN ALUNNO	UN ALTRO ALUNNO
I. Chi fa questo quadro?	Il pittore fa questo quadro. Il pittore lo fa.
Chi fa i quadri?	Il pittore fa i quadri. Il pittore li fa.
È un pittore Lei?	No, signore, (io) non sono un pittore.

Chi fa la fotografia?	Il fotografo fa la fotografia. Il fotografo la fa.
Chi fa le fotografie?	Il fotografo fa le fotografie. Il fotografo le fa.

II. Chi fa i vestiti da uɔmo?

Il sarto fa i vestiti da uɔmo. Il sarto li fa.

Chi fa le vɛsti?

La sarta fa le vɛsti. La sarta le fa.

Chi fa i cappɛlli delle signore?
Chi fa le scarpe?

La modista fa i cappɛlli delle signore. La modista li fa.
Il calzolaio fa le scarpe. Il calzolaio le fa.

M.	lo fa	li fa
F.	la fa	le fa
vestiti da uɔmo		

A. Che fa il pittore? Il pittore . . .

Che fa il fotografo? Il fotografo . . .

Che fa il sarto? Il sarto . . .

Che fa la sarta? La sarta . . .

Che fa la modista? La modista . . .

Che fa il calzolaio? Il calzolaio . . .

B. Chi fa il quadro? Il pittore lo fa.

Chi fa le scarpe? . . .

Chi fa la veste? . . .

Chi fa i vestiti da uomo? . . .

Chi fa le fotografie? . . .

Chi fa i cappelli delle signore? . . .

C. Il pittore fa le scarpe? No, signore, il pittore non fa le scarpe; le fa il calzolaio.

Il calzolaio fa le fotografie? No, signore, il calzolaio non . . .

La modista fa il quadro? No, signore, la modista non . . .

Il fotografo fa le vesti? No, signore, il fotografo non . . .

La sarta fa i vestiti da uomo? No, signore, la sarta non . . .

ALLA LAVAGNA

UN ALUNNO

UN ALTRO ALUNNO

I. Che fa Carlo?

Carlo s'alza, poi va alla lavagna, prende un pezzo di gesso, scrive il suo nome.

UN ALUNNO	UN ALTRO ALUNNO
Che fa Carlo adesso?	Carlo legge il suo nome, poi lo cancella, ritorna al suo posto, siede.

IL MAESTRO	UN ALUNNO
II. Signor ——, s'alzi.	Io m'alzo.
Vada alla lavagna.	Vado alla lavagna.
Prenda un pezzo di gesso.	Prendo un pezzo di gesso.
Scriva il suo nome.	Scrivo il mio nome.
Lo legga.	Lo leggo.
Come si chiama Lei?	Mi chiamo —— ——.
Cancelli.	Cancello.
Ritorni al suo posto.	Ritorno al mio posto.
Segga.	Seggo.

	alzarsi	andare	prendere	scrivere
	S'alzi!	Vada!	Prenda!	Scriva!
io	m'alzo	vado	prendo	scrivo
egli, ella	s'alza	va	prende	scrive
	leggere	cancellare	ritornare	sedere
	Legga!	Cancelli!	Ritorni!	Segga!
io	leggo	cancello	ritorno	seggo
egli, ella	legge	cancella	ritorna	siede

ESERCIZIO VENTIDUE

Far leggere ripetute volte il dialogo tra il maestro e l'alunno (II) e farlo eseguire poi da diversi alunni.

PARTE **SECONDA**

IS THE ITALIAN

L
A
N
G
U
A
G
E

HARD TO LEARN?

When we speak of difficulties, we must not lose sight of the fact that they are always relative. Much depends on the teacher, the textbook, the method of teaching, and, last but not least, the student's gift for our particular type of language study. A few remarks, however, may help to answer the question asked at the left. Here they are.

The difficulties an English-speaking student encounters in learning a foreign language may be of several different types. They may pertain to grammar, vocabulary, pronunciation, or spelling.

GRAMMAR

Mastering the declensions and the conjugations is perhaps one of the major difficulties that American and English students have to meet in the study of a foreign language. Fortunately for English-speaking students, Italian — un-

left   Grand Canal, Venice
right   Swiss guard at the Vatican
below The Colosseum, Rome

like Greek, Latin, German, or Russian — has no declensions. Like all other Romance languages, its nouns change forms only from the singular to the plural. There remains the difficulty of learning the different conjugations, but this is the same no matter which of the Romance, Germanic, or Slavic languages is studied. The number of irregular verbs to be learned does not vary greatly from one language to the other. Thus, from the point of view of

The Campanile and
the Palace of the Doges, Venice

grammar, Italian is at least no more difficult than other languages.

VOCABULARY

More than half of all English words are of Latin origin. Since Italian is the Romance language that is closest to Latin, it stands to reason that the vocabulary similarity between the language we are about to learn and English is very great — which is a considerable advantage indeed. Other languages may have words of different origins (Celtic, Arabic, Slavic, etc.), which are almost nonexistent in English, but such is not the case with Italian.

PRONUNCIATION

Italian sounds correspond, more or less, to English sounds. Gutturals and nasals, the latter entirely novel to English-speaking students, do not exist in Ital-

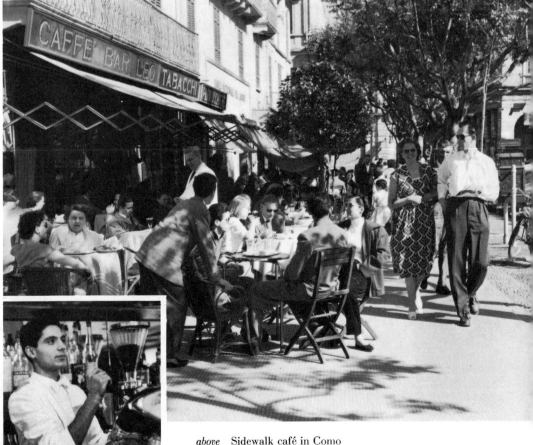

above   Sidewalk café in Como
left   Would you like some *caffè espresso?*

left   Busy street near the Rialto Bridge, Venice
right   Choosing a bag in an open-air shop in Florence

66

ian. The student will find Italian one of the easiest languages to pronounce, and, we may add, one whose sounds are music to the ear.

SPELLING

If Italian is relatively easy to pronounce, it is still easier to write. It is an almost perfectly phonetic language; that is to say, each *sound* is represented in writing by a single, special *sign*, the only exceptions being the vowels **e** and **o** and the consonants **s** and **z**. Spelling exercises are unknown in Italian schools, as there is no need for them after the use of the alphabet has been mastered. In Italian schools, even children in the lower grades are able to take dictation correctly. Few other modern languages have this advantage to the same extent.

To sum up, Italian is probably the easiest or, if you prefer, the least difficult foreign language to learn.

left   Parmesan cheese on display
right   The Wednesday market in the Campo dei Fiori, Rome

A striking view of the Palazzo Pubblico in Siena

L E Z I O N E   P R I M A

PRONUNZIA

a:
a-la	fa-ma	ca-va	san-ta
va-na	ga-la	an-ca	gam-ba
ca-sa	sa-la	ba-va	van-ga

When your teacher pronounces the words listed above, listen attentively and then repeat them.

NOTE:

1. The mouth should be well opened in pronouncing **a.**

2. A marked difference in pronunciation between Italian and English is that in Italian unstressed vowels (also called "unaccented vowels") keep their pure sound, while in English unstressed vowels are often slurred.

3. Until you learn otherwise, pronounce the Italian consonants as you would in English. If, meanwhile, a special case arises, your attention will be called to it by your teacher.

ESERCIZIO DI PRONUNZIA

Leggere ad alta voce (*Read aloud*):

1. la-ma   2. va-ga   3. sa-na   4. fa-va   5. na-na   6. ca-sca
7. la-na   8. cal-ma   9. ca-sta   10. sa-cra   11. ma-ga   12. sal-sa
13. ban-ca   14. a-sta   15. fal-sa   16. stan-ca   17. va-sta   18. cal-ca
19. ma-la   20. sca-la   21. va-sca   22. stan-ga   23. mal-va   24. ba-sta

LETTURA

Saluti

— Buon giorno, Ada.

— Buon giorno, signorina (signora *or* signor) Donati.   Come sta?

— Bɛne, grazie.   E come sta Lɛi?

— Anch'io stɔ bɛne, grazie.

— Comincia a parlare italiano?

5

— Sì, a scuɔla.
— Non a casa?
— Nɔ, signorina, a casa parlo inglese.
— Le piace parlare italiano?
5   — Mi piace molto.
— Arrivederci, Ada!
— Arrivederci, signorina Donati!

VOCABOLARIO[1]

la casa house, home	**comincia** you begin, are you beginning
il giorno day	**parlare** to speak; **parlo** I speak
la scuɔla school	
la signora lady, madam, Mrs.	**sta** you are; **stɔ** I am
il signore gentleman, sir; **signor** Mr.	**a** at, to
la signorina young lady, Miss	**anche** also [5]
io I [2]	**bɛne** well
Lɛi you [3]	**come** how, as, like
	e and
buɔno good	**grazie!** thanks!
inglese English [4]	**nɔ** no
italiano Italian	**non** not
molto much, a great deal (of)	**sì** yes

Imparare anche le seguɛnti espressioni (*Learn the following expressions also*):

    Arrivederci! Till we meet again! Good-bye!
    Buɔn giorno! Good day! Good morning!
    Come sta? How are you? How do you do?
    Mi piace. I like. *Literally:* It pleases me.
    Le piace? Do you like? *Literally:* Does it please you?

ESERCIZI

A. Make sure that you know how to pronounce each word in the Vocabulary of this lesson correctly.

B. Memorize the spelling and meaning of each word.

C. Practice the dialogue so that tomorrow you will be able to say something in Italian.

---

[1] Note that the words in the vocabularies of each lesson are always arranged as follows: nouns, pronouns, adjectives, verbs, all the rest. [2] The pronoun **io**, *I*, is written with a small letter. [3] **Lɛi**, *you*, is always capitalized. [4] Adjectives of nationality are written with small letters in Italian. [5] **Anche** generally precedes the word to which it refers, and becomes **anch'** if the following word begins with **e** or **i**.

D. Learn the Italian equivalents of some of the most common first names in the following list. Perhaps your own name is among them. If not, look for it in the larger list given on pages 317–320, but remember that some English names are not used in Italian and vice versa.

Antonio	*Anthony*	Anna	*Ann, Anna*
Carlo	*Charles*	Beatrice	*Beatrice*
Enrico	*Henry*	Carolina	*Charlotte*
Francesco	*Francis*	Caterina	*Catherine*
Giacomo	*James*	Dorotea	*Dorothy*
Giovanni	*John*	Elena	*Helen*
Giuseppe	*Joseph*	Eleonora	*Eleanor*
Luigi	*Louis, Lewis*	Elisabetta	*Elizabeth*
Paolo	*Paul*	Giovanna	*Jane, Jean*
Pietro	*Peter*	Margherita	*Margaret*
Riccardo	*Richard*	Maria	*Mary*
Roberto	*Robert*	Susanna	*Susan*
Tommaso	*Thomas*	Teresa	*Theresa*
Vincenzo	*Vincent*	Virginia	*Virginia*

CONVERSAZIONE

Prepare yourself to answer the following questions:

1. Come sta, signor (signorina) ...? 2. Comincia a parlare italiano, signor (signorina) ...? 3. A scuola? 4. Comincia a parlare italiano a casa, signor (signorina) ...? 5. Le piace parlare italiano, signor (signorina) ...?

LEZIONE SECONDA

PRONUNZIA

e:	ve-le	se-te	be-ve	ve-de-te
	ne-ve	me-le	fe-de	cre-te-te
	me-ne	men-tre	spe-se	spen-de-te

NOTE:

While the English long vowels tend to become diphthongal (like *a* in *late* or *o* in *rope*), this tendency does not appear in Italian. Italian vowels are uniform throughout their utterance.

ESERCIZIO DI PRONUNZIA

Leggere ad alta voce (*Read aloud*):

1. ca-ne 2. te-me 3. ste-se 4. se-de-te 5. fa-te-le 6. fe-de-le
7. e-le-fan-te 8. ne-gre 9. ba-le-ne 10. can-de-le 11. e-men-da-te
12. fre-sca 13. ca-te-ne 14. se-gre-te 15. va-le-te 16. spe-la-te
17. men-te 18. le-ga-te 19. a-be-te 20. a-de-sca-te 21. ne-ga-te
22. na-ve 23. e-le-gan-te 24. le-van-te

LETTURA

In classe

— Buon giorno a tutti!
— Buon giorno anche a Lei, professore!
— Parla italiano, Maria?
— Sì, ora parlo italiano, ma di solito parlo inglese.
5   Maria parla e tutti ascoltano.
— Ascolta anche Lei, Riccardo?
— Sì, signore, ascolto anch'io.
— Paolo, perchè ascolta Lei?
— Ascolto perchè così imparo.
10   Anche Margherita ascolta. Ascolta attentamente per imparare.
— Le piace parlare italiano, Caterina?
— Sì, signor De Curtis, mi piace enormemente.

PROVERBIO

Chi ama il suo lavoro lo fa bene.   *He who loves his work does it well.*

VOCABOLARIO

la classe class	**attentamente** attentively
il professore professor, teacher	**così** so, thus
	di solito usually
tutto all, everything; *pl.* **tutti** all, everybody	**enormemente** enormously
	ma but
ascoltare to listen, listen to	**ora** now
imparare to learn	**per** (*with infinitive*) in order to
parlare to speak	**perchè?** why? **perchè** because

NƆTE GRAMMATICALI

1 Conjugations

I	II	III
comprare, *to buy* **cantare**, *to sing*	**vendere**, *to sell* **vedere**, *to see*	**finire**, *to finish, end* **partire**, *to depart*

1. Italian verbs are divided, according to their infinitive endings, –are, –ere, –ire, into three conjugations.

2. The stem of any regular verb (found by dropping the infinitive ending) is unchanged throughout the conjugation. To it are added the endings indicating mood, tense, person, and number.

2 First Conjugation: Present Indicative

comprare, *to buy*

Stem: **compr–**　　　　　　　Infinitive ending: **–are**

	PERSONS	STEM + ENDING	MEANING
Singular	1.	compr **o**	*I buy*
	2.	(compr **i**)	*(you buy)*
	3.	compr **a**	*he, she, it buys, you buy*
Plural	1.	compr **iamo**	*we buy*
	2.	(compr **ate**)	*(you buy)*
	3.	compr **ano**	*they buy, you buy*

1. Note carefully that the Italian present renders not only the English simple present but also the emphatic and, very often, the progressive present tenses. Thus **compro** may mean *I buy* or *I do buy* or *I am buying*. An Italian progressive present exists, however, and will be studied in due time.

2. The forms in parentheses given above are used in speaking to relatives and very intimate friends. Learn them for recognition when reading, but use the third person singular (pronoun **Lɛi,** *you*) when addressing one person and the third person plural (pronoun **Loro,** *you*) when addressing two or more persons.

3 Question Form

Maria parla italiano e inglese?
Parla Maria italiano e inglese? } Does Mary speak Italian and English?
Parla italiano e inglese Maria?

1. A sentence can be made interrogative merely by the inflection of the voice and the use of the question mark.

2. The subject may follow the verb (yet less frequently than in English), or be placed at the very end of the sentence.

3. The verb *to do*, used in English questions, is not expressed in Italian.

ESERCIZI

A. Match the words in columns A and B:

A	B
1. di solito	*a.* day
2. imparare	*b.* home
3. giorno	*c.* to sing
4. così	*d.* but
5. casa	*e.* in order to
6. anche	*f.* usually
7. cantare	*g.* also
8. per	*h.* to learn
9. ma	*i.* everything
10. tutto	*j.* thus

B. Completare (*Complete*):

1. Elena cant–. 2. Pietro e Luigi parl– italiano. 3. Virginia impar– bene. 4. Tutti impar–. 5. Giuseppe e Tommaso ascolt–. 6. Perchè Anna parl– inglese?

C. Complete the following sentences by translating the words in parentheses:

1. Parlo italiano (*at*) casa. 2. Ascoltiamo (*attentively*). 3. (*Good morning*), signora. 4. Carolina (*is speaking*) italiano. 5. Maria e Susanna (*are listening*). 6. Anche Carlo ascolta attentamente (*in order to*) imparare. 7. (*I like*) imparare. 8. Lei impara e parla (*well*). 9. (*Do you like*) cantare? 10. Sì, signore, (*a great deal*).

D. Formare domande (*Form questions*):

1. Antonio canta bene. 2. Paolo ascolta attentamente. 3. Tutti imparano. 4. Lei parla inglese e italiano. 5. Riccardo e Maria di solito parlano inglese. 6. Lei ascolta per imparare bene.

E. Tradurre in italiano (*Translate into Italian*):

1. Good morning, Richard. How are you? 2. I am well, thanks. And

how are you, Paul? 3. Why do you speak Italian, Eleanor? 4. Because I like to learn. 5. Are you listening, Louis? 6. Yes, I am listening attentively. 7. Louis is listening in order to learn. 8. We are learning to (a) speak Italian at school.

CONVERSAZIONE

1. Buon giorno a tutti! 2. Parla italiano, . . .? 3. A casa parla italiano, . . .? 4. Ascolta Lei, . . .? 5. Perchè ascolta Lei, . . .? 6. Le piace parlare italiano, . . .?

LEZIONE TERZA

PRONUNZIA

ε:	tεn-da	grε-ca	mεm-bra	se-vε-re
	lεn-ta	prε-me	mεn-sa	pre-lε-va
	sε-sta	dε-stra	sfε-ra	a-de-rεn-te

NOTE:
The mouth should be well opened in pronouncing ε.

ESERCIZIO DI PRONUNZIA

Leggere ad alta voce (*Read aloud*):

1. glε-ba 2. spε-me 3. trε-ma 4. brε-ve 5. fε-sta 6. εr-pe-te 7. Ε-den 8. dεn-te 9. mε-ta 10. ca-dεn-te 11. εst 12. ε-pa 13. e-rε-de 14. splεn-de 15. spεn-de-re 16. prε-me-re 17. ε-be-te 18. vε-spa 19. prε-te 20. grε-ve 21. stεn-de 22. vε-ste

LETTURA

Chi è Robεrto?

Robεrto è un ragazzo. Caterina è una ragazza. Robεrto ha un fratello e una sorella. Caterina ha uno zio e una zia. Carlo ha un libro e una penna. Εlena ha un quadεrno, una matita e una riga. Tutti ascoltano attentamente in classe per imparare a parlare italiano. Ora parliamo.

5

— Chi è Roberto?
— Roberto è un alunno.
— Chi è Caterina?
— Caterina è un'alunna.
5 — Chi è Dorotea?
— Anche Dorotea è un'alunna.
— Tommaso, mi mostri una matita.
— Ecco una matita, professore.
— Elisabetta, mi mostri uno specchietto.
10 — Ecco uno specchietto, signore.

PROVERBIO

Chi cerca, trova.   *He who seeks, finds.*

VOCABOLARIO

l'alunna (*girl*) pupil
l'alunno (*boy*) pupil
il fratello brother
il libro book
la matita pencil
la penna pen
il quaderno notebook
la ragazza girl, child
il ragazzo boy, child

la riga ruler, line (*of writing*)
la sorella sister
lo specchietto little mirror
la zia aunt
lo zio uncle

chi he who; **chi?** who? whom?

è is
ha has

Imparare anche le seguenti espressioni (*Learn the following expressions also*):

mi mostri show me, point out to me
ecco here is, here are, there is, there are

NOTE GRAMMATICALI

4 Indefinite Article

MASCULINE	FEMININE	MEANING
un uno	una (un')	*a* or *an*

1. **un dettato** a dictation [1]
   un amico a (*boy*) friend
   uno specchio a mirror
   uno zero a zero

   una lavagna a blackboard
   un'amica a (*girl*) friend
   una carta a paper
   una carta sugante a blotter

[1] Always learn the new words that occur in the examples.

Before a masculine word the usual form of the indefinite article is **un.** **Uno** is used only before a masculine word beginning with **s** impure (that is, **s** followed by another consonant) or with **z.**

Una is the feminine form of the indefinite article; it becomes **un'** before a feminine word beginning with a vowel.

2. uno zio e una zia	an uncle and aunt

The indefinite article must be repeated before each noun to which it refers.

5 Gender of Nouns

There are no neuter nouns in Italian. There are only two genders, masculine and feminine.

Nouns ending in **–o** are all masculine except **la mano,** *the hand,* and **la radio,** *the radio.*[1] The word ɛco, *echo,* is feminine in the singular (**la bɛlla ɛco**) and masculine in the plural (**gli ɛchi**).

Nouns ending in **–a** are usually feminine.

ESERCIZI

A. Match the words in columns A and B:

A	B
1. amico	*a.* show me
2. lavagna	*b.* girl
3. sorɛlla	*c.* notebook
4. mano	*d.* blackboard
5. mi mostri	*e.* to sell
6. quadɛrno	*f.* friend
7. ragazza	*g.* hand
8. vɛndere	*h.* sister
9. alunna	*i.* ruler
10. riga	*j.* pupil

B. Completare con l'articolo indefinito (*Complete with the indefinite article*):

1. Dorotɛa ha —— zio. 2. Virginia è —— ragazza. 3. Giusɛppe ha —— libro. 4. Ɛcco —— signora. 5. Giacomo ha —— fratɛllo e —— sorɛlla. 6. Caterina ha —— specchietto. 7. Mi mostri —— zɛro. 8. Ɛlena ha —— penna. 9. Ɛcco —— signore. 10. Beatrice è —— alunna. 11. Vincɛnzo è —— alunno. 12. Ascoltiamo —— radio.

[1] Also **la dinamo,** *the dynamo.*

13. Mi mostri —— matita. 14. Carolina è —— signorina. 15. Ecco
—— carta sugante. 16. Mi mostri —— mano. 17. Francesco ha ——
quaderno. 18. Giovanni compra —— libro.

C. Completare le seguenti frasi traducendo le parole in parentesi (*Complete the following sentences by translating the words in parentheses*).

1. (*Who*) è Enrico? 2. Enrico è (*a boy*). 3. Mi mostri (*a little mirror*).
4. Margherita (*has*) una carta sugante. 5. (*Anthony*) parla. 6. (*To whom*) parla Anna? 7. (*Here is*) un'alunna. 8. Chi ha (*a notebook*)?
9. Mi mostri (*a ruler*). 10. (*We are listening to*) Pietro. 11. (*I like*)
cantare. 12. (*How do you do*), signorina? 13. Susanna ha (*a brother and an aunt*). 14. (*They are buying*) una casa. 15. (*Show me*) una
ragazza.

D. Tradurre in italiano (*Translate into Italian*):
1. Robert is a pupil. 2. Paul also is a pupil. 3. Show me a pencil,
Paul. 4. Here is a pencil, Miss Merlino. 5. I like very much [1] to speak
Italian. 6. Who is Eleanor? — Eleanor is a young lady. 7. Show me
a ruler, Mary. — Here is a ruler, sir. 8. Mary is learning a great deal.
9. Charles and Louis are learning also. 10. They speak Italian now.

CONVERSAZIONE

1. Chi è Roberto? 2. Chi è Caterina? 3. Chi ha Roberto? 4. Chi
ha Caterina? 5. Chi ascolta attentamente in classe? 6. Perchè ascolta
attentamente? 7. Mi mostri una matita. 8. Mi mostri uno specchietto.

LEZIONE QUARTA

PRONUNZIA

i:	vi-ta	mi-ti	ban-di-ti	fi-ni-ti
	vi-ni	ti-ni	par-ti-ti	mi-ni-mi
	li-ti	si-ti	can-di-ti	li-mi-ti

NOTE:

The mouth should be almost closed with the lips drawn back in
making the sound **i**.

[1] Translate, "a great deal."

Leggere ad alta voce:

1. di-va-ni 2. fi-li 3. gri-di 4. lim-pi-di 5. mi-ni-stri 6. si-mi-li
7. vi-si 8. vi-sti 9. ca-si-ni 10. fe-li-ni 11. bam-bi-ni 12. fi-ni
13. sti-le 14. tri-sti 15. mi-sta 16. a-ni-mi 17. a-mi-ca 18. di-
vi-ni 19. vi-mi-ni 20. spi-ri-ti 21. spi-na 22. cli-mi

LETTURA

Scriviamo

Scriviamo con una penna, una penna stilografica, o una matita.
Un'alunna scrive con un pezzo di gesso.

Paolo non scrive. Non scrive perchè non ha carta.

— Ecco carta e matita, Paolo.

Anch'io scrivo; scrivo con penna e inchiostro.   5

Elisabetta dà una gomma a Giovanna, e Giovanna cancella
uno sbaglio.

Poi leggiamo e, finalmente, parliamo italiano. Mi piace scrivere, mi piace leggere, ma mi piace soprattutto parlare.

— Che cosa è questo, Tommaso?   10

— Questo è un quaderno, signorina.

— Mi mostri una carta sugante, Elena.

— Ecco una carta sugante.

— Bene! Lei impara presto.

PROVERBIO

Diligenza passa scienza.   *Diligence surpasses learning.*

VOCABOLARIO

il gesso chalk	**che?** *or* **che cosa?** [1] what?
la gomma (rubber) eraser	**questo** this
l'inchiostro ink	
la penna stilografica fountain pen	**cancellare** [**cancello**] to erase
il pezzo piece	**dà** gives
lo sbaglio mistake	**leggere** to read
	scrivere to write

[1] The word **cosa** means *thing.*

con with
di¹ of
finalmente finally, at last
o or

pɔi then, afterward
prɛsto soon, quickly
soprattutto above all

NƆTE GRAMMATICALI

6 Second Conjugation: Present Indicative

vendere, *to sell*

Stem: **vend–**   Infinitive ending: **–ere**

PERSONS		STEM + ENDING	MEANING
Singular	1.	vend **o**	*I sell*
	2.	(vend **i**)	*(you sell)*
	3.	vend **e**	*he, she, it sells, you sell*
Plural	1.	vend **iamo**	*we sell*
	2.	(vend **ete**)	*(you sell)*
	3.	vend **ono**	*they sell, you sell*

7 Subject Pronouns

	SINGULAR			PLURAL	
1st person	io	*I*		**noi**	*we*
2nd person	tu	*thou, you*		**voi**	*you*
3rd person	egli	*he*			
	ella	*she*			
	esso	*he* or *it*		**essi**	*they* (m.)
	essa	*she* or *it*		**esse**	*they* (f.)
	Ella or **Lɛi**	*you*		**Loro**	*you*

1. As the endings of the Italian tenses ordinarily indicate person and number, the subject pronouns are seldom necessary for clearness. Unless emphasis is desired, they may be omitted: **compriamo e vendiamo,** *we buy and sell.* Because of the ending **–iamo,** we understand that the subject is *we.*

Note, however, that the subject cannot be omitted if it is used with an adverb, such as **anche,** *also.* Note also that two subjects in contrast must be expressed:

Egli parla e io ascolto.   He speaks and I listen.

¹ **Di** becomes **d'** before a word beginning with a vowel.

2. The pronouns **egli** and **ella** refer to persons only, while **esso** and **essa, essi** and **esse** may refer to persons, animals, or things.

8 Negative Verb

Ella non parla tedesco.	She does not speak German.
Margherita non ha carta.	Margaret has no paper.
Riccardo non ascolta.	Richard is not listening.

1. A verb is made negative by placing **non** before it.

2. The verb *to do*, used as an auxiliary in an English negative sentence, is not expressed in Italian.

ESERCIZI

A. Completare (*Complete*):

1. Egli vend– carta. 2. Noi scriv– attentamente. 3. Eleonɔra lɛgg–.
4. Chi scriv– ora? 5. Carlo non vend– inchiɔstro. 6. Che vend– io?
7. Elisabɛtta scriv– con una matita. 8. Maria e Terɛsa lɛgg–. 9. Essi
vend– gɛsso. 10. Lɛi scriv– con un pɛzzo di gɛsso.

B. Sostituire ai nomi in corsivo pronomi personali (*Substitute personal pronouns for the nouns in italics*):

1. *Robɛrto* parla italiano. 2. *Ada* vede tutto. 3. *Piɛtro e Giusɛppe* imparano bɛne. 4. *Un alunno* vende un libro. 5. *Elena e Beatrice* scrivono. 6. *Giovanna* non ascolta. 7. *Un professore* parla tedesco. 8. *Antɔnio e Robɛrto* imparano a scrivere italiano.

C. Completare le seguɛnti frasi usando la forma corrɛtta del vɛrbo **vedere**, *to see* (*Complete the following sentences using the correct form of the verb* vedere, *to see*):

1. Essi —— un signore. 2. Chi —— una penna stilografica? 3. Noi non —— questo sbaglio. 4. Margherita —— una ragazza. 5. Carolina e Virginia —— una casa. 6. Che cɔsa —— Lɛi? 7. Io —— un pɛzzo di carta. 8. Che cɔsa —— Loro?

D. Dettato. *Your teacher will dictate part of the* Lettura *of this lesson.*

E. Tradurre in italiano (*Translate into Italian*):

1. We write now. 2. Francis writes with a piece of chalk. 3. Jane writes with a fountain pen. 4. Paul and Robert are writing with pen and ink. 5. I am writing with a pencil. 6. Here is a mistake. Who has an eraser? 7. A pupil (*f.*) gives an eraser to Robert. 8. Robert erases and then writes. 9. He is not speaking now; he is writing attentively. 10. All are learning well.

1. Con che cosa scrive Lɛi? 2. Con che cosa scrivo io? 3. Perchè Paolo non scrive? 4. Che cosa dà un alunno a Paolo? 5. Chi dà una gomma a Giovanna? 6. Che cosa cancɛlla Giovanna? 7. Le piace scrivere? 8. Che cosa Le piace soprattutto? 9. Che è questo? 10. Mi mostri una carta sugante.

LEZIONE QUINTA

PRONUNZIA

o:			
ton-do	pron-to	co-no-sco	com-pon-go
bor-go	con-tro	co-lom-bo	pro-fon-do
col-mo	scon-to	se-con-do	pro-pon-go

ESERCIZIO DI PRONUNZIA

Lɛggere ad alta voce:

1. an-go-lo 2. do-po 3. fron-te 4. in-con-tro 5. lon-ta-no 6. mol-to 7. mo-stro 8. mo-ti-vo 9. om-bro-so 10. pa-sco-lo 11. plo-to-ne 12. po-po-lo-so 13. sa-po-ro-so 14. scor-so 15. so-no 16. sor-vo-lo 17. spon-da 18. tor-ta 19. vo-lon-tà 20. ca-lo-ro-so 21. com-po-ne 22. do-no

LETTURA

Il maɛstro scrive

Perchè gli alunni guardano la lavagna così attentamente? Perchè il maɛstro [1] scrive. Egli scrive molte [2] parole con un pɛzzo di gɛsso, e le parole sono nuove per gli alunni.

Noi scriviamo le stesse parole. Ogni alunno scrive in un qua-
5 dɛrno.

Che fa ora il maɛstro? Egli lɛgge e noi ascoltiamo. Poi anche noi leggiamo. Pronunziamo bɛne ogni parola.

Ora il maɛstro cancɛlla le parole e detta. I ragazzi e le ra-

[1] Or **la maɛstra.** [2] **Molti** and **molte,** plurals of **molto,** *much,* mean *many,* of course.

gazze scrivono. Susanna e Giacomo scrivono con la penna stilo-grafica; gli altri alunni scrivono con la matita. Questo dettato non è lungo, ma molte parole sono nuove. Elena fa uno sbaglio. Poi cancella. Vincenzo ascolta attentamente e scrive bene ogni parola.

— Gli alunni parlano quando il maestro detta?

— No, signora, gli alunni non parlano; scrivono.

PROVERBIO

Chi è paziente è sapiente. *He who is patient is wise.*

VOCABOLARIO

il maestro, la maestra teacher
la parola word

altro other, else
lungo long
nuovo new
ogni [1] every
stesso same

dettare to dictate

fa does, makes
guardare to look, look at, watch
pronunziare [**pronunzio**] to pronounce
sono they are

per (*prep.*) for, through
quando when

NOTE GRAMMATICALI

9 Definite Article

		MASCULINE	FEMININE	MEANING
Singular	il	lo (l')	la (l')	*the*
Plural	i	gli (gl')	le (l')	

1. il ragazzo, i ragazzi   the boy, the boys
   il libro, i libri   the book, the books
   lo stesso libro, gli stessi libri   the same book, the same books
   lo zio, gli zii   the uncle, the uncles
   l'altro libro, gli altri libri   the other book, the other books
   l'Italiano, gl'Italiani   the Italian, the Italians

Il and its plural, **i,** are the usual masculine forms of the definite article. **Lo** and **gli** are used before masculine words beginning with **s** impure, **z,** or a vowel. Before a vowel, however, **lo** becomes **l',** while **gli** becomes **gl'** only before **i.**

[1] The adjective **ogni** is invariable; that is, it has the same form for both the masculine and the feminine. It is always singular.

2. la penna, le penne	the pen, the pens
l'altra penna, le altre penne	the other pen, the other pens
l'entrata, l'entrate	the entrance, the entrances

La and its plural, **le,** are the feminine forms of the definite article. **La** becomes **l'** before any of the vowels, **le** becomes **l'** only before **e.**

3. la penna e l'inchiostro	the pen and ink

The definite article must be repeated before each noun to which it refers.

10 Plural of Nouns

From the examples just given it can be seen that nouns ending in –**o** form their plural by changing that **o** to **i,** and that feminine nouns ending in –**a** form their plural by changing that **a** to **e.**

11 Adjectives in –o

The examples (**altro, altri — altra, altre**) show also that:

1. Italian adjectives vary in gender and number, in agreement with their nouns.[1]

2. Adjectives ending in –**o** have four forms:

	MASCULINE	FEMININE
Singular	–**o**	–**a**
Plural	–**i**	–**e**

ESERCIZI

A. Mettere l'articolo definito [2] davanti alle seguenti parole (*Place the definite article before the following words*):

1. signorina 2. alunna 3. inchiostro 4. specchietto 5. fratello
6. entrata 7. zia 8. zio 9. scuola 10. alunno 11. ragazzo 12. maestro 13. mano 14. cosa 15. altro alunno 16. stesso pezzo 17. altra mano 18. nuovo libro 19. altro specchietto 20. altra gomma

B. Dare il plurale delle parole in A con gli articoli definiti (*Give the plural of the words in A with the definite articles*).

C. Sostituire la lineetta con un soggetto (*Substitute a subject for the dash*):

1. —— detta le parole di questa lezione. 2. —— ascoltano attenta-

[1] An adjective modifying two or more nouns of different genders is masculine.
[2] Called *articolo determinativo* by many Italian grammarians.

mente.   3. —— cancello uno *sbaglio*.   4. —— legge ad alta voce.
5. —— guardiamo la lavagna.   6. —— canta bɛne.   7. —— comprano
i quadɛrni.   8. —— comincio a parlare italiano.   9. A casa —— parliamo inglese.   10. —— imparano a scrivere.

D. Completare con l'articolo definito e **altro** o **nuɔvo** o **stesso** (*Complete with the definite article and* altro *or* nuɔvo *or* stesso):

1. Ɛcco —— —— fratɛlli.   2. Mi mostri —— —— riga.   3. Scrivo
—— —— parɔla.   4. Questi sono —— —— specchietti.   5. Egli cancɛlla —— —— *sbaglio*.   6. Leggiamo —— —— libri.   7. Parliamo con
—— —— alunni.   8. Questa è —— —— entrata.

E. Tradurre in italiano:

1. There is the blackboard.   2. The teacher writes the new words.
3. We write the same words.   4. I write with the fountain pen.   5. The
other pupils write with pencils.   6. This notebook is new; the other is
not new.   7. Who has the blotter?   8. Margaret gives the blotter to
Mary.   9. Louis makes a mistake; Elizabeth makes the same mistake.
10. Show me this mistake and the other mistake, too.

CONVERSAZIONE

1. Perchè gli alunni guardano attentamente la lavagna?   2. Che
cɔsa scrive il maɛstro?   3. Con che cɔsa scrive?   4. Che scriviamo noi?
5. Anche noi scriviamo con un pɛzzo di gɛsso?   6. Che cɔsa fa un alunno
quando il maɛstro parla?   7. Che cɔsa fa quando il maɛstro detta?
8. Ogni alunno scrive con la penna stilografica?   9. Sono tutte nuɔve
le parɔle di questa lezione?   10. Le piace questa conversazione?

LEZIONE SƐSTA

PRONUNZIA

ɔ:	fɔ	tɔ-mo	pɔr-ta	pɔ-ve-ro
	sɔ	mɔ-do	dɔr-mo	stɔ-ma-co
	nɔ	pɔ-co	fɔr-za	pɔr-ti-co

NOTE:

The mouth should be well opened in pronouncing ɔ.

Lεggere ad alta voce:

1. stɔ 2. bɔ-sco 3. cɔl-go 4. fɔ-ro 5. hɔ 6. frɔ-de 7. gɔ-ti-co
8. grɔs-so 9. grɔt-ta 10. lɔ-de 11. mɔ-na-co 12. mɔr-bi-do 13. mɔr-to
14. nɔ-no 15. nɔ-ta 16. ɔ-spi-te 17. ɔ-vest 18. prɔ-spe-ro 19. sɔl-do
20. vɔl-ta 21. vɔ-stro 22. cɔr-po

LETTURA

Conversazione in classe

Tommaso pulisce la lavagna e scrive. Mentre egli scrive, noi parliamo italiano.

Il maεstro apre un libro e domanda: « Dove siamo ora? » Anna risponde: « Siamo in un'aula di questa scuɔla. »

5 « Bεne, » dice il maεstro. E pɔi domanda: « È quest'aula [1] al pian terreno? » Dorotεa non risponde perchè non capisce la domanda.

Un'altra ragazza capisce e risponde: « Nɔ, signore, quest'aula non è al pian terreno, ma al piano superiore. »

10 Ora il maεstro chiama Giovanni, il fratεllo di Dorotεa, e dice: « Che cɔsa vede in quest'aula, Giovanni? » Egli capisce e risponde: « Vedo una scrivania, molti banchi, molte lavagne, molti libri . . . »

« *I*ndichi la scrivania, » dice il maεstro, e Giovanni *i*ndica la 15 scrivania. « Prεnda il libro di Dorotεa, » dice egli pɔi, e Giovanni fa come dice il maεstro. Egli risponde bεne perchè ascolta attentamente e st*u*dia molto.

PROVΕRBIO

Il tεmpo è danaro.   *Time is money.*

VOCABOLΛRIO

l'*a*ula classroom
il banco [*pl.* **banchi**] student's desk
la domanda question

il piano floor; **al pi*a*n terreno** on the ground floor; **al piano superiore** on the upper floor

[1] Note that the adjective **questo** becomes **quest'** before a singular word beginning with a vowel.

la scrivania desk

aprire [apro] to open
capire [capisco] to understand
chiamare to call, call on
dice says
domandare to ask
indicare [indico] to point at (or to); indichi point at (or to)

prendere to take; prenda take
pulire [pulisco] to clean
rispondere to answer
siamo we are
studiare [studio] to study

dove [1] where
ed [2] and
in in

NOTE GRAMMATICALI

12 Third Conjugation: Present Indicative

finire, *to finish, end*

Stem: fin–   Infinitive ending: –ire

	PERSONS	STEM + isc + ENDING	MEANING
Singular	1.	fin isc o	*I finish*
	2.	(fin isc i)	*(you finish)*
	3.	fin isc e	*he, she, it finishes, you finish*
Plural	1.	fin iamo	*we finish*
	2.	(fin ite)	*(you finish)*
	3.	fin isc ono	*they finish, you finish*

partire, *to depart, leave*

Stem: part–   Infinitive ending: –ire

	PERSONS	STEM + ENDING	MEANING
Singular	1.	part o	*I depart*
	2.	(part i)	*(you depart)*
	3.	part e	*he, she, it departs, you depart*
Plural	1.	part iamo	*we depart*
	2.	(part ite)	*(you depart)*
	3.	part ono	*they depart, you depart*

[1] **Dove** becomes **dov'** before a word beginning with **e.**   [2] Used before words beginning with **e.**

1. The larger part of the verbs of the third conjugation, like **finire,** add –**isc** to their stem in all the persons of the singular and in the third person plural of the present indicative (present subjunctive and imperative).

2. Other verbs are conjugated in the present like **partire;** that is, they do not add –**isc** to their stem.

3. Note that the personal endings are exactly the same for all verbs of this conjugation.

4. In all other tenses, all verbs of the third conjugation are conjugated alike.

13 Possession

Il libro di Maria	Mary's book
I libri di Maria e d'Ɛlena	Mary's and Helen's books

Possession is denoted by the preposition **di** which becomes **d'** before a vowel. This preposition must be repeated before each noun that it modifies.

ESERCIZI

A. Completare:

1. Gli alunni pul– le lavagne. 2. Io cap– le parɔle di Luigi. 3. Lɛi non part–. 4. Noi non pul– l'*a*ula. 5. Margherita apr– il libro. 6. Io non cap– ogni parɔla. 7. Il maɛstro fin– la lezione. 8. Chi pul– questa scuɔla ? 9. Che cɔsa cap– Lɛi ? 10. Noi cap– tutto. 11. Loro apr– i libri. 12. Tommaso e Robɛrto part–. 13. Le ragazze cap– quando il maɛstro parla. 14. Che cɔsa cap– noi ? 15. Essi fin– il dettato.

B. Sostituire la lineetta con un soggetto (*Substitute a subject for the dash*):

1. —— finiamo la lezione. 2. —— apro il libro. 3. —— capisce ogni cɔsa. 4. —— pul*i*scono l'*a*ula. 5. —— non finisce la conversazione. 6. —— non partiamo ora. 7. —— *a*prono i quadɛrni. 8. —— puliamo la lavagna. 9. Capisce —— quando Terɛsa parla italiano ? 10. *A*prono i libri ——? 11. —— capisco tutto. 12. —— non fin*i*scono la lezione.

C. Completare con un nome (*Complete with a noun*):

1. Ogni —— ha un libro. 2. Maria parte con un'altra ——. 3. Egli cancɛlla lo *s*baglio con la ——. 4. St*u*dio con lo stesso ——. 5. Scrivo con penna e ——. 6. P*a*olo fa uno —— e pɔi cancɛlla. 7. Siamo ogni giorno in questa ——. 8. Elisabɛtta *i*ndica la ——. 9. Chi risponde a questa ——? 10. Il professore chiama un ——.

D. Tradurre in italiano:

1. Henry's pencil. 2. Helen's notebook. 3. Susan's and Jane's friends.
4. Vincent's aunt. 5. Dorothy's teacher. 6. Louis' question. 7. Peter's
and Richard's desks. 8. James' brother. 9. This school's classrooms.
10. Charlotte's ruler.

E. Tradurre in italiano:

1. We clean the blackboards and then we write. 2. Every ¹ pupil writes
with a fountain pen. 3. Joseph writes with Paul's pen. 4. I am writing
with a piece of chalk. 5. The teacher opens the book and dictates
many new words. 6. The boys and girls understand the new words.
7. I do not understand this long word. 8. Virginia understands every
word because she studies a lot. 9. Where is Francis' sister? — She is in
another room,² on the ground floor. 10. She is not on the upper floor.

CONVERSAZIONE

1. Che cosa fa Tommaso? 2. Che cosa fa egli mentre noi parliamo
italiano? 3. Che risponde Anna quando il maestro domanda dove siamo
ora? 4. È quest'aula al pian terreno? 5. Perchè Dorotea non risponde?
6. Chi capisce la domanda? 7. Chi chiama ora il maestro? 8. Chi è
Giovanni? 9. Che cosa vede Lei in quest'aula? 10. Perchè Giovanni
risponde bene?

¹ Remember that **ogni** is invariable. ² That is, *another classroom.*

WHY STUDY

ITALIAN?

Let us consider a few pertinent facts before you attempt to answer this important question.

The study of any foreign language, either ancient or modern, is first of all a splendid training for the mind. It teaches you to organize facts and trains you in clear, logical reasoning.

Foreign language study offers another great advantage. It places you in direct contact with another people — their history, their past and present achievements in science and the arts, in a word their civilization. You will acquire knowledge and understanding which are not given to all but are reserved for the few who have earned them. It has often been stated that a good knowledge of a foreign language gives a double value to one's life.

If we consider the number of people who speak the important modern languages and the territory inhabited by these people, we realize that the Italians do not occupy first place. Italy has a population of nearly fifty million, and about twelve million more Italians or people of Italian descent are scattered all over the world. But mere numbers and area are hardly fair criteria. Little Holland means far more to our civilization than some of the largest countries, and Pisa, with its 87,000 inhabitants, is far more important than many a city with ten times its population. What really matters is the quality of the people and their past and present achievements.

Italy is the cradle of Western civilization. Much of our science and our art, even many of the most meaningful words of our language, came to us through that country. What a galaxy of geniuses in every field of human achievement! Great discoverers, such as Marco Polo, to whom the world owes the first knowledge of central and southern Asia; Christopher Columbus, whose glory is so great that no words need be added; Amerigo Vespucci, for whom the Americas are named. Scientists from Leonardo da Vinci, the outstanding genius who was born near Florence in 1452, to two twentieth-century Nobel Prize winners — Marconi, inventor of wireless telegraphy, and Enrico Fermi, to whom the first splitting of the atom is due, an invention that marked the beginning of a new era for human-

House in Genoa where
Christopher Columbus was born

Basilica of St. Anthony, patron saint of Padua

ity even though its first practical application was for destructive purposes, namely, the atomic bomb. Philosophers like Giordano Bruno and Tommaso Campanella, both born in the sixteenth century, and other equally famous names until we reach Benedetto Croce, philosopher and literary critic of the twentieth century. Poets of unsurpassed fame, from Dante, author of the DIVINE COMEDY, and Petrarch, great lyric poet of the fourteenth century, through Ariosto, Tasso, and Leopardi to the more modern Carducci and D'Annunzio. Geniuses like Boccaccio and Machiavelli — whose fame is unsurpassed — as well as such other great writers of prose as Manzoni and Pirandello, the latter one of the world's most original playwrights.

And how about art and music? In the field of art we find celebrated painters such as Giotto, Botticelli, Raphael,

and Titian; sculptors like Donatello and Canova; and great masters like Leonardo da Vinci, one of the most inspired painters of all time and a genius of unsurpassed fame in many sciences; Michelangelo, sublime artist in painting, sculpture, and architecture; Bernini, equally great as a sculptor and an architect. In the field of music there are composers like Palestrina, who lived in the sixteenth century, as well as Scarlatti, Rossini, Donizetti, Bellini, Verdi, and many others until we reach such famous twentieth-century names as Puccini, Respighi, and Pizzetti. For cultural purposes, the study of Italian could not possibly offer more!

This is particularly true if you are interested in English literature or in music. We have only to recall that such great English authors as Chaucer, Spenser, Shakespeare, Milton, Byron, Shelley, Browning, and Rossetti were

Statue of General Gattamelata
by Donatello, Padua

The Uffizi Gallery in Florence

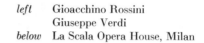

left   Gioacchino Rossini
          Giuseppe Verdi
below La Scala Opera House, Milan

all inspired by Italy and its literature. And who can ignore the fact that all musical expressions, such as largo, adagio, accelerando, presto, forte, con fuoco, etc., are Italian and are used the world over? Who does not know that opera is an Italian word accepted everywhere, even in the languages of the Far East, and that many of the best operas and the finest songs are Italian?

Some among you may be interested in traveling, which is one of the most enjoyable educational experiences. In that case, a good knowledge of Italian will come in handy, for you are not likely to visit Europe without including Italy in your itinerary.

But some of you — and it is to be sincerely hoped that very few belong to this group — may not be particularly interested in cultural values and may not have any desire ever to cross the ocean. What then?

Just consider the fact, in that case, that more than five million Italians or people of Italian descent are living right here in the United States. In New York City alone there are over a million, while large numbers are settled in other important centers. In some of our cities, no other foreign language is heard so often as Italian. If you are planning to become a lawyer, a doctor, a teacher, or a businessman, Italian may prove mighty useful.

To learn Italian is surely worth the effort.

Alessandro Manzoni

Detail from statue
of the poet Carducci,
Bologna

Florence. Bronze doors of the Baptistry, designed by Ghiberti

RIPETIZIONE

I. The list given below contains the verbs you have studied thus far. Give the meaning of each of them and tell to which of the three conjugations each one belongs.

aprire	comprare	indicare	pulire
ascoltare	dettare	lɛggere	rispondere
cancellare	domandare	parlare	scrivere
cantare	finire	partire	studiare
capire	guardare	prɛndere	vedere
chiamare	imparare	pronunziare	vɛndere
cominciare			

II. Review the conjugation of the present indicative of the verbs **comprare, vendere, finire,** and **partire** on pages 73, 80, and 87, and make sure that you also learn well the second person singular and the second person plural, given in parentheses in the tables. We shall use these forms from now on.

III. Here is a partial list of the nouns and adjectives you learned in the preceding six lessons. Give the meaning of each of them; give also the plural of each noun and the feminine of each adjective.

NOUNS

amico	domanda	lavagna	penna	scuɔla
aula	fratɛllo	libro	pɛzzo	signora
banco	gɛsso	maɛstro	quadɛrno	sorɛlla
carta	giorno	mano	ragazza	specchietto
casa	gomma	matita	riga	zɛro
dettato	inchiɔstro	parɔla	scrivania	zia

ADJECTIVES

altro	lungo	stesso
buɔno	molto	tedesco
italiano	questo	tutto

IV. Replace the dash with the indefinite article:

1. —— sbaglio 2. —— carta sugante 3. —— casa 4. —— professore 5. —— classe 6. —— zio 7. —— signorina 8. —— entrata 9. —— scuɔla 10. —— amico 11. —— amica 12. —— specchio

V. Replace the dash with the definite article:

1. —— radio 2. —— maestra 3. —— esercizio 4. —— signorine
5. —— banchi 6. —— mano 7. —— mani 8. —— inchiostro
9. —— dettato 10. —— gomme 11. —— stessi libri 12. —— quaderno 13. —— altri quaderni 14. —— lunga lezione 15. —— stesso giorno

VI. Complete the following sentences with a subject pronoun:

1. —— scrive con la matita. 2. —— finisci la lezione. 3. —— parla tedesco. 4. —— ascoltate attentamente. 5. —— cancello uno sbaglio.
6. —— partite con Anna. 7. —— domandano molte cose. 8. —— capisci quando egli parla italiano. 9. —— apre il libro. 10. —— vede i ragazzi. 11. —— imparate bene. 12. —— studiamo molto.

VII. Supply the Italian for the words in parentheses:

1. Luigi (has) molti libri. 2. (Why) Margherita scrive con la matita?
3. Ecco Dorotea (and) Elena. 4. (Where is) il quaderno di Carlo?
5. Essi studiano (well). 6. Paolo è un buon ragazzo, (but) anche Maria è una buona ragazza. 7. (What) studiate ora? 8. Il maestro (says) così. 9. (I like) studiare. 10. (Usually) ascoltiamo attentamente.
11. Ascoltiamo (in order to) imparare. 12. (Here is) una penna stilografica.

VIII. Supply the proper form for the verbs in parentheses:

1. (capire) Io —— quand'egli parla. 2. (prendere) Voi —— un pezzo di gesso. 3. (partire) Anche tu —— con Roberto? 4. (cantare) Ella —— bene. 5. (guardare) Gli alunni —— la lavagna. 6. (rispondere) Giovanni —— in inglese. 7. (chiamare) Voi —— le ragazze. 8. (partire) Ora esse —— per Chicago. 9. (leggere) Tu —— ad alta voce.
10. (comprare) Ogni alunno —— un libro.

IX. Turn the following sentences into questions, using three forms in each case:

1. Elisabetta compra molti libri. 2. Io parlo tedesco, italiano, e inglese. 3. Voi ascoltate molto e imparate. 4. La conversazione è in italiano. 5. Maria è a casa per studiare. 6. Ogni alunno ha una matita e una gomma. 7. La maestra domanda molte cose. 8. Voi scrivete con una penna stilografica. 9. Questo è un buon proverbio. 10. Ogni ragazza ha uno specchietto.

X. Give the Italian for the following expressions:

1. I like. 2. On the upper floor. 3. Show me. 4. To read aloud.

5. Till we meet again! 6. Do you like? 7. Point to the blackboard.
8. Give me. 9. On the ground floor. 10. Here are the boys. 11. Above
all. 12. Tell me.

LETTURE VARIE

*The following passage contains only four new words, which you
will do well to learn. They are*

la grammatica *grammar*	**il dizionario** *dictionary*
contento *glad, satisfied*	**che** *that*

*Make an effort to think in Italian while you read the lines. Your
teacher may read them aloud to you, asking you to keep the book closed
so as to see whether you understand the meaning by ear.*

1. Parliamo italiano

La maestra, signorina Rugani, mostra un quaderno, una riga, una
carta sugante e due libri. Poi dice:

— Ecco due libri, ecco la carta sugante, ecco la riga ed ecco
un quaderno.

Ora ella mostra la riga e domanda a Pietro: 5
— Che cosa è questo, Pietro?
Il ragazzo capisce la domanda e risponde:
— Questa è una riga, signorina.
Poi ella domanda a Caterina:
— Che è questo libro?   10
Caterina guarda il libro e risponde:
— Questo libro è una grammatica italiana.
— E quest'altro libro?
— Quest'altro libro è un dizionario, signorina Rugani.
La maestra è contenta perchè Caterina risponde bene. Ella 15
vede che noi impariamo e cominciamo a parlare italiano.
— È questo un banco, Giacomo?
— No, signorina, è una scrivania.

Domande. 1. Chi è la signorina Rugani? 2. Che cosa fa ella? 3. Che
cosa dice poi? 4. A chi parla la signorina quando mostra la riga?
5. Pietro capisce la domanda? 6. Che cosa risponde? 7. A chi parla
poi la maestra? 8. Che cosa domanda la maestra a Caterina? 9. Che
fa Caterina? 10. Che risponde Caterina? 11. Che è l'altro libro?
12. Ha Lei un dizionario a casa? 13. Chi è contento? 14. Perchè è
contenta la maestra?

2. Congratulazioni [1]

— Buon giorno, Nora.[2]

— Buon giorno a Lei, signora Golini! Come sta?

— Così così, Nora. E tu? E il babbo [3] e la mamma? [4]

— Tutti bene, grazie. Che bella [5] giornata! [6] Dove va,[7]
5 signora?

— A visitare [8] un'amica. E tu?

— A scuola. Sa? [9] Ora studio la lingua [10] italiana.

— Chi è il maestro?

— La maestra. La signorina Rugani.

10 — E cominci a parlare italiano?

— Sì, signora. A parlare, a leggere e a scrivere.

— Congratulazioni! Vedo che impari con piacere.[11]

— Sì, mi piace enormemente imparare questa lingua.

— È una bella lingua. Arrivederci, Nora!

15 — Arrivederci, signora Golini!

Domande. 1. Chi parla a Nora? 2. Come sta la signora Golini?
3. Dove va la signora Golini? 4. Dove va Nora? 5. Che cosa studia
ora Nora? 6. Chi è la maestra di Nora? 7. Comincia a parlare italiano
la ragazza? 8. Che cosa dice a Nora la signora Golini quando la ragazza
dice questo? 9. Come piace la lingua italiana a Nora? 10. Piace anche
a Lei?

DIALOGHI PRATICI

*The short dialogues, if memorized, will help the student acquire
facility in speaking the language.*

*For each of the lessons contained in the book there is a corresponding
dialogue. All dialogues are based on the vocabulary and on the grammar
principles already studied.*

I

ELEONORA. Buon giorno, Riccardo.

RICCARDO. Buon giorno, signorina.

ELEONORA. Come sta?

RICCARDO. Sto bene, grazie. E come sta Lei?

---

[1] Congratulazioni, *congratulations.* [2] Nora, *shortened from* Eleonora. [3] il babbo,
dad. [4] la mamma, *mamma.* [5] bello, *beautiful.* [6] giornata, *day (in its duration or
with reference to weather).* [7] va, *you go; he, she, it goes.* [8] visitare, *to visit.* [9] sa? *do
you know?* [10] lingua, *language.* [11] il piacere, *the pleasure.*

ELEONORA. Anch'io stɔ bɛne, grazie. Le piace parlare italiano ?
RICCARDO. Mi piace molto.
ELEONORA. Arrivederci, Riccardo.
RICCARDO. Arrivederci, signorina Eleonɔra.

II

PROFESSORE. Buɔn giorno a tutti!
DOROTɛA. Buɔn giorno anche a Lɛi, professore. Come sta ?
PROFESSORE. Stɔ bɛne, grazie. Ora parliamo italiano.
DOROTɛA. Sì, parliamo italiano e tutti ascɔltano.
PROFESSORE. Perchè ascɔltano ?
DOROTɛA. Perchè così imparano.
PROFESSORE. Le piace parlare italiano, Dorotɛa ?
DOROTɛA. Sì, professore. Mi piace enormemente.

III

ROBɛRTO. Chi è Carlo ?
CATERINA. Carlo è un ragazzo.
ROBɛRTO. È un alunno Carlo ?
CATERINA. Sì, Carlo è un alunno.
ROBɛRTO. Chi è ɛlena ?
CATERINA. ɛlena è una ragazza. È un'alunna.
ROBɛRTO. Mi mostri Dorotɛa.
CATERINA. ɛcco Dorotɛa.
ROBɛRTO. Mi mostri un quadɛrno.
CATERINA. ɛcco un quadɛrno.

IV

TOMMASO. Con che cɔsa scriviamo, signorina ?
ɛLENA. Scriviamo con una penna stilografica o con una matita.
TOMMASO. Con che scrive Lɛi ?
ɛLENA. Io scrivo con una penna.
TOMMASO. Le piace scrivere ?
ɛLENA. Mi piace scrivere, sì, ma mi piace soprattutto parlare.
TOMMASO. Perchè Paolo non scrive ?
ɛLENA. Egli non scrive perchè non ha carta, non ha penna e non ha matita.
TOMMASO. Che cɔsa cancɛlla Giovanna ?
ɛLENA. Giovanna cancɛlla uno sbaglio.

V

GIACOMO. Che cɔsa fa Susanna?

ANTɔNIO. Ella guarda attentamente la lavagna.

GIACOMO. Perchè guarda la lavagna?

ANTɔNIO. Perchè il maɛstro scrive molte parɔle con un pɛzzo di gɛsso.

GIACOMO. Che cɔsa fa Ɛlena?

ANTɔNIO. Ella scrive le stesse parɔle in un quadɛrno.

GIACOMO. E gli altri alunni?

ANTɔNIO. Anche gli altri alunni scrivono. Scrivono con una penna stilografica o con una matita.

GIACOMO. Che fa il maɛstro pɔi?

ANTɔNIO. Egli cancɛlla le parɔle e parla italiano.

VI

GIUSɛPPE. Dove siamo ora?

VIRGɪNIA. Siamo in un'aula di questa scuɔla.

GIUSɛPPE. È al piano superiore quest'aula?

VIRGɪNIA. Nɔ, Giusɛppe, essa non è al piano superiore; è al pian terreno.

GIUSɛPPE. Che fa il professore?

VIRGɪNIA. Il professore chiama Ɛnzo, il fratɛllo di Maria, e dice: « Che cɔsa vede in quest'aula, Ɛnzo? »

GIUSɛPPE. Ed Ɛnzo capisce?

VIRGɪNIA. Sì. Egli capisce e risponde: « Vedo molti banchi, molte lavagne, molti libri e una scrivania. »

GIUSɛPPE. Ɛnzo risponde bɛne perchè ascolta molto attentamente.

PARTE **TERZA**

Ancient Sirmione castle on Lake Garda

LEZIONE SETTIMA

PRONUNZIA

u:
lu-na	stu-fa	la-gu-na	for-tu-na
du-na	cru-do	na-tu-ra	pro-cu-ra
du-ca	pun-to	ca-du-co	pun-tu-ra

ESERCIZIO DI PRONUNZIA

Leggere ad alta voce:

1. u-va 2. bu-co 3. fu-mo 4. mu-to 5. lu-me 6. nu-be 7. u-mi-le
8. mu-ro 9. stu-pi-da 10. gu-sto 11. cu-te 12. a-cu-to 13. bu-sta
14. u-ti-le 15. si-cu-ro 16. fru-sta 17. fu-tu-ro 18. u-no 19. u-mi-do
20. sun-to 21. ma-tu-ro 22. tu-gu-ri

LETTURA

La casa d'Enrico

Enrico Fantoni abita in via Giuseppe Verdi 12.[1]

La casa d'Enrico non è grande, ma mi piace molto perchè è comoda e bella. Essa ha due piani e un piccolo giardino con alti alberi e un prato sempre verde.

Il pian terreno ha quattro stanze: il salotto, lo studio, la sala da 5
pranzo e la cucina. Al piano superiore troviamo tre camere e una stanza da bagno. Così, la casa d'Enrico ha sette stanze in tutto.

Il salotto è bello, è comodo, e ha grandi finestre. Lo studio è piccolo, ma anch'esso mi piace perchè ha una bella scrivania e una grande libreria con molti libri. La sala da pranzo non è 10
grande e non è piccola; ha tre finestre.

Enrico ha una piccola camera al piano superiore. Le altre camere, anche al piano superiore, sono grandi.

PROVERBIO

A ogni uccello suo nido è bello.   *There is no place like home. (To every bird its nest appears beautiful.)*

[1] Notice the way an Italian address is given.

VOCABOLARIO

l'*albero* tree
il **bagno** bath; **stanza da bagno**
    bathroom
la *camera* (**da letto**) bedroom
la **cucina** kitchen
la **finestra** window
il **giardino** garden
la **libreria** bookcase, bookshop
il **pranzo** dinner; **sala da pranzo**
    dining room
il **prato** lawn, meadow
la **sala** hall, room (*large*)
il **salotto** living room

la **stanza** room
lo **studio** study
la **via** street

alto high, tall, lofty
comodo comfortable
grande large, big, great
piccolo small, little
verde green

abitare [*abito*] to live (dwell)
trovare [*trovo*] to find

sempre always, ever

NOTE GRAMMATICALI

14 Nouns and Adjectives in –e

> 1. il **padre**, i **padri**
>   la **madre**, le **madri**
>   il **fiore**, i **fiori**
>   la **chiave**, le **chiavi**

the father, the fathers
the mother, the mothers
the flower, the flowers
the key, the keys

Italian nouns may end in **–e,** and we have already met some of them, such as, **il signore, il professore, la classe, la lezione, la conversazione.** They may be masculine or feminine. The ending **–e** gives no clue as to gender.[1] The student is, therefore, advised to learn these nouns with their articles in order to avoid mistakes.

Nouns ending in **–e,** whether masculine or feminine, form their plural by changing that **–e** to **–i.**

> 2. Il *compito* è *facile.*
>   I *compiti* sono *facili.*
>
>   Questa *regola* è *facile.*
>   Queste *regole* sono *facili.*

The assignment is easy.
The assignments are easy.

This rule is easy.
These rules are easy.

Adjectives ending in **–e** have the same form for both masculine and feminine; their plural is in **–i.**

---

[1] But final syllables may sometimes indicate the gender of a word in **–e.** Thus, nouns ending in **–ore** are all masculine, nouns ending in **–zione** are all feminine.

15 Position of Adverbs

Francesco è molto contɛnto.   Francis is very satisfied.
Mi piace molto la casa di [1]   I like Ann's house a great deal.
Anna.

An adverb modifying an adjective precedes it; an adverb modifying a verb normally follows it immediately.

16 Some Cardinal Numbers

1	**uno, –a**	5	**cinque**	9	**nɔve**
2	**due**	6	**sɛi**	10	**diɛci**
3	**tre**	7	**sɛtte**	11	**undici**
4	**quattro**	8	**ɔtto**	12	**dodici**

Uno has a feminine, **una,** and when used as an adjective has the same forms as the indefinite article (see § **4,** p. 76). Examples:

un pɛzzo	one piece
un'alunna	one pupil
But: **uno dei pɛzzi**	one of the pieces
una delle alunne	one of the pupils

All other numbers are invariable.

ESERCIZI

A. Completare con l'articolo definito:

1. —— professori   2. —— mani   3. —— padre   4. —— lezioni
5. —— altre classi   6. —— chiave   7. —— fiori   8. —— signore
9. —— conversazioni   10. —— radio   11. —— stessi alunni   12. ——
esercizi

B. Dare il plurale di:

a. 1. qucsta lezione   2. la stessa madre   3. questo fiore   4. l'altro professore   5. l'altra chiave

b. 1. Questo signore non è italiano.   2. Questo libro è inglese.   3. La lettura è facile.   4. Questa è la stessa lezione.   5. Quest'aula è grande. 6. La nuɔva rɛgola è facile.   7. La matita è verde.   8. Ɛcco l'altra chiave.   9. Il padre è contɛnto.   10. L'albero è verde.

---

[1] An apostrophe should never be used at the end of a line. This explains why **di** is used here, instead of **d'.**

C. Tradurre in italiano:

1. She always studies. 2. This book is very good. 3. I am listening to this gentleman's words attentively. 4. Do you like this garden a great deal? 5. The young lady is very glad. 6. You (**voi**) pronounce these words well.

D. Contare fino a 12 (*Count to 12*). Contare da 12 a 1 (*Count from 12 to 1*).

E. Completare scrivendo i numeri per esteso (*Complete writing out the numbers in full*):

1. Francesco ha (5) fratelli.
2. Mi mostri (2) libri.
3. La casa ha (10) stanze.
4. La maestra ha (1) alunna.
5. Ecco (11) signorine.
6. Mi dia (6) quaderni.
7. Ecco (8) matite verdi.
8. Essa scrive (12) parole.
9. Vediamo (9) alberi.
10. La scuola ha (3) entrate.
11. Rispondete a (4) domande.
12. Ecco (7) ragazzi.

F. Dettato. Il professore detterà parte della *Lettura* di questa lezione (*Your teacher will dictate part of the* Lettura *of this lesson*).

G. Tradurre in italiano:

1. I like Mary's house a great deal. 2. She lives at (**in**) 11 Longfellow Street. 3. The house isn't large, but it is very beautiful. 4. Is it green? — No, madam, but the windows are green. 5. It has two floors and a garden. 6. The garden is large and beautiful, with many trees. 7. Mary's bedroom is on the ground floor. 8. The other bedrooms and the bathroom are on the upper floor. 9. Do you like Mary's study? — Yes, enormously. 10. Why do you like [it]? [1] — I like it because it has a large desk and a bookcase with many books.

CONVERSAZIONE

1. Chi è Enrico Fantoni? 2. Dove abita? 3. È grande la casa d'Enrico? 4. Perchè Le piace la casa d'Enrico? 5. La casa d'Enrico ha un piano o due? 6. Ha quattro stanze la casa? 7. Dove sono il salotto, lo studio, la sala da pranzo e la cucina? 8. Dove sono le altre stanze? 9. Ha una finestra o due la sala da pranzo? 10. È grande la camera d'Enrico?

[1] Omit the words in brackets.

LEZIONE OTTAVA

DIVISIONE IN SILLABE[1]

Italian words are divided into syllables according to these rules:

1. A single consonant between vowels belongs to the syllable which follows.

ma-ri-to	ru-mo-re	re-gi-na

2. Double consonants are separated.

sab-bia	at-to	vac-ca

3. Two consonants, the first of which is **l, m, n** or **r,** are also separated.

al-to	an-ti-co	cor-dia-le

4. Two consonants in any other combination belong to the syllable which follows.

giu-sto	fi-glio	u-scio

5. Of three consonants, the first one belongs to the preceding syllable, provided it is not an **s.**

com-pro	al-tro	com-plɛ-to
But: a-stro	ma-sche-ra	co-stru-zio-ne

6. Vowels forming a diphthong are never separated.

glɔ-ria	uɔ-mo	piɛ-no

ESERCIZIO DI DIVISIONE IN SILLABE

Divide the following words into syllables:

1. ragazza	6. domanda	11. finalmente
2. signora	7. sempre	12. ascoltare
3. inchiostro	8. compito	13. gomma
4. quaderno	9. tedesco	14. carta
5. pranzo	10. dizionario	15. fiore

---

[1] *Syllabication.*

LETTURA

La camera di Beatrice

Beatrice De Palma è una ragazza che va alla scuola che anche Enrico Fantoni frequenta. Sono tutt'e due in una stessa classe.

Ella non abita in una bella villa di lusso, come Enrico, ma in un appartamento al pian terreno d'una grande casa in via Mazzini.

5 Il padre della ragazza non è povero, ma egli certamente non è ricco. È un impiegato della Banca Italiana.

L'appartamento in cui i De Palma [1] abitano è di cinque stanze: la camera da letto di Beatrice, quella del signore e della signora De Palma, il salotto, la sala da pranzo e la cucina. Fra le due 10 camere c'è la stanza da bagno.

La camera di Beatrice è piccola, ma com'è carina! Ha un armadio a muro con un grande specchio, un lettino, un cassettone, anch'esso con specchio, una piccola scrivania, uno scaffale con molti libri, e tre sedie. Alla finestra ci sono tendine gialle.

PROVERBIO

Volere è potere. *Where there's a will there's a way.*

VOCABOLARIO

l'appartamento apartment	**giallo** yellow
l'armadio a muro closet	**povero** poor
la banca bank	**quello** that
il cassettone chest of drawers	**ricco** rich
l'impiegato, –a clerk	**tutt'e due** both
il letto bed; **lettino** couch	
il lusso luxury; **di lusso** fancy	
il muro wall	**frequentare** [frequento] to
lo scaffale shelf, bookshelf	attend
la sedia chair	
la tendina (window) curtain	
la villa villa, suburban residence	**certamente** certainly
	ci there; **c'è** [2] there is, **ci**
caro dear, expensive; **carino**	**sono** there are
pretty	**fra** *or* **tra** between, among

Imparare anche quest'espressione: **com'è bello!** how beautiful he (it) is!

---

[1] Note that family names do not change in the plural. [2] Ecco is used in pointing at somebody or something; **c'è** and **ci sono** are used in simple statements.

NOTE GRAMMATICALI

17 Some Relative Pronouns

Le regole che impariamo.	The rules that we learn.
La riga che Susanna ha.	The ruler which Susan has.
L'appartamento che mi piace.	The apartment I like.
Il signore che suona.	The gentleman who is playing.
La persona che chiamo.	The person I am calling.
La penna con cui scrivo.	The pen with which I am writing.
La signora di cui parliamo.	The lady of whom we are talking.

The most important relative pronouns are **che** and **cui**.

Both are invariable; that is, they do not change because of gender and number, and both may refer to either persons or things. They stand, according to the meaning, for the English *who, whom, that,* or *which.*

Che is used only as a subject or a direct object; **cui** is used chiefly as the object of prepositions.

As seen in the fifth example, the relative pronoun (direct object), often omitted in English, must always be expressed in Italian.

18 Contractions of *a* and *di* with the Definite Articles

When the prepositions **a** (*at, to*) and **di** (*of*) precede a definite article, the preposition and article are combined in one word, as shown in the following tables:

A

SINGULAR		PLURAL	
MASCULINE	FEMININE	MASCULINE	FEMININE
a + il = al	a + la = alla	a + i = ai	a + le = alle
a + lo = allo	a + l' = all'	a + gli = agli	a + l' = all'
a + l' = all'		a + gl' = agl'	

DI

SINGULAR		PLURAL	
MASCULINE	FEMININE	MASCULINE	FEMININE
di + il = del	di + la = della	di + i = dei	di + le = delle
di + lo = dello	di + l' = dell'	di + gli = degli	di + l' = dell'
di + l' = dell'		di + gl' = degl'	

ESERCIZI

A. Dare la corretta forma italiana delle parole in parentesi (*Give the correct Italian form for the words in parentheses*):

1. Il quaderno (*in which*) scrivo. 2. La lavagna (*that*) vedo. 3. La signora (*who*) ascolta. 4. L'appartamento (*in which*) abitate. 5. L'alunna (*with whom*) studio. 6. I ragazzi (*whom*) guardiamo. 7. Il giorno (*which*) comincia bene. 8. La maestra (*of whom*) parli. 9. Le parole (*that*) Antonio capisce. 10. La lettura (*which*) egli fa. 11. Le zie (*to whom*) scrivo. 12. La conversazione (*which*) cominciamo.

B. Dare la corretta forma italiana delle parole in parentesi:

(*of the*) classe	(*of the*) mano	(*at the*) lettura
(*to the*) signore	(*to the*) padre	(*of the*) zio
(*of the*) banco	(*of the*) entrata	(*to the*) altra zia
(*at the*) finestra	(*at the*) albero	(*of the*) salotto
(*of the*) pranzo	(*of the*) compito	(*to the*) maestro

C. Dare il plurale dell'espressioni in B (*Give the plural of the expressions in B*).

D. Completare col presente indicativo del verbo in parentesi (*Complete with the present indicative of the verb in parentheses*):

1. (*studiare*) Essi non —— molto. 2. (*pulire*) La sorella di Pietro —— la sala da pranzo. 3. (*vendere*) Tu —— i libri. 4. (*aprire*) Virginia —— le finestre. 5. (*comprare*) Voi non —— fiori. 6. (*rispondere*) Io —— al professore. 7. (*finire*) Il giorno —— presto. 8. (*indicare*) Lei —— la lavagna. 9. (*partire*) Loro —— con gli amici. 10. (*leggere*) Chi —— ora?

E. Imparare a memoria il quarto paragrafo della *Lettura* (*Memorize the fourth paragraph of the* Lettura).

F. Tradurre in italiano:

1. Catherine Davanzati is a dear friend of the De Palmas'. 2. She is a girl whom I like a lot. How good and beautiful she is! 3. This girl's father is a bank clerk.[1] 4. The apartment in which the De Palmas live is on (**in**) Cavour Street. 5. They live on the upper floor of a small house. 6. Catherine, who goes to the school that I also attend, speaks Italian very well. 7. She is the girl with whom I like to study. 8. I

---

[1] Translate, "a clerk of bank."

visit Catherine every day.   9. We talk of the books [1] we read and of the friends [1] we see at school.   10. Catherine's room [2] is not fancy, but it is pretty, comfortable, and has a couch, a desk, and a fine bookshelf.

CONVERSAZIONE

1. Chi è Beatrice De Palma? 2. Abita essa in una villa di lusso, come Enrico Fantoni? 3. In che via abitano i De Palma? 4. È ricco il padre della ragazza? 5. Che cosa fa il signor De Palma? 6. È grande l'appartamento in cui i De Palma abitano? 7. Dov'è la stanza da bagno di quell'appartamento? 8. È piccola la camera di Beatrice? 9. Che cosa vediamo in quella camera? 10. Che cosa c'è alla finestra?

LEZIONE NONA

PRONUNZIA

c:	ca	che	chi	co	cu
	ca-sa	an-che	chi-no	co-me	cu-ra
	car-ta	po-che	bu-chi	par-co	a-cu-to
	Ca-pri	Mar-che	Tur-chi-a	Cor-si-ca	Cu-ba

cia	ce	ci	cio	ciu
ciar-la	ce-na	ci-ma	ciò	ciu-co
a-ca-cia	ce-ra	ci-fra	ba-cio	ciur-ma
cian-cia	cen-to	a-ci-do	gan-cio	ta-ciu-to

ESERCIZIO DI PRONUNZIA

Leggere ad alta voce:

1. ca-mi-cia 2. can-cel-lo 3. ca-pi-sco 4. ca-sca-re 5. cer-ca-re 6. che 7. chia-ma 8. col-mo 9. cuc-chia-io 10. cu-te 11. com-pi-to 12. chia-ve 13. cosa 14. co-mo-da 15. cin-que 16. chie-sa 17. fac-cia 18. cen-tro 19. chi-mi-ca 20. chiu-de-re 21. cie-lo 22. cu-ci-na

---

[1] Attention! A word is missing.   [2] It's a *bedroom*, of course.

LETTURA

Il compleanno di Beatrice

Oggi è il compleanno di Beatrice e i De Palma aspettano delle ragazze, invitate a pranzo.

Beatrice è molto contenta e, mentre va dalla cucina alla sala da pranzo e poi di nuovo in [1] cucina a prender [2] piatti e bicchieri
5 per apparecchiare la tavola, cantarella allegramente. Cantarella una nuova canzone napoletana che sente spesso alla radio.

Intanto il babbo è nella grande poltrona, in salotto, e legge un libro, e la mamma è in cucina e aiuta la cameriera a cucinare il pranzo.

10 Dalla sala da pranzo Beatrice chiama:
— Mamma?
— Sì, cara, — risponde la signora De Palma dall'altra stanza.
— Dov'è la nuova biancheria da tavola?
— Nella credenza. Nel primo cassetto.
15 — Grazie!
E Beatrice comincia ad [3] apparecchiare la tavola.

PROVERBIO

Oggi a me, domani a te.	*Every dog has its day.* (*Today me, tomorrow thee.*)

VOCABOLARIO

la biancheria linen; **biancheria da tavola** table linen
il **bicchiere** glass
la **cameriera** maid
la **canzone** song
il **cassetto** drawer
il **compleanno** birthday
la **credenza** buffet, sideboard
l'**invitato, –a** guest; *adj.* invited
il **piatto** dish, plate

la **poltrona** armchair
la **tavola** table

napoletano Neapolitan
primo first

aiutare to help, aid
apparecchiare [apparecchio] to prepare, set (*a table*)
aspettare [aspetto] to wait, wait for

---

[1] Note this idiomatic expression (omission of the definite article), and try to remember similar ones: **in casa, in sala da pranzo, in salotto, in camera, in giardino,** etc. [2] Very often, in Italian, the final vowel, or sometimes the final syllable, of a word is omitted before another word. This is called apocopation. [3] Note that the preposition **a** becomes **ad** before a word beginning with **a.**

cantarellare [cantarɛllo] to hum
cucinare to cook
mettere to place, put
sentire [sɛnto] to feel, hear, listen

allegramente gaily, joyfully
di nuɔvo again
intanto meantime, meanwhile
ɔggi today
spesso often

NɔTE GRAMMATICALI

19 Partitive Construction

Compriamo del pane.
Sentiamo della buɔna muʃica.
Ci sono dei ragazzi.
Ha Lɛi delle sorɛlle?

We buy some bread.
We hear some good music.
There are some boys.
Have you any sisters?

The English *some* or *any* is frequently rendered in Italian by the contraction of **di** and the definite article. This is called the *partitive construction.*

20 Contractions of *da* and *in* with the Definite Articles

When the prepositions **da** (*from, by*) and **in** (*in, into*) precede a definite article, the preposition and article are combined in one word, as shown in the following tables:

DA

SINGULAR		PLURAL	
MASCULINE	FEMININE	MASCULINE	FEMININE
da + il = **dal**	da + la = **dalla**	da + i = **dai**	da + le = **dalle**
da + lo = **dallo**	da + l' = **dall'**	da + gli = **dagli**	da + l' = **dall'**
da + l' = **dall'**		da + gl' = **dagl'**	

IN

SINGULAR		PLURAL	
MASCULINE	FEMININE	MASCULINE	FEMININE
in + il = **nel**	in + la = **nella**	in + i = **nei**	in + le = **nelle**
in + lo = **nello**	in + l' = **nell'**	in + gli = **negli**	in + l' = **nell'**
in + l' = **nell'**		in + gl' = **negl'**	

ESERCIZI

A. Completare col partitivo (*Complete with the partitive construction*):

1. Vedo (*some*) —— gesso. 2. Ha Lei (*any*) —— carta? 3. Scrivo (*some*) —— parole. 4. Compriamo (*some*) —— specchietti. 5. Anche Teresa ha (*some*) —— quaderni. 6. Ha Carlo (*any*) —— zii? 7. Ecco (*some*) —— inchiostro. 8. Ha Anna (*any*) —— piatti? 9. Studiamo (*some*) —— lezioni. 10. (*Some*) —— alunne sono in classe. 11. Vedete (*any*) —— signorine? 12. Quello studio ha (*some*) —— scaffali. 13. Prendiamo (*some*) —— pezzi di carta. 14. Canta Lei (*any*) —— canzoni napoletane? 15. Prendete (*some*) —— bicchieri. 16. Quella banca ha (*some*) —— impiegati che parlano italiano. 17. Metto (*some*) —— tendine a queste finestre. 18. Ha Lei in casa (*any*) —— buone poltrone?

B. Dare la corretta forma italiana delle parole in parentesi:

(*from the*) cucina	(*in the*) giardino	(*by the*) impiegato
(*into the*) stanza	(*from the*) banco	(*in the*) specchietto
(*from the*) zio	(*into the*) camera	(*from the*) entrata
(*by the*) alunna	(*from the*) mano	(*into the*) casa
(*in the*) giornata	(*by the*) maestra	(*from the*) regola

C. Dare il plurale dell'espressioni in B.

D. Completare con un nome soggetto (*Complete with a noun subject*):

1. —— frequentano questa scuola. 2. —— abita in via Verdi. 3. —— cantarella allegramente. 4. —— aiuta Margherita. 5. —— apparecchia la tavola. 6. —— cucina il pranzo. 7. Oggi —— visitano Eleonora. 8. —— va alla lavagna. 9. —— prende la biancheria da tavola. 10. —— non è molto facile.

E. Il professore detterà parte della *Lettura* di questa lezione (*Your professor will dictate part of the* Lettura *of this lesson*).

F. Tradurre in italiano:

1. Susan takes some new linen from the second drawer of the buffet. 2. Now she is setting the table. 3. There are some guests for (a) dinner today. 4. For [1] today is Susan's birthday. 5. Susan's mother is helping the girl. 6. Where are the dishes and glasses? [2] — They are in [3] the kitchen. 7. Jane, the maid, is humming while she goes from the kitchen to the dining room. 8. What does she hum so gaily? — Always some

---

[1] Learn to recognize when *for* has the meaning of *because*, as in this case.   [2] Repeat the definite article (see § **9,** 3, on page 84).   [3] See footnote 1 on page 114.

Neapolitan songs. 9. Meanwhile, Father [1] is in the living room. 10. He is reading; he has some papers in his [2] hands.

CONVERSAZIONE

1. I De Palma aspettano degl'invitati a pranzo? 2. Perchè aspettano degl'invitati? 3. Chi cantarella allegramente? 4. Che cosa cantarella Beatrice? 5. Perchè è contenta? 6. Che cosa fa Beatrice? 7. Dov'è il babbo di Beatrice? 8. Che fa il babbo? 9. Dov'è la mamma di Beatrice? 10. Che fa la mamma? 11. Che cosa domanda Beatrice alla mamma dalla sala da pranzo? 12. Che cosa risponde la signora De Palma?

LEZIONE DƐCIMA

PRONUNZIA

sc:	sca	sche	schi	sco	scu
	sca-la	schɛ-da	schi-fo	scɔ-po	scu-do
	ta-sca	mo-sche	bɔ-schi	ca-pi-sco	di-scu-to
	sca-to-la	ma-sche-ra	ta-schi-na	pa-sco-lo	scul-tu-ra

	scia	sce	sci	scio	sciu
	sciar-pa	scɛ-na	u-sci	li-scio	pa-sciu-to
	scia-gu-ra	scel-to	fa-sci	sciɔl-to	sciu-pa-re
	la-scia-re	na-sce-re	fa-sci-no	sciɔ-pe-ro	a-sciu-go

ESERCIZIO DI PRONUNZIA

Leggere ad alta voce:

1. sca-dɛn-za 2. scon-tɛn-to 3. schia-vo 4. sci-vo-la-re 5. scen-de-re 6. sco-pa 7. schɛ-ma 8. scher-zo 9. sciɛn-za 10. sce-glie-re 11. scar-pa 12. schiac-cia-re 13. scac-chi 14. scon-to 15. scia-me 16. te-de-schi 17. li-scio 18. sci-a 19. sciɔc-co 20. scim-mia 21. scial-le 22. schi-vo

---

[1] Use the expression **il babbo.** [2] Translate, "in the hands."

LETTURA

Auguri!

Beatrice apparecchia la tavola. L'apparecchia per sei persone: pei genitori, per le tre invitate, Carolina, Virginia e Susanna, e per sè.

A ogni posto mette un piatto, un tovagliolo, un cucchiaio, due
5 forchette, due coltelli, un cucchiaino e due bicchieri.

Poi prende un vaso con dei fiori e lo mette al centro della tavola.

Come luccicano sulla bianca tovaglia i bicchieri e le posate d'argento! Sulla credenza c'è una grande e bella torta, e sulla
10 torta ci sono quindici candeline.

Ma, ecco, il campanello suona. Chi è? Sono le tre ragazze che arrivano.

— Auguri, Beatrice! — dice la prima amica. E le altre: — Tanti auguri!
15 — Grazie! Grazie!

E le tre ragazze salutano anche il signore e la signora De Palma.

PROVERBIO

Trova un amico e troverai un   *A good friend is a treasure.*
tesoro.

VOCABOLARIO

l'argento silver
l'augurio wish; auguri! best
  wishes
il campanello (small) bell
la candelina (small) candle
il centro center
il coltello knife
il cucchiaino teaspoon
il cucchiaio spoon
la forchetta fork
il genitore parent
la posata knife, fork, and
  spoon
il posto place
la torta cake
la tovaglia tablecloth

il tovagliolo napkin
il vaso vase

sè himself, herself, itself, themselves

bianco white
tanto so much; *pl.* so many

arrivare to arrive
luccicare [luccico] to sparkle,
  shine
salutare to greet
suonare [suono] to sound,
  play (*an instrument*), ring

NOTE GRAMMATICALI

21 *Lo* and *la* as Object Pronouns

Lo capisco.	I understand him (*or* it).
La capisco.	I understand her (*or* it).
L'indico.	I point at him (*or* her, *or* it).

The forms **lo** and **la** are also used as object pronouns. **Lo** means *him* or *it;* **la** means *her* or *it;* and both normally precede the verb.

Like the definite article, **lo** and **la** become **l'** before a word beginning with a vowel.

22 Contractions of *su*, *con*, and *per* with the Definite Articles

1. When the preposition **su** (*on, upon*) precedes the definite article, preposition and article are combined in one word, as shown in the following table:

SU

SINGULAR		PLURAL	
MASCULINE	FEMININE	MASCULINE	FEMININE
su + il = **sul**	su + la = **sulla**	su + i = **sui**	su + le = **sulle**
su + lo = **sullo**	su + l' = **sull'**	su + gli = **sugli**	su + l' = **sull'**
su + l' = **sull'**		su + gl' = **sugl'**	

2. The prepositions **con** (*with*) and **per** (*for, through*) usually contract only with the articles **il** and **i.** All other contractions are obsolete or obsolescent, and are shown in parentheses in the following tables:

CON

SINGULAR		PLURAL	
MASCULINE	FEMININE	MASCULINE	FEMININE
con+il=**col**	con+la = (colla)	con+i=**coi**	con+le = (colle)
con+lo = (collo)	con+l' = (coll')	con+gli = (cogli)	con+l' = (coll')
con+l' = (coll')		con+gl' = (cogl')	

PER

SINGULAR		PLURAL	
MASCULINE	FEMININE	MASCULINE	FEMININE
per+il=**pel**	per+la = (pella)	per+i=**pei**	per+le = (pelle)
per+lo = (pello)	per+l' = (pell')	per+gli = (pegli)	per+l' = (pell')
per+l' = (pell')		per+gl' = (pegl')	

Learn the forms in parentheses for recognition, but use in their stead the uncontracted preposition and article, i.e. use **con la,** and not *colla;* **per gli,** and not *pegli,* etc.

23   Forms of Address

ADDRESSING ONE PERSON	ADDRESSING TWO OR MORE PERSONS	
a. **Tu ascolti.**	**Voi ascoltate.**	
b. **Voi ascoltate.**	**Voi ascoltate.**	*You listen.*
c. **Lεi** (*or* **Ella**) **ascolta.**	**Loro ascoltano.**	

There are three forms of address in Italian:

a. INTIMATE: **Tu** (*pl.* **voi**) is used in addressing a close relative, an intimate friend, or a child.

b. FAMILIAR: **Voi** is commonly used, in addressing one or more persons, as an intermediate form between the intimate **tu** and the formal **Ella** or **Lεi.**

c. FORMAL: **Ella** or, more colloquially, **Lεi** with the verb in the third person singular and **Loro** with the verb in the third person plural. are used in formal address.   The student should use these latter forms in translating the English *you* unless instructed otherwise, or unless **tu** or **voi** is obviously required.

Learn the following expressions: **dare del tu a una persona,** *to address a person intimately;* **dare del voi a una persona,** *to address a person familiarly;* **dare del Lεi a una persona,** *to address a person formally.*

E S E R C I Z I

A. Sostituire a ciascun complemento oggεtto il corrεtto pronome oggettivo (*Substitute for each direct object the proper object pronoun*), e.g. **prεndo la sεdia = la prεndo:**

1. Visito l'amico.   2. Pronunzio una parɔla.   3. Ascolto il professore. 4. Terεsa apparecchia la tavola.   5. Cantiamo una canzone.   6. Voi mettete il vocabolario sulla scrivania.   7. Piεtro mostra una sεdia.   8. Egli aiuta quella ragazza.   9. La camerièra cucina il pranzo.   10. La maεstra indica la finεstra.

B. Dare la corrεtta forma italiana corrispondεnte alle parɔle in parεntesi (*Supply the proper Italian form for the words in parentheses*):

(*with the*) signore	(*for the*) casa	(*with the*) coltεllo
(*on the*) scaffale	(*with the*) zio	(*on the*) banco

(*for the*) signora	(*on the*) credenza	(*for the*) fratello
(*with the*) matita	(*for the*) impiegato	(*with the*) padre
(*on the*) scrivania	(*with the*) vaso	(*on the*) lavagna

C. Dare il plurale dell'espressioni in B.

D. Sostituire la lineetta con un soggetto:

1. —— parli. 2. —— finite. 3. —— scrive. 4. —— chiamiamo. 5. ——
vendono. 6. —— pulisci. 7. —— domanda. 8. —— guardate. 9. ——
apri. 10. —— cantate.

E. Dividere in sillabe (*Divide into syllables*):

1. apparecchiare 2. napoletano 3. pranzo 4. cassettone 5. credenza 6. poltrona 7. biancheria 8. giallo 9. sempre 10. soprattutto 11. cameriera 12. tendina 13. armadio 14. giornata 15. invitato

F. Dare il significato delle parole in E (*Give the meaning of the words
in E*).

G. Tradurre in italiano:

1. Where is the new vase, Mother? [1] — On the shelf in the living room.
2. Susan goes to (**in**) the living room and takes it. 3. She puts the
flowers she has in [her [2]] hand in the vase. 4. Some flowers are yellow,
but there is a flower that is white. 5. Now the vase with the flowers is
in the center of the table. 6. We see that at every place on the table
there are two forks, two knives, and a spoon. 7. There are eight places,
for there are two guests. 8. Do you see that cake with eighteen little
candles on the buffet? — I see it. 9. Today is Susan's birthday; that's
(**ecco**) why there is a cake. 10. Best wishes [3] to you, Susan! — Thank
you!

CONVERSAZIONE

1. Che cosa fa Beatrice? 2. Per chi apparecchia la tavola Beatrice?
3. Chi sono le sei persone? 4. Che cosa mette Beatrice a ogni posto?
5. Che cosa fa ella poi? 6. Che cosa luccica sulla bianca tovaglia? 7. Che
c'è sulla credenza? 8. Suona il campanello. Chi è? 9. Che cosa dice
la prima amica che arriva? 10. Chi salutano poi le tre ragazze?

[1] Use the word **mamma**. [2] Again, omit the words in brackets. [3] Translate,
"So many wishes."

CHRISTMAS IN

ITALY

It is quite obvious that in Italy — a country traditionally so deeply Christian and the center of the Catholic religion — Christmas should be considered the greatest of all religious festivals in the year. In many ways, however, its celebration differs from ours, and the differences are indeed interesting.

The first sign of the approaching Christmas season is the arrival of the *zampognari* (bagpipe players) in the cities, several weeks before December 25. They are real shepherds who have journeyed a long way from their mountain hamlets — two by two, one with a bagpipe, the other with a reed pipe — and they now go from house to house playing their carols for a small fee.

left   Basilica of Saint Francis, Assisi

right   Italian crib maker
and an interested onlooker

"The Nativity," fourteenth-century work
by the school of Giotto

Famous crib maker at work on figures
for the *presepio*

Meanwhile the Italian children, and not the children alone, are beginning to build their Christmas cribs. Large pieces of cork are pinned and glued together in the shape of a mountain, with a grotto at its base and precipices and narrow paths here and there. The paths all lead to the grotto. To make the scene look more realistic, the mountain sides are covered with moss. Small houses made of different colored pasteboard are placed at chosen spots along the paths, which are lighted by tiny candles or electric bulbs. One light shines in the grotto itself. Sometimes, even a torrent is added to the scene by placing some silver paper at the bottom of a ravine.

When all this is done, the next step — the one that Italian children find more fun — is that of arranging the small clay figures in the crib: the infant Jesus lying on the ground on a small tuft of cotton, with Mary on one side and Joseph on the other, and with an ox and a donkey in the background; the Three Kings, with their crowns and gorgeous mantles, kneeling in front of the grotto in the act of adoration;

left   Christmas decorations in an Italian schoolroom
below   Young boy admires a *presepio*, symbol of Christmas

Christmas shopping in Piazza Navona, Rome

shepherds of all ages and descriptions, either near the grotto or along the paths on their way to adore Jesus; angels suspended, with open wings, above the whole scene, and, right over the grotto, the star of Bethlehem.

The children welcome their little friends who have come to see the crib, and they also invite the *zampognari* to come in and play their carols. The children and the shepherds pray together before the crib, which shines with lights and stars. With his arms outstretched, Baby Jesus smiles at them.

In Italy gifts are given and received at Christmas, just as in our country, but our Santa Claus is called Papà Natale, which means "Dad Christmas." This is a rather recent custom, however. According to a much older tradition, still followed in many parts of Italy, children

were given gifts on Epiphany, January 6, the day that commemorates the arrival of the Three Kings at Bethlehem with gifts of gold, frankincense, and myrrh. According to that tradition, it was not Papà Natale who brought the gifts, but the Befana, an old, very ugly, but good-hearted and generous witch, who, traveling astride a broom, entered the houses through their chimneys.

Customs are rapidly changing in Italy, and in some respects this change is unfortunate. Evidently the last war and the military occupation of the country, first by German troops and then by American and English forces, had their effects. Thus, now, in many homes there is a Christmas tree where once there was a crib, and the tree is adorned in much the same way as it is in America.

125

"Virgin and Child with Angels, Saints, and Donor," by Fra Angelico

126

RIPETIZIONE

I. Give the meaning of the following nouns, then place the definite article before each of them; give, finally, the plural of both articles and nouns:

bicchiere	chiave	fiore	padre
canzone	classe	genitore	pane
cassettone	conversazione	madre	scaffale

II. Write out in Italian:

4, 6, 9, 8, 11, 3, 1, 5, 12, 7, 10, 2

III. Give the meaning of the following words and divide them into syllables:

credenza	aspettare	suonare	cantarellare
mostrare	compleanno	giornata	inchiostro
scrivania	cameriera	tovaglia	forchetta

IV. Complete with **che** or **cui:**

1. Il signore —— arriva oggi. 2. L'impiegato di —— parlo. 3. Il proverbio con —— la lezione finisce. 4. La torta —— è sulla credenza. 5. Il libro —— leggete. 6. Il vaso in —— sono i fiori. 7. La persona a —— tu scrivi. 8. Le canzoni —— Francesco canta. 9. La sala in —— siamo. 10. I signori per —— ella suona.

V. Study this reference table carefully:

CONTRACTIONS OF PREPOSITIONS AND DEFINITE ARTICLES

	il	i	lo	gli	la	le	l'
a	al	ai	allo	agli	alla	alle	all'
da	dal	dai	dallo	dagli	dalla	dalle	dall'
di	del	dei	dello	degli	della	delle	dell'
in	nel	nei	nello	negli	nella	nelle	nell'
su	sul	sui	sullo	sugli	sulla	sulle	sull'
con	col	coi	(collo)	(cogli)	(colla)	(colle)	(coll')
per	pel	pei	(pello)	(pegli)	(pella)	(pelle)	(pell')

VI. Supply the proper Italian form for the words in parentheses:

1. Luigi fa (*some*) —— auguri a Vincenzo. 2. I quaderni sono (*upon the*) —— banchi. 3. Questa parola non è (*in the*) —— vocabolario. 4. Parliamo (*to the*) —— genitori d'Elena. 5. Ecco (*some*) —— pane. 6. Prendo il vaso (*from the*) —— tavola. 7. Giacomo è (*in the*) —— studio. 8. Scrivo (*with the*) —— penna. 9. (*Some*) —— signore sono italiane. 10. Essi arrivano (*with the*) —— ragazzi.

VII. Complete the following sentences, using the verb given in parentheses:

1. (*cantarellare*) Voi —— una canzone napoletana. 2. (*visitare*) Loro —— degli amici. 3. (*cucinare*) Chi —— per gl'invitati? 4. (*mettere*) Tu —— i libri sullo scaffale. 5. (*aiutare*) Voi —— la nuova cameriera. 6. (*pulire*) Lei —— questa stanza. 7. (*capire*) Tu non —— quello ch'egli dice. 8. (*finire*) Noi —— oggi. 9. (*prendere*) Voi —— dei fiori. 10. (*rispondere*) Giovanna ed Elisabetta non ——.

VIII. Substitute for each direct object the proper object pronoun, e.g. **prendo la sedia = la prendo:**

1. Apparecchiamo la tavola. 2. Ada suona spesso quella canzone. 3. Tu apri il primo cassetto. 4. Voi imparate la nuova regola. 5. Lo zio di Vincenzo compra un altro dizionario. 6. La cameriera fa una bella torta. 7. Voi chiamate la sorella di Pietro. 8. Io prendo il gesso. 9. Ella indica la lavagna. 10. Tu apri il libro.

RECOGNITION OF WORDS

The following remarks will help the student to recognize many Italian words, thus enabling him to read with greater facility:

1. English and Italian, borrowing from each other, have adopted many words which not only are spelled alike in the two languages, but often have the same pronunciation also. The nouns *sport, tennis, golf, baseball, football,* and many others pertaining to sport; *bar, poker, bridge, pinochle,* etc., to give only a few examples, are now considered Italian words.[1] On the other hand, such words as *orchestra, maestro, opera, sonata, capriccio, piano, largo, andante, accelerando,* and many, many others pertaining to music, as well as *spaghetti, ravioli, broccoli, pizza,* etc., pertaining to food, are English words borrowed from Italian.

2. Many other words are similar in the two languages, except for the final vowel (–**a,** –**o,** or –**e**) with which most Italian words end, or

---

[1] All Italian nouns of English or Germanic origin are of masculine gender.

for the letter *h*, which is common in English but is used in Italian only in the present indicative of the verb **avere** and in the group **ch.** Here are a few examples, most of which we have already met: *Elena, classe, musica, parte, ippodromo, lettera, onore, umore, americano, italiano, latino, timido, animale.* Note, however, that the stressed vowel is not always the same in the two languages.

3. A peculiarity of Italian is the assimilation of certain consonants. Thus, *ct* and *pt* become **tt,** and we have the words *atto* (act *or* apt), *fatto* (fact), *patto* (pact), *dottore* (doctor), *attore* (actor), etc.

4. Italian nouns ending in **–ia** or **–io** have a *–y* ending in English: *Italia, Maria, territorio, corollario, gloria, armonia.*

5. English nouns in *–age* often have a corresponding Italian form in **–aggio:** *paggio, saggio, personaggio, equipaggio,* etc.

6. English nouns in *–tion* almost always have a corresponding Italian form in **–zione** (and nouns in **–zione,** as we have already seen,[1] are all feminine): *attenzione, condizione, aviazione, nazione, navigazione, soluzione, erudizione,* etc.

7. There are many Italian nouns ending in **–tà** which correspond to English nouns in *–ty: libertà, fraternità, familiarità, generosità, pietà, grandiosità, magnanimità,* etc.

8. English nouns ending in *–ude* have a corresponding Italian form in **–udine,** which is feminine: *gratitudine, altitudine, attitudine, abitudine, longitudine,* etc.

9. The Italian ending **–anza** corresponds to the English ending *–ance: danza, arroganza, dissonanza, ignoranza, temperanza, vigilanza,* etc.

10. Most English adjectives ending in *–ous* have a corresponding Italian form in **–oso:** *generoso, curioso, clamoroso, glorioso, scandaloso,* etc.

11. English adverbs in *–ly* have a **–mente** ending in Italian: *timidamente, finalmente, intelligentemente, evidentemente,* etc.

12. Sometimes by dropping the Italian infinitive ending (**–are, –ere,** or **–ire**) we have the corresponding English infinitive: *visitare, resistere, spendere, complimentare, formare, applaudire,* etc.

13. Other times an *–e* takes the place of the Italian verb ending: *arrivare, usare, servire, invitare, dividere,* etc.

14. Finally, the Italian verbs in **–are** sometimes have corresponding English verbs with *–ate* as an ending: *complicare, dedicare, abdicare, creare, celebrare,* etc.

[1] See footnote on page 106.

DIALOGHI PRATICI

VII

MARGHERITA. Le piace la casa d'Enrico, Elisabetta?

ELISABETTA. Sì, mi piace perchè è grande e comoda.

MARGHERITA. Ha un piano o due?

ELISABETTA. Ha due piani e un piccolo giardino con un prato sempre verde.

MARGHERITA. Bello! Ha molte stanze la casa?

ELISABETTA. Sette in tutto: un salotto, uno studio, la sala da pranzo e la cucina, al pian terreno.

MARGHERITA. E al piano superiore?

ELISABETTA. Al piano superiore, tre camere da letto e una stanza da bagno.

VIII

MARGHERITA. Dove abita Lei, Beatrice?

BEATRICE. Abito in via Petrarca 12, in un appartamento al pian terreno.

MARGHERITA. Le piace via Petrarca?

BEATRICE. Certamente. È una bella via. Ma l'appartamento in cui abitiamo non è di lusso. È piccolo, ma carino.

MARGHERITA. Ha Lei una bella camera?

BEATRICE. Sì. C'è un armadio a muro con un grande specchio, un lettino, un cassettone, una scrivania, uno scaffale con molti libri, due sedie.

MARGHERITA. È una camera che ha tutto.

IX

ANNA. Perchè Beatrice è così contenta oggi?

ADA. Perchè aspetta delle ragazze invitate a pranzo.

ANNA. Che cosa fa ora?

ADA. Cantarella allegramente mentre apparecchia la tavola.

ANNA. Che cosa cantarella?

ADA. Una nuova canzone napoletana che sente spesso alla radio.

ANNA. Dove va ora?

ADA. Va dalla sala da pranzo alla cucina a prender piatti e bicchieri.

ANNA. Dov'è la biancheria da tavola?

ADA. Nel primo cassetto della credenza.

X

ANNA.   Per chi apparecchia la tavola Beatrice?

ADA.   Per sei persone: per sè, pei genitori e per le tre ragazze invitate.

ANNA.   Che cosa mette a ogni posto?

ADA.   Mette un piatto, un cucchiaio, due forchette, due coltelli, un cucchiaino e due bicchieri.

ANNA.   Non mette anche i tovaglioli?

ADA.   Sì, anche i tovaglioli.

ANNA.   Che c'è sulla credenza?

ADA.   C'è una grande e bella torta su cui sono quindici candeline.

ANNA.   Che dice ogni amica che arriva?

ADA.   Auguri! Tanti auguri, Beatrice!

PARTE **QUARTA**

Shores of Lake Como

LEZIONE UNDICƐSIMA

PRONUNZIA

g:	ga	ghe	ghi	go	gu
	ri-ga	ri-ghe	a-ghi	go-la	gu-sto
	gam-ba	se-ghe	ghi-ro	go-de-re	la-gu-na
	pa-ga-re	stan-ghe	lun-ghi	rƐ-go-la	an-gu-sto

gia	ge	gi	gio	giu
gri-gia	sor-ge	gi-ta	a-gio	giu-sto
fran-gia	gƐn-te	a-gi-re	giɔ-co	giu-ra-re
gia-ce-re	ge-ne-ro	pa-gi-na	ra-gio-ne	con-giu-ra

ESERCIZIO DI PRONUNZIA

Leggere ad alta voce:

1. pa-ghe 2. giar-di-no 3. ghir-lan-da 4. gio-ve-dì 5. im-ma-gi-ne 6. an-ge-lo 7. ghian-da 8. le-ghe 9. in-giu-ria 10. guan-to 11. gi-gan-te 12. gƐs-so 13. pri-gio-ne 14. gher-mi-re 15. gi-nɔc-chio 16. go-vƐr-no 17. an-gu-ria 18. gior-na-ta 19. ghiot-to-ne 20. ghiac-cio 21. ghet-ta 22. giac-ca

LETTURA

Buɔn Natale!

Davanti alla villa d'Enrico Fantoni la via è bianca di neve, e altra neve cade sugli alberi del giardino, sui tetti delle altre case, dovunque. Fa freddo. Siamo al Natale.

Ma la villa è calda, dentro, e nel camino del salɔtto bruciano due grandi ceppi. 5

Vicino a una delle finƐstre c'è l'albero di Natale splendƐnte d'argƐnto e di luci, e, sotto l'albero, ci sono i doni. Li pɔrta ogni anno Papà Natale.

— Buɔn Natale! Buɔn Natale! — dice Enrico ai genitori, alla zia Carolina, alle sorƐlle, mentre entra nel salɔtto e vede 10 l'*albero* e i doni.   È ancora in pigiama e ora corre ad abbracciare la mamma.

— Gr*a*zie, caro! — rispondono gli altri.   E anch'essi esclamano: — Buɔn Natale!

PROVƐRBIO

Non ogni giorno è Natale.   *Christmas comes but once a year.*

VOCABOLⱯRIO

l'anno year
il camino fireplace
il ceppo log
il dono gift
la luce light
il Natale Christmas
la neve snow
il papà dad; **Papà Natale** Santa Claus
il pigiama pyjamas
il tetto roof

caldo warm
freddo cold
splendɛnte shining

abbracciare [**abbr*a*ccio**] to embrace

bruciare [**br*u*cio**] to burn
cadere to fall
correre to run
entrare to enter, enter into [1]
esclamare to exclaim, cry (out)
portare [**pɔrto**] to carry, bring; wear

ancora still, yet
davanti (a) before, in front of
dentro inside
dov*u*nque everywhere
sotto under
vicino (a) near

Imparare anche le seguɛnti espressioni:

Buɔn Natale! Merry Christmas!
fa caldo it's warm
fa freddo it's cold

NƆTE GRAMMATICALI

24 Object Pronouns *li* and *le*

Li capisco.	I understand them.
Li apriamo.	We open them.
Le pulite.	You clean them.
Le ascolto.	I listen to them.

[1] The verb **entrare** is intransitive; that is, it doesn't take a direct object: **entro in una stanza,** *I enter a room.*

Li and **le** are respectively the plural forms of the object pronouns already studied, **lo** and **la**. Observe that these plural forms are not elided before a verb beginning with a vowel.

25 Present Indicative of the Auxiliary Verbs

avere, *to have*		**essere,** *to be*	
hɔ	*I have*	sono	*I am*
hai	*you have*	sei	*you are*
ha	*he, she, it has, you have*	è	*he, she, it is, you are*
abbiamo	*we have*	siamo	*we are*
avete	*you have*	siete	*you are*
hanno	*they have, you have*	sono	*they are, you are*

ESERCIZI

A. Sostituire a ciascun complemento oggetto il corretto pronome oggettivo (*Substitute for each direct object the proper object pronoun*), e.g., **prɛndo le sɛdie = le prɛndo:**

1. Saluto le signorine. 2. Sentiamo le canzoni. 3. Voi mettete i libri sullo scaffale. 4. Lɛi aspetta due signori. 5. Pietro abbraccia i genitori. 6. Noi portiamo delle bɛlle cɔse a Maria. 7. Visitiamo spesso Robɛrto e Margherita. 8. Ella pronunzia bɛne queste parɔle. 9. Elisabɛtta pɔrta i piatti in cucina. 10. Io metto le tendine alle finɛstre.

B. Sostituire la lineetta con un soggetto (*Substitute a subject for the dash*):

1. —— ha l'altro dizionario. 2. —— siɛte in quest'aula. 3. —— hanno fratɛlli e sorɛlle. 4. —— siamo al piano superiore. 5. —— hai la stessa scrivania. 6. —— sono gialli. 7. —— avete una bɛlla libreria. 8. —— non sɛi italiano. 9. —— non hɔ altre zie. 10. —— è con la maɛstra di Riccardo. 11. —— hai una casa di lusso. 12. —— siɛte molto carina.

C. Completare col presɛnte indicativo del vɛrbo in parɛntesi (*Complete with the present indicative of the verb in parentheses*):

1. (*avere*) Voi —— sɛi coltɛlli e dodici forchette. 2. (*essere*) Questa poltrona —— cɔmoda. 3. (*avere*) Io non —— carta sugante. 4. (*essere*) Noi —— contɛnti. 5. (*avere*) Chi —— una bɛlla radio? 6. (*essere*) I coltɛlli —— sulla credɛnza. 7. (*avere*) Noi non —— la chiave. 8. (*essere*) Tu —— ricco. 9. (*avere*) I genitori d'Enrico —— una grande sala da pranzo. 10. (*essere*) Io —— al secondo posto. 11. (*avere*) Tu —— un piccolo armadio. 12. (*essere*) Voi non —— pɔvero.

D. Dare la corretta forma italiana corrispondente alle parole in parentesi (*Supply the proper Italian form for the words in parentheses*):

(*with the*) piatto	(*for the*) giorno	(*to the*) alberi
(*some*) forchette	(*from the*) studio	(*in the*) camino
(*for the*) Natale	(*some*) invitati	(*of the*) pigiama
(*at the*) nuova villa	(*upon the*) banchi	(*some*) luce
(*on the*) scaffale	(*by the*) amico	(*on the*) lettino

E. Il professore detterà parte della *Lettura* di questa lezione.

F. Tradurre in italiano:

1. The white snow falls on the streets and on the roofs of the houses.
2. [It] is Christmas, and it is cold. 3. Do you [1] see how [2] white the
tree in front of Henry's house is? 4. I see it, and [3] it is very beautiful.
5. It's warm in this living room, for two logs are burning in the fireplace.
6. You (**voi**) have a small Christmas tree, but it is shining with (**di**)
lights, and the lights are yellow and green. 7. "Merry Christmas to
all!" cries Louis as [he] enters the room. 8. Do you [1] see the gifts under
the tree, Louis? — I see them. 9. I am near the window and am looking
at the snow that falls. 10. Santa Claus goes everywhere and is good to
(**con**) all.

CONVERSAZIONE

1. Com'è la via davanti alla villa d'Enrico? 2. Dove cade la neve?
3. Fa caldo sulla via? 4. Fa freddo in casa? 5. Perchè non fa freddo?
6. Che cosa c'è vicino a una delle finestre? 7. Che cosa c'è sotto l'albero
di Natale? 8. Chi li porta ogni anno? 9. Che dice Enrico ai genitori,
alla zia, alle sorelle? 10. Chi corre egli ad abbracciare? 11. Che rispondono gli altri? 12. Che cosa esclamano poi?

---

[1] Use the **tu** form. [2] See the expression given in the *Vocabolario* on page 110.
[3] See footnote 2 on page 87.

LEZIONE DODICESIMA

PRONUNZIA

d	l	n	t	p
da-do	la-va-re	nɔ-no	tor-ta	pi-pa
do-ve-re	li-vi-do	ca-ne	ti-to-lo	pe-pe
dɛ-di-ca	vo-la-te	i-na-ne	tu-to-re	pa-pà
do-di-ci	la-gu-na	ca-no-ne	ma-ti-ta	pɔ-po-lo

NOTE:

1. In pronouncing **d, l, n,** and **t,** the tip of the tongue should touch the upper front teeth.

2. The sound **p** should be made with an effort to avoid the explosive aspiration that accompanies the English *p*.

ESERCIZIO DI PRONUNZIA

Leggere ad alta voce:

1. du-ca 2. la-ma 3. nɔ-no 4. ten-di-na 5. pɔr-ta 6. te-de-sco
7. dal 8. le-ga-te 9. ne-ve 10. pen-na 11. ton-do 12. pol-tro-na
13. no-me 14. li-mi-te 15. dɛn-te 16. pɔ-ve-ro 17. po-sto 18. tɔ-po
19. den-tro 20. lu-na 21. pun-tu-ra 22. do-po

LETTURA

Studio a casa

I libri comprati stamane da Carlo Pastori sono sulla scrivania. Egli studia i compiti per le lezioni di domani.

Il libro grɔsso, rilegato in grigio, è un dizionario italiano-inglese e inglese-italiano. Il libro marrone è una stɔria degli Stati Uniti d'America, il libro bianco e nero è un tɛsto di matematica, e 5 quello [1] azzurro è un tɛsto di lingua italiana.

Davanti al ragazzo c'è un quadɛrno apɛrto ed egli lɛgge delle parɔle scritte con la matita rossa. Sono correzioni della maɛstra. C'è uno sbaglio o due.

[1] Note that **quello** often stands for *the one, that one.*

Ora Carlo chiude il quaderno e apre il libro azzurro a una delle prime pagine. Legge un periodo ad alta voce; poi lo legge diverse altre volte. L'impara a memoria.

Carlo Pastori è un alunno diligente e la maestra lo loda spesso.

PROVERBIO

Se lodi il buono, diverrà migliore.	*If you praise a good man, he will become better still.*

VOCABOLARIO

la **correzione** correction
la **lingua** tongue, language
la **matematica** mathematics
la **memoria** memory
la **pagina** page
il **periodo** period, paragraph
la **storia** history
il **testo** text, textbook
la **volta** time (*turn*)

azzurro blue
diligente diligent
diverso different; **diversi** different, several

grigio gray
grosso big, bulky
marrone brown [1]
nero black
rosso red

chiudere to close, shut
lodare [lodo] to praise
rilegare to bind

domani tomorrow
stamane *or* **stamani** this morning

Imparare anche le seguenti espressioni:

Gli Stati Uniti d'America   The United States of America
imparare a memoria   to memorize

NOTE GRAMMATICALI

26 Past Participles

	INFINITIVE	PAST PARTICIPLE	MEANING
1st conjugation	**comprare**	**compr ato**	*bought*
2nd conjugation	**vendere**	**vend uto**	*sold*
3rd conjugation	**finire**	**fin ito**	*finished*
Auxiliary verbs {	**avere**	**avuto**	*had*
	essere	**stato**	*been*

[1] **Marrone**, as an adjective, is invariable, i.e. has the same form for singular and plural; **marrone**, *m.* noun, means *chestnut*, and, as such, has a plural, **marroni**.

The past participle of regular as well as many irregular verbs is formed by adding –ato to the stem of verbs in –are, –uto to the stem of verbs in –ere, and –ito to the stem of verbs in –ire.

Past participles are used either in the formation of the perfect tenses or as descriptive adjectives, as shown in § 28.

27 Some Irregular Past Participles

Certain verbs have an irregular past participle. Learn the following, which are very frequently used:

INFINITIVE	PAST PARTICIPLE	MEANING
aprire	apɛrto	*opened, open*
chiudere	chiuso	*closed*
lɛggere	lɛtto	*read*
scrivere	scritto	*written*

28 Position of Adjectives

la tovaglia bianca	the white tablecloth
la lingua parlata	the spoken language

While an English adjective precedes the noun it modifies, the normal position of an Italian descriptive adjective is after the noun. This is particularly the case with adjectives denoting colors and with past participles used as adjectives.

More, however, will be said on this subject in a later lesson.

ESERCIZI

A. Dare il participio passato di ciascuno dei seguɛnti vɛrbi (*Give the past participle of each of the following verbs*):

1. ascoltare 2. vendere 3. partire 4. studiare 5. sentire 6. lodare 7. ɛssere 8. pulire 9. lɛggere 10. cantare 11. capire 12. aprire 13. chiamare 14. vedere 15. scrivere 16. avere 17. rilegare 18. cadere 19. chiudere 20. pronunziare

B. Dare il significato di ciascuno dei vɛrbi in A (*Give the meaning of each of the verbs in A*).

C. Tradurre in italiano:

1. the bound books 2. a diligent girl 3. the blue blotter 4. a finished assignment 5. the erased mistake 6. a green armchair 7. the

red ink 8. the cleaned silver 9. the gray vase 10. a fallen tree 11. a black fountain pen 12. the pronounced words

D. Completare usando la forma corretta del verbo **essere** (*Complete, using the correct form of the verb* essere):

1. Noi —— davanti alla casa di Francesco. 2. Il ragazzo —— ora nel giardino. 3. Giuseppe e Ada —— in sala da pranzo. 4. Voi —— ancora in·pigiama. 5. Chi —— che arriva stamane? 6. Tu —— certamente molto diligente. 7. Io —— vicino all'*albero* di Natale. 8. Noi —— contenti d'essere con Giacomo. 9. Voi —— una ragazza carina e buona. 10. Il dizionario —— sulla scrivania.

E. Imparare a memoria il secondo periodo della *Lettura* (*Memorize the second paragraph of the* Lettura).

F. Tradurre in italiano:

1. We have a written assignment for tomorrow's Italian lesson. 2. I am glad because I like to write. 3. Charles has his [1] grammar open on his [1] desk and is reading. 4. The lesson [2] he reads has easy rules, and he understands them. 5. Then he takes a brown notebook, opens it, and starts to (**a**) write. 6. Charles' fountain pen has blue ink. 7. [It] is a fine [3] black pen, a Christmas gift.[4] 8. Now the assignment is written, and the notebook is closed. 9. Charles takes his [1] History of the United States of America and reads aloud. 10. This assignment is very easy, too, but it's long.

CONVERSAZIONE

1. Dove sono i libri di Carlo Pastori? 2. Che cosa fa Carlo? 3. Come è rilegato il libro grosso? 4. Che cosa è? 5. Che cosa è il libro marrone? 6. Che cosa è il libro bianco e nero? 7. Che cosa è il libro azzurro? 8. Che cosa c'è davanti al ragazzo? 9. Come sono scritte le parole ch'egli legge? 10. Che cosa sono? 11. Che fa Carlo poi? 12. Chi è Carlo Pastori?

---

[1] Replace this possessive with the definite article, in translating. [2] A word is missing. [3] The adjective **bello** is normally placed before the noun it modifies, contrary to the rule studied in this lesson. [4] Translate, "a gift of Christmas."

LEZIONE TREDICESIMA

PRONUNZIA

r:	tra-ma	drɔ-ga	trɛ-no	dra-go	tri-na
	mɛ-tro	so-pra	pɔr-ta	ca-pra	car-ta
	ri-go-re	r*i*-de-re	ve-ri-tà	re-ma-re	ra-ri-tà

NOTE:

The Italian **r** is trilled, that is, pronounced with a vibration of
the tongue against the alveolar ridge, i.e. the inner ridge of the gums
at the base of the upper front teeth. This sound is more easily acquired by practicing first with words in which **r** comes immediately
after **d** or **t**.

ESERCIZIO DI PRONUNZIA

Leggere ad alta voce:

1. tra   2. tre   3. qua-dro   4. tri-ste   5. tro-va-re   6. tre-ma-re
7. quat-tro   8. ri-tor-na-re   9. rɔ-spo   10. ri-spon-de-re   11. pri-mo
12. tren-ta-trè   13. trɔp-po   14. dram-ma   15. tra-mon-to   16. ri-
mɔr-so   17. tra-gɛ-dia   18. tra-du-zio-ne   19. ri-cor-da-re   20. re-sta-re
21. ri-d*i*-co-lo   22. ro-ma-no

LETTURA

Una collezione di francobolli

Papà Natale ha portato a Tommaso Turri un album per francobolli, un dono molto gradito perchè egli ha una collezione di
circa mille francobolli d'ogni parte del mondo.

Ha attaccato ogni francobollo al posto giusto, e ora li guarda
insieme con Roberto Corradini, con cui ha scambiato dei dop- 5
pioni.

I due ragazzi guardano attentamente i francobolli europɛi,
che sono molti: spagnɔli, francesi, italiani, olandesi, tedeschi,[1]

---

[1] Note that the plural of **tedesco** is **tedeschi**.

russi; e poi quelli americani: degli Stati Uniti, del Canadà e dell'America latina.

— Sono tutti belli e molto interessanti, — dice Roberto quando ha veduto la collezione dell'amico.

5 — Soprattutto quelli dell'ultima serie svizzera, — dice Tommaso, — ma non è facile avere ogni francobollo d'una stessa serie.

PROVERBIO

La quercia nasce da piccola ghianda.	*Great oaks from little acorns grow.* (*The oak grows from a little acorn.*)

VOCABOLARIO

l'album *m.* album
la collezione collection
il doppione duplicate, double
il francobollo stamp
il mondo world
la parte part
la serie series, set

   americano American
   europeo European
   francese French
   giusto just, right
   interessante interesting
   latino Latin
   mille one thousand

olandese Dutch
russo Russian
spagnolo Spanish
svizzero Swiss
ultimo last, latest

attaccare to attach
gradire [gradisco] to receive with pleasure, welcome
scambiare [scambio] to exchange

circa about, around
insieme together

NOTE GRAMMATICALI

29 Present Perfect with the Auxiliary *avere*

1. Perfect tenses are formed from one of the auxiliaries (**avere** or **essere**) and the past participle.

2. **Avere** is used in conjugating all transitive and many intransitive verbs.[1]

---

[1] Transitive verbs are those that may take an object, such as *to see;* intransitive verbs are those that are used without an object, such as *to remain.*

PRESENT PERFECT OF **COMPRARE**

PERSONS	SUBJ. PRON.	**avere** + PAST PARTICIPLE	MEANING
		SINGULAR	
1.	io	hɔ comprato	*I bought, etc.* / *I have bought, etc.*
2.	tu	hai comprato	
3.	Lɛi / egli, ella, esso, essa	ha comprato / ha comprato	
		PLURAL	
1.	noi	abbiamo comprato	*we bought, etc.* / *we have bought, etc.*
2.	voi	avete comprato	
3.	Loro / essi, esse	hanno comprato / hanno comprato	

PRESENT PERFECT OF **VENDERE** AND **FINIRE**

I sold, or *I have sold*, etc.	*I finished*, or *I have finished*, etc.
hɔ venduto	hɔ finito
hai venduto	hai finito
ha venduto	ha finito
abbiamo venduto	abbiamo finito
avete venduto	avete finito
hanno venduto	hanno finito

ESERCIZI

A. Dire quali dei seguenti verbi sono transitivi e quali sono intransitivi (*Tell which of the following verbs are transitive and which are intransitive*):

1. visitare 2. trovare 3. arrivare 4. mangiare 5. entrare 6. partire
7. gradire 8. scambiare 9. pulire 10. aiutare 11. cantarellare 12. correre 13. luccicare 14. dettare 15. mostrare 16. sentire 17. cadere
18. parlare 19. esclamare 20. attaccare

B. Dare i significati dei verbi in A (*Give the meanings of the verbs in A*).

C. Coniugare nel presente perfetto [1] (*Conjugate in the present perfect*):

      1. Pulire le posate.
      2. Abbracciare le sorelle.
      3. Vendere dei libri.
      4. Chiudere la finestra.
      5. Aprire i cassetti.
      6. Scrivere delle parole.

D. Completare col presente perfetto del verbo in parentesi:

1. (*lodare*) La maestra —— —— Virginia. 2. (*salutare*) Io —— ——
quella signora. 3. (*sentire*) Voi non —— —— suonare il campanello.
4. (*leggere*) Teresa ed Elena —— —— questo libro. 5. (*vedere*) Tu
—— —— Carlo insieme con Vincenzo. 6. (*capire*) Noi —— —— ogni
cosa. 7. (*avere*) Lei —— —— molti doni da Papà Natale. 8. (*chiudere*)
Noi —— —— la casa. 9. (*scambiare*) Voi —— —— dei francobolli.
10. (*aprire*) Chi —— —— quella finestra? 11. (*parlare*) Luigi ——
—— ad alta voce. 12. (*scrivere*) Dorotea —— —— con inchiostro rosso.
13. (*pronunziare*) Tu non —— —— quelle parole. 14. (*vedere*) Io ——
—— il nuovo cassettone di Riccardo. 15. (*imparare*) Francesco e Paolo
—— —— a rilegare i libri.

E. Il professore detterà parte della *Lettura* di questa lezione.

F. Tradurre in italiano:

1. Today I bought an album for the stamps I have. 2. I have about
one thousand stamps from [2] every part of the world. 3. Joseph has seen
my [3] collection this morning. 4. He also has a fine collection; we exchanged duplicates. 5. The European stamps he has are very interesting. 6. I have many American stamps, but today I bought a fine set
of Spanish stamps. 7. Have you seen the French, Dutch, German, and
Swiss stamps I have? 8. They aren't in the new album yet.[4] 9. But I
have attached those of the United States, of Canada, and of Latin America. 10. I showed this part of my [3] collection to Joseph and Richard
also.

---

[1] Called *passato prossimo* by Italian grammarians. [2] Translate, "of." [3] Translate *my* with the definite article. [4] See § **15** on page 107.

CONVERSAZIONE

1. Che ha portato a Tommaso Turri Papà Natale? 2. Perchè ha
egli gradito molto il dono? 3. Dove ha egli attaccato ogni francobollo?
4. Che fa egli con Roberto Corradini? 5. Che francobolli europei ha
Tommaso? 6. Ha Lei una collezione di francobolli? 7. Ha francobolli
dell'America latina? 8. Che dice Roberto quando ha veduto la collezione di Tommaso? 9. Che francobolli trova Tommaso soprattutto interessanti? 10. È facile avere ogni francobollo d'una serie?

The Matterhorn from the Italian side of the Swiss frontier

ITALY

Italy is a peninsula in southern Europe, jutting into the Mediterranean Sea, toward Africa, and practically dividing that sea into two parts, the Western and the Eastern Mediterranean. It has the characteristic form of a boot.

Nature, which lavished so much beauty on this country, has also given it majestic and precise borders, separating it from the rest of Europe by the Alps and the sea.

The gigantic range of the Alps separates it from France, Switzerland, Austria, and Yugoslavia. The Mediterranean Sea — which takes different names, namely, Tyrrhenian Sea, Ionian Sea, Adriatic Sea — borders Italy on the other sides.

Another range of mountains, that of the Apennines, covers the peninsula from north to south, from the Riviera down to the Strait of Messina.

There are many islands off the coast of Italy. Of these, some are large and important, such as Sicily, Sardinia, and Corsica; others are small but very beautiful: Elba, between Italy and the French island of Corsica; the isles of Lipari, Egadi, and Malta, around Sicily; Capri, Ischia, and Procida, which help to make the Bay of Naples one of the most enchanting spots on earth.

Italy has the only active volcanoes in Europe: Mt. Vesuvius, on the Bay of Naples; Mt. Etna, in Sicily; and Mt. Stromboli, on the small island that bears the same name.

There are many rivers in Northern and Central Italy; few and unimportant ones in Southern Italy and on the islands. The best known are the following: the river Po, which, rising in the Alps near the French border, passes through the city of Turin, crosses the plain of Lombardy, and ends in the Adriatic Sea; the Adige, which has its source near the Austrian border, passes through Trento and Verona and ends not far from the mouth of the Po; the Piave, of glorious fame on account of the Italian victories in the First World War; the Arno, which crosses Tuscany and flows through Florence and Pisa; and the Tiber, the imperial river of Rome.

The Italian lakes, particularly those at the foot of the Alps, are renowned for their beauty and climate: Lake Maggiore, Lake Lugano, Lake Como, Lake Iseo, and Lake Garda. In their blue waters are mirrored the lofty mountains that surround them and protect them from the cold northern winds. Orange and olive trees cover their shores and spring seems eternal.

Atrani, a picturesque town on the road from Amalfi to Salerno

ALPI CENTRALI

Matterhorn
M. Bianco
Gr. Paradiso
M. Rosa

Vetta d' Italia
Gross Glockner

ALPI ORIENTALI

M. Coglians

L. Maggiore
L. di Lugano
L. di Como
L. Iseo
L. di Garda

M. Tricorno

ALPI OCCIDENTALI

M. Viso
M. Argentera
Tanaro
Po
Ticino
Adda
Po

Pianura Padana

Pianura Veneta

Tagliamento
Isonzo
Brenta
Piave
Golfo di Venezia

APPENNINO

Trebbia
SETTENTRIONALE
Secchia
Panaro
Po
Adige
Po

Golfo di Genova

Romagna

M. Falterona

MAR LIGURE

Arno
Maremma

Elba

M. Cinto

CORSICA

L. Trasimeno

L. di Bolsena

L. di Bracciano

Tevere

APPENNINO CENTRALE

Monti Sibillini

Gr. Sasso
Maiella

Iº Tremiti

M. Gargano

MARE ADRIATICO

SARDEGNA

M. Gennargentu

MARE TIRRENO

Iº Pontine
Golfo di Gaeta
Ischia
Golfo di Napoli
Capri
Golfo di Salerno

Volturno
Vesuvio

Garigliano

Ofanto
M. Vulture

APPENNINO MERIDIONALE

M. Pollino

Golfo di Taranto

MARE MEDITERRANEO

AFRICA

Iº Egadi

SICILIA

Pantelleria

Iº Eolie
Stromboli

Etna

Aspromonte

Golfo di Catania

MARE IONIO

Iº Pelagie

Iº di Malta

N

ITALIA
FISICA

0   50   100   150
Miles

left   E. U. R. Palazzo della Civiltà in Rome
below   Statues by Bernini line the bridge
          leading to Castel Sant'Angelo, Rome

This tower in Pisa has been leaning for centuries.

LEZIONE QUATTORDICESIMA

PRONUNZIA

s	s	z	z
se-ta	u-so	zi-o	zɛ-lo
se-ra	va-so	mar-zo	zɛ-bra
ca-sa	rɔ-sa	stan-za	bron-zo
san-to	fra-se	sciɛn-za	ro-man-zo
sta-to	sbår-co	tɛr-zo	zan-za-ra

English equivalents:

s in *sand*   *s* in *rose*   *ts*   *dz*

ESERCIZIO DI PRONUNZIA

Leggere ad alta voce:

1. zam-pa 2. sɛt-te 3. vi-si-ta-re 4. mɛz-zo 5. sba-glio 6. a-si-no
7. pɛz-zo 8. az-zur-ro 9. i-so-la 10. co-sì 11. con-ver-sa-zio-ne
12. pre-so 13. zuc-che-ro 14. suɔ-na 15. tɛ-si 16. e-sɛm-pio 17. zi-a
18. zo-o-lɔ-gi-co 19. ba-si-li-ca 20. vi-so 21. sgon-fio 22. chiɛ-sa

LETTURA

Corrispondɛnza con l'Italia

— Mi scusi, signor Swanson; a chi scrive?

— Al mio amico Piɛtro Balzani.

— Il suo amico è certamente un italiano. L'hɔ capito dal nome.

— Infatti è italiano. Abita a Capri, la deliziosa isola sul golfo 5 di Napoli.

— E Lɛi scrive in italiano al suo amico?

— Nɔ, in inglese.

— Evidentemente, egli conosce la nɔstra lingua.

— Così così. Egli capisce quello ch'io scrivo perchè ora 10 prɛnde delle lezioni d'inglese da una signora americana che sta anch'essa a Capri.

— E le lɛttere del suo amico sono pure in inglese?
— Nɔ. Egli scrive in italiano per ora. Dice che non conosce
ancora abbastanza bɛne la nɔstra lingua per scrivere in inglese.
Io sono nelle sue stesse condizioni riguardo all'italiano, e così cia-
5 scuno scrive nella sua lingua. Nella nɔstra corrispondɛnza usiamo
lingue differɛnti, ɛcco tutto.

PROVƐRBIO

Si fa quel che si puɔ̀.   *One does one's best.*

VOCABOLꭺRIO

l'Itꭤlia Italy
Nꭤpoli *f.* Naples

la condizione condition
la corrispondɛnza correspondence
il golfo gulf, bay
l'isola island
la lɛttera letter
il nome name; noun

ciascuno, –a each, each one

delizioso delightful, delicious
differɛnte different

conoscere to know
stare [stɔ] to stay, be
usare to use

abbastanza enough
evidentemente evidently
infatti in fact, indeed
pure also, too
riguardo a regarding

Imparare anche le seguɛnti espressioni:

ɛcco tutto	that's all
mi scusi	excuse me
per ora	for the present

NƆTE GRAMMATICALI

30 Possessives

MASCULINE		FEMININE		MEANING
Sing.	*Pl.*	*Sing.*	*Pl.*	
il mio	i miɛi	la mia	le mie	*my, mine*
il tuo	i tuɔi	la tua	le tue	*thy, thine, your, yours*
il suo	i suɔi	la sua	le sue	*his, her, hers, its, your, yours*
il nɔstro	i nɔstri	la nɔstra	le nɔstre	*our, ours*
il vɔstro	i vɔstri	la vɔstra	le vɔstre	*your, yours*
il loro	i loro	la loro	le loro	*their, theirs, your, yours*

1. The possessives are usually preceded by the definite article. For important exceptions to this rule, see § 43 on page 204.

2. Note that the masculine plural forms of **mio, tuo,** and **suo** are irregular, that **loro** is invariable, but that otherwise possessives change their endings like adjectives in –o.

3. Note also that **il suo** is the possessive of **Ella** or **Lɛi; il loro,** of **Loro.**

31 Use of the Possessives

1. la mia penna e la mia matita	my pen and pencil

The possessives are repeated before each noun to which they refer.

2. il loro giardino e il mio	their garden and mine

They may be used as adjectives or as pronouns.

3. il suo studio	his (her, its, *or* your) study
le sue stanze	his (her, its, *or* your) rooms

Possessive adjectives or pronouns agree in gender and number with the object possessed, not, as in English, with the person who possesses. This rule is extremely important and should never be forgotten.

Thus, **suo** has four meanings. The context usually makes clear who the possessor is.

ESERCIZI

A. Dare la corretta forma italiana delle parole in parentesi:

1. (*My*) finɛstre sono piccole. 2. (*Our*) francobolli sono circa mille. 3. (*Their*) genitori sono in Italia. 4. (*His*) condizione non è buona. 5. (*Its*) tetto è rosso. 6. (*My*) campanɛllo suona. 7. Il professore è (*with his*) alunni. 8. Ɛcco (*our*) stanza da bagno. 9. Mi piace (*their*) pane. 10. (*My*) zii non sono americani. 11. Pulisco (*his*) camera ogni giorno. 12. (*Her*) amico è il fratɛllo di Giusɛppe. 13. (*Its*) sale sono grandi. 14. (*My*) mano è piccola. 15. Ɛcco (*his*) riga. 16. (*Our*) studio è facile. 17. (*Its*) cucina è vicino alla sala da pranzo. 18. (*My*) fiori non sono ancora nel vaso. 19. (*Her*) coltɛlli sono nuɔvi. 20. (*His*) sorɛlle sono a casa.

B. Tradurre in italiano:

1. My radio and his. 2. Their notebooks and mine. 3. His songs and mine. 4. Their teacher and hers. 5. Her classroom and ours. 6. My

mirror and hers.   7. His bed and mine.   8. My drawer and his.   9. My keys and theirs.   10. My closet and hers.

C. Tradurre in tre modi usando il **tu,** il **voi** e il **Lɛi** (*Translate in three ways using the* tu, voi, *and* Lɛi *forms of address*):

1. Your garden.   2. Your keys.   3. Your window.   4. Your bookcase. 5. Your ink.   6. Your maid.   7. Your bells.   8. Your glasses.   9. Your tree.

D. Dare il contrario di (*Give the opposite of*):

1. altro   2. grande   3. ricco   4. caldo   5. primo

E. Accoppiare le parole della colonna A con quelle della colonna B (*Match the words in columns A and B*):

A	B
1. davanti a	*a.* that's all
2. fa freddo	*b.* regarding
3. soprattutto	*c.* I like
4. dovunque	*d.* this morning
5. ɛcco tutto	*e.* above all
6. riguardo a	*f.* in front of
7. ad alta voce	*g.* it's cold
8. abbastanza	*h.* aloud
9. mi piace	*i.* enough
10. stamane	*j.* everywhere

F. Tradurre in italiano:

1. My Italian friend, Francis De Curtis, writes often.   2. His latest [1] letter, written from Naples, is here on my desk.   3. In his letter there are some stamps I don't have in my album.   4. Is your collection rich in Italian stamps?   5. Yes, thanks to Francis, who often puts his duplicates in his letters.   6. This time there are also [2] several French, Dutch, and Swiss stamps.   7. Do you put United States stamps [3] in your letters to Francis?   8. Certainly, and of Canada [4] and Latin America also. 9. Do you write to your friend in Italian?   10. No, Paul.   Each one [of us] writes in his [own] language and each one understands what [5] the other writes; that's all.

---

[1] This is not a descriptive adjective; it precedes the noun, therefore.   [2] Use another word instead of **anche.**   [3] Translate, "stamps of the United States." [4] *Canada* is **il Canadà** in Italian.   Place the definite article also before *Latin America* and repeat the preposition **di.**   [5] Translate, "that which."

CONVERSAZIONE

1. A chi scrive il signor Swanson? 2. È italiano il suo amico Pietro Balzani? 3. Come l'ha capito Lei? 4. Dove abita Pietro Balzani? 5. In che lingua scrive al suo amico il signor Swanson? 6. Conosce l'inglese l'amico di Capri? 7. Da chi prende egli lezioni d'inglese? 8. Perchè Pietro non scrive in inglese? 9. In che condizioni è il signor Swanson riguardo all'italiano? 10. Che lingua usano i due amici, per ora, nella loro corrispondenza?

LEZIONE QUINDICESIMA

PRONUNZIA

gn:

se-gno	o-gni	ba-gno	ca-gna	de-gno
pu-gni	ra-gno	o-gnu-no	sta-gno	vi-gna
le-gno	gua-da-gno	de-gna-re	i-gno-to	re-gna-re

NOTE:

Pronounce **gn** like *ni* in *onion*, but with the tip of the tongue against the lower teeth.

ESERCIZIO DI PRONUNZIA

Leggere ad alta voce:

1. a-gnel-lo 2. fo-gna 3. la-gna-za 4. ma-gni-fi-co 5. ma-gne-sia 6. ca-gno-li-no 7. ma-gne-te 8. su-gna 9. ma-gna-ni-mo 10. li-gni-te 11. ci-gno 12. pi-gnat-ta 13. go-gna 14. gra-gno-la 15. gri-fa-gno 16. san-gui-gno 17. ma-ga-gna 18. in-de-gno 19. in-ge-gne-re 20. a-go-gna-re 21. in-ge-gno-so 22. ar-ci-gno

LETTURA

A pranzo in casa d'Antonio

Stasera Enrico e io abbiamo pranzato in casa d'Antonio, invitati dalla sua mamma, che ha desiderato di festeggiare il compleanno del nostro amico.

Noi abbiamo gradito molto l'invito perchè amiamo Antonio, ma anche perchè un pranzo italiano è di nostro gusto.

Naturalmente, le prime parole che abbiamo pronunziate appena siamo arrivati sono state parole d'auguri.

5 A tavola, il mio posto è stato alla destra d'Antonio; il posto d'Enrico alla sua sinistra.

Il pranzo è stato delizioso e servito bene. Abbiamo mangiato spaghetti, carne con spinaci, piselli e patate, dell'insalata e del formaggio. Poi la cameriera ha servito una torta con quattordici 10 candeline e del caffè.

Dopo il pranzo siamo andati in salotto, dove abbiamo parlato di molte cose. Finalmente Enrico e io siamo ritornati alle nostre case.

PROVERBIO

L'appetito vien mangiando.   *Appetite comes with eating.*

VOCABOLARIO

il caffè coffee
la carne meat, flesh
il formaggio cheese
il gusto taste
l'insalata salad
l'invito invitation
la patata potato
il pisello pea
gli spaghetti *m. pl.* spaghetti
gli spinaci *m. pl.* spinach

destro right
sinistro left

amare to love, be fond of
andare to go

desiderare [**desidero**] **di** to wish, desire
festeggiare [**festeggio**] to celebrate
mangiare [**mangio**] to eat
pranzare to dine
ritornare to return
servire [**servo**] to serve

appena as soon as, scarcely
dopo (di) after, afterward
naturalmente naturally, of course
stasera this evening, tonight

Imparare anche le seguenti espressioni:

a destra   at *or* to the right
a sinistra   at *or* to the left
di mio gusto   to my taste

NOTE GRAMMATICALI

32 Present Perfect with the Auxiliary *essere*

Contrary to the English usage, the auxiliary essere is used in conjugating the following verbs:

a. the verb **ɛssere** itself, the past participle of which is **stato;**[1]

b. most, but not all, intransitive verbs denoting motion, rest, or change of condition.

Among the latter, remember the following we have met so far:

andare to go	**correre** to run	**ritornare** to return
arrivare to arrive	**entrare** to enter	**stare** to stay, be
cadere to fall	**partire** to depart	

PRESENT PERFECT OF ANDARE

Meaning: *I went* or *I have gone*, etc.

PERSONS	SUBJ. PRON.	ɛssere + PAST PARTICIPLE
	SINGULAR	
1.	io	sono andato, –a
2.	tu	sɛi andato, –a
3.	Lɛi	è andato, –a
	egli *or* esso	è andato
	ella *or* essa	è andata
	PLURAL	
1.	noi	siamo andati, –e
2.	voi	siɛte andati, –e
3.	Loro	sono andati, –e
	essi	sono andati
	esse	sono andate

33 Agreement of Past Participle

1. **Ella è stata a casa stamane.**	She was at home this morning.
Le mie zie sono arrivate.	My aunts have arrived.
Noi siamo partiti insiɛme.	We left together.

A past participle used with **ɛssere** agrees with its *subject* in gender and number.

2. **Quanti libri hai venduti?**	How many books did you sell?
La casa che hɔ comprata.	The house I bought.
L'hɔ comprata.	I bought it.
But: **Hɔ comprato due case.**	I bought two houses.

[1] A past participle borrowed from the verb **stare**.

A past participle used with **avere** agrees with its *direct object* provided the direct object precedes the verb. When the direct object follows the verb (which is usually the case), there is no agreement, as shown in the last example.

3. **Tu sei arrivato.**
Voi siete arrivato.   You have arrived (*addressing a man*).
Lei è arrivato.

Tu sei partita.
Voi siete partita.   You have left (*addressing a woman*).
Lei è partita.

L'abbiamo chiamato.   We called you (*addressing a man*).
L'abbiamo veduta.   We saw you (*addressing a woman*).

The pronouns used in direct address are considered masculine or feminine according to the sex of the person addressed, and the past participle agrees accordingly.

ESERCIZI

A. Coniugare nel presente perfetto (*Conjugate in the present perfect*):

1. Essere in Italia.
2. Ritornare a scuola.
3. Cadere sulla neve.
4. Entrare nell'appartamento.
5. Andare a mangiare.
6. Partire con degli amici.

B. Completare col presente perfetto del verbo in parentesi:

1. (*partire*) Stasera la mia amica —— ——. 2. (*essere*) Noi non —— —— giusti. 3. (*cadere*) Molta neve —— —— sulle vie. 4. (*andare*) Le signorine —— —— a Napoli. 5. (*ritornare*) Chi non —— —— ancora? 6. (*stare*) I miei genitori —— —— bene. 7. (*entrare*) La cameriera —— —— in cucina. 8. (*cadere*) Susanna —— —— dalla sedia. 9. (*andare*) Dove —— —— Giovanna? 10. (*essere*) I miei fratelli non —— —— ancora in Italia. 11. (*partire*) Chi —— —— stamane? 12. (*andare*) Voi —— —— alla banca. 13. (*ritornare*) Virginia e Ada —— —— stasera. 14. (*essere*) Noi —— —— molto contenti. 15. (*stare*) Teresa —— —— a letto.

C. Completare col participio passato del verbo in parentesi:

1. (*desiderare*) Io ho —— dei fiori. 2. (*leggere*) Li avete —— attentamente? 3. (*mostrare*) La casa che hai ——. 4. (*frequentare*) Le classi

che Lei ha ——. 5. (*aprire*) Le avete ——? 6. (*abbracciare*) Ho ——
la mamma. 7. (*scrivere*) Maria li ha —— tutti. 8. (*gradire*) Gli auguri
che abbiamo ——. 9. (*bruciare*) Le lettere che tu hai ——. 10. (*scusare*) Margherita non è stata buona, ma l'abbiamo ——.

D. Sostituire a ciascun complemento oggetto il corretto pronome oggetivo (*Substitute for each direct object the proper object pronoun*), e.g.
ho veduto Anna = l'ho veduta:

1. Abbiamo salutato le signorine. 2. Ho letto quella lettera. 3. Tu
non hai chiuso la finestra. 4. I ragazzi hanno aperto i libri. 5. Ada ha
capito la lezione. 6. Abbiamo mangiato l'insalata. 7. Lei non ha invitato il professore. 8. La zia di Riccardo ha cucinato gli spaghetti.
9. Essa non ha mangiato la carne. 10. Chi ha invitato Carolina e Giovanna?

E. Imparare a memoria i due ultimi periodi della *Lettura* (*Memorize the last two paragraphs of the* Lettura).

F. Tradurre in italiano:

1. The maid has set our table for eight persons tonight. 2. We have
guests because we are celebrating Helen's birthday. 3. Helen is very
fond of two girls, Margaret and Jean. 4. Mother [1] invited them for
(a) dinner. 5. Their places at table are: one friend to the right, the
other to the left of Helen. 6. The girls have now arrived with flowers
in their hands. 7. "Best wishes!" they cried out as soon as they entered [2] our apartment. 8. The dinner the maid cooked is good. 9. We
eat spaghetti, meat with spinach, peas, and potatoes, cheese, and a delicious cake. 10. Mother [1] bought it this morning.

CONVERSAZIONE

1. Enrico dove ha pranzato stasera? 2. Chi l'ha invitato? 3. Perchè la mamma d'Antonio l'ha invitato? 4. Enrico ha gradito l'invito?
5. Che parole ha egli pronunziate appena è arrivato? 6. Dov'è stato
il suo posto a tavola? 7. Com'è stato il pranzo? 8. Che ha mangiato
Enrico? 9. Che cosa ha servito la cameriera dopo il formaggio? 10. Dove
sono andati tutti, dopo il pranzo? 11. Di che cosa hanno parlato?
12. Dov'è andato Enrico poi?

---

[1] Use the expression **la mamma.** [2] See footnote 1 on page 136.

Lake Maggiore

MORE ABOUT

ITALY

Italy is divided into four parts: Northern, Central, Southern, and Insular Italy. Each part is again divided into regions.

History, linguistic peculiarities, and folklore form the distinctive background of each of the nineteen regions that constitute Italy, giving a variety of aspects which is seldom found elsewhere and which offers almost unique touristic attractions.

Here is a list of the Italian regions with the names of the most important cities in each of them. English names, if any exist, are given in parentheses.

NORTHERN ITALY

Piemonte (*Piedmont*)   Torino (*Turin*)
Valle d'Aosta   Aosta
Liguria   Genova (*Genoa*)
Lombardia (*Lombardy*)   Milano (*Milan*)
Veneto (*Venetia*)   Venezia (*Venice*)
Trentino — Alto Adige   Trento
Friuli — Venezia Giulia Trieste
Emilia-Romagna   Bologna

A park in Padua

CENTRAL ITALY

Toscana (*Tuscany*)   Firenze (*Florence*)
Marche (*Marches*)   Ancona
Umbria   Perugia
Lazio (*Latium*)   Roma (*Rome*)
Abruzzo e Molise   L'Aquila

Garden of the Villa Medici, Rome

SOUTHERN ITALY

Campania   Napoli (*Naples*)
Puglia (*Apulia*)   Bari
Basilicata   Potenza
Calabria   Reggio Calabria

"Trulli" houses in Alberobello

INSULAR ITALY

Sicilia (*Sicily*)   Palermo
Sardegna (*Sardinia*)   Cagliari

Road leading to Mount Etna, Sicily

above Geese Palio in Pavia
below Venetian glassworkers
right *Gelati* and Coca-Cola — a new
         combination!

above Pretty girls in the
regional costumes of Abruzzi

right Tuscan girl near the old well
in San Gimignano

below Country scene in Central Italy

above   Making music with a jug
right   Painted cart on a Sicilian road
below   Tarantella band
         in colorful costumes, Capri

RIPETIZIONE

I. Complete the following sentences with the correct forms of the present indicative of the verb **avere:**

1. Luigi —— una nuova radio. 2. Tu non —— una buona memoria. 3. La sua casa —— un tetto rosso. 4. Voi —— delle belle posate d'argento. 5. I miei genitori —— un invito per un pranzo. 6. Noi —— due stanze da bagno. 7. Io —— una poltrona molto comoda e bella. 8. Loro non —— tovaglioli.

II. Complete the following sentences with the correct forms of the present indicative of the verb **essere:**

1. Io non —— francese. 2. Lei —— molto alto. 3. Voi non —— diligenti. 4. Carolina e Susanna —— nel giardino. 5. Giuseppe —— ricco. 6. Tu non —— americano. 7. Chi —— il primo della classe? 8. Noi —— poveri tutt'e due.

III. Substitute for each direct object the proper object pronoun, e.g. **prendo i libri = li prendo:**

1. La cameriera serve gl'invitati. 2. Anna pulisce le posate. 3. Io non vedo le chiavi. 4. Giacomo aiuta i ragazzi. 5. Noi bruciamo le lettere. 6. Essa gradisce i doni. 7. Voi abbracciate i due ragazzi. 8. Loro cantano le nuove canzoni.

IV. Give the past participle of each of the following verbs:

1. leggere 2. attaccare 3. servire 4. essere 5. stare 6. aprire 7. avere 8. vendere 9. pulire 10. chiudere 11. frequentare 12. partire 13. luccicare 14. scrivere 15. festeggiare

V. Translate into Italian:

1. the exchanged stamps 2. the desired thing 3. a yellow flower 4. the black fountain pen 5. a pronounced word 6. the closed window 7. the gray roof 8. a blue curtain

VI. Complete the following sentences with the correct forms of the present perfect of the verbs in parentheses:

1. (*entrare*) Noi —— —— in salotto. 2. (*trovare*) Chi —— —— il mio libro? 3. (*comprare*) Ecco le cortine che io —— ——. 4. (*cadere*)

Francesco —— ——. 5. (*dettare*) Luigi li —— ——. 6. (*leggere*) La lettera che tu —— —— è molto interessante. 7. (*avere*) Egli —— —— un buon professore. 8. (*essere*) La vostra amica —— —— diligente. 9. (*ritornare*) Vincenzo —— —— a Napoli. 10. (*finire*) Ecco i compiti per domani; io li —— ——. 11. (*vedere*) Le piace Virginia? Io l' —— —— stamane. 12. (*chiudere*) Lei non —— —— la libreria.

VII. Give the plural of:

1. il nostro invito 2. il loro camino 3. la mia giornata 4. il mio gusto e il suo 5. la vostra sedia 6. il tuo lusso 7. la loro condizione 8. la sua tovaglia 9. il mio pigiama e il tuo 10. il suo compito

VIII. Translate into Italian:

1. My green pencil writes well. 2. Their brown book is not yours. 3. This is my eraser, not yours. 4. Their pupils study a great deal. 5. Ann cooked our spaghetti. 6. Mary and her brothers are in Italy now. 7. My flowers are in a vase. 8. Her chest of drawers is new. 9. Her Russian friend is Eleanor's brother. 10. That lady and her sisters know many languages.

LETTURE VARIE

3. Una giornata con Paolo

Invitato a pranzo dai genitori di Paolo Fiorentino, che frequenta la mia scuola ed è nella mia classe d'italiano, sono andato stamane alla sua casa per la prima volta. Ho gradito molto l'invito perchè Paolo è un caro amico e mi piace molto.

5 I Fiorentino abitano in una piccola villa con un giardino. La villa, tutta bianca con le persiane [1] verdi, ha due piani, è nuova, e ha un tetto rosso.

Al pian terreno ci sono quattro stanze: il salotto, lo studio del signor Fiorentino, una grande sala da pranzo e la cucina. 10 Quattro camere da letto e due stanze da bagno sono al piano superiore.

----

[1] persiana, *shutter*.

Per stare più a lungo [2] col mio amico, sono arrivato alla sua villa prima dell'ora [3] del pranzo. Ho suonato il campanello e Paolo è venuto [4] ad aprire la porta. [5]

— Buon giorno, Enrico!

— Buon giorno, Paolo! Sono venuto presto, come vedi . . . 5

— Hai fatto [6] bene. Così stiamo più a lungo insieme.

— Avete una bella villa, vedo. È nuova?

— Sì, — risponde Paolo, — il mio babbo l'ha comprata circa un anno fa. [7] È bella e comoda.

Andiamo insieme al piano superiore a vedere la sua camera. 10

La camera di Paolo non è grande, ma è bella, affaccia [8] sul giardino ed è piena d'aria e di sole. [9] In essa c'è un letto, un cassettone, una piccola scrivania, uno scaffale per i suoi libri, una poltrona e delle sedie.

Parliamo di questo e di quello, e poi Paolo mi mostra [10] la sua 15
collezione di francobolli nel bell'album ch'egli ha avuto in dono di Natale. [11] Ha francobolli europei, dell'America latina e, naturalmente, degli Stati Uniti. Ha pure molti doppioni ch'egli desidera di scambiare con dei francobolli che non ha.

Ma l'ora del pranzo è vicina, e noi andiamo giù [12] in salotto. 20
Il salotto è una grande e bella stanza con tre finestre, che anch'esse affacciano sul giardino.

I Fiorentino hanno una radio di lusso. Com'è bella! Paolo l'apre e così sentiamo della musica. Cantano delle nuove canzoni napoletane. 25

Ma entra la signora Fiorentino, la madre di Paolo, e noi ci alziamo. [13] Io la saluto. Appena Paolo ha chiuso la radio, ella mi fa tante domande [14] sui miei genitori, sulla scuola, sui nostri professori. Io rispondo con piacere e vedo ch'essa ascolta attentamente le mie parole. 30

Dopo un poco [15] la cameriera entra in salotto e dice:

— La signora è servita. [16]

Pure il signor Fiorentino arriva dal suo studio.

— Buon giorno, Enrico, — dice. — Come sta?

---

[2] più a lungo, *longer, more at length.* [3] prima dell'ora, *before the hour.* [4] è venuto, *came.* [5] porta, *door.* [6] fatto (*past participle of* fare), *to do, make.* [7] fa, *ago.* [8] affacciare su, *to face.* [9] piena d'aria e di sole, *full of air and sunshine.* [10] mi mostra, *shows me.* [11] in dono di Natale, *as a Christmas gift.* [12] giù, *down.* [13] noi ci alziamo, *we get up.* [14] mi fa tante domande, *asks so many questions of me.* [15] dopo un poco, *after a while.* [16] *This is the formal way to announce that dinner is ready.*

— Bɛne, grazie. Buɔn giorno a Lɛi.

E tutti andiamo in sala da pranzo.

A tavola, dove la signora Fiorentino è alla mia dɛstra e il signor Fiorentino alla mia sinistra, mangiamo, parliamo e ridiamo.[17]   Il padre di Paolo dice molte barzellette [18] una dopo l'altra; egli è una persona molto allegra,[19] e anche la camerièra, mentre sɛrve a tavola, ride alle parɔle del padrone.[20]

Dopo il pranzo andiamo di nuɔvo in salɔtto a prɛndere il caffè. La signora Fiorentino lo sɛrve ella stessa.

— Andate fuɔri all'apɛrto [21] con una giornata così bɛlla; non state a casa! — dice pɔi il signor Fiorentino.

— Certamente! — risponde Paolo. E anch'io son contɛnto.

Così siamo usciti [22] insiɛme, dopo che io hɔ ringraziato [23] i genitori del mio amico e li hɔ salutati.

Abbiamo fatto una lunga passeggiata [24] e pɔi siamo andati a un cinematɔgrafo.[25]

Domande.   1. Chi è Paolo Fiorentino?   2. Perchè Enrico è andato alla sua casa?   3. Dove abitano i Fiorentino?   4. È rossa la villa dei Fiorentino?   5. Ha molte stanze?   6. Perchè Enrico è andato alla villa prima dell'ora del pranzo?   7. Chi è venuto ad aprire la pɔrta?   8. Quando ha comprato la villa il padre di Paolo?   9. Perchè i due ragazzi sono andati al piano superiore?   10. È bɛlla la camera di Paolo?   11. Che cɔsa c'è in essa?   12. Di che cɔsa hanno parlato i due ragazzi?   13. Che cɔsa ha mostrato Paolo a Enrico?   14. Dove sono andati pɔi i ragazzi?   15. Che cɔsa hanno fatto in salɔtto?   16. Che mᴜsica hanno sentito alla radio?   17. Chi è entrato pɔi in salɔtto?   18. Che domande fa a Enrico la mamma di Paolo?   19. Che dice la camerièra quando entra in salɔtto?   20. Dove vanno tutti, pɔi?   21. Dove sta a tavola Enrico?   22. Che cɔsa dice il padre di Paolo?   23. Che fa la camerièra?   24. Dove sono andati tutti dopo il pranzo?   25. Che dice il signor Fiorentino dopo il caffè?   26. Che risponde Paolo?   27. Che dice Enrico ai genitori di Paolo?   28. Dove sono andati pɔi i due amici?

---

[17] ridere, *to laugh.*   [18] barzelletta, *joke.*   [19] allegro, *gay.*   [20] padrone, *master.*   [21] fuɔri all'apɛrto, *out in the open, outdoors.*   [22] uscire, *to go out.*   [23] ringraziare, *to thank.*   [24] fare una passeggiata, *to take a walk.*   [25] cinematɔgrafo, *movie.*

4. A tavola

Il mio amico Francesco Ambrosini è certamente molto timido.[1]
Un giorno, invitato a un pranzo a cui sono stato presente anch'io,
ha avuto la fortuna d'avere un posto accanto a [2] una signorina
carina e attraente,[3] ed ecco la conversazione che c'è stata fra i
due: 5
— Come sta, signorina? — domanda egli dopo molte esi-
tazioni.[4]
— Bene, grazie. E Lei?
Francesco arrossisce [5] e risponde:
— Bene, grazie.   10
Pausa.
— La sua mamma sta bene, spero,[6] — dice egli poi.
— Anch'essa sta bene. Lei è molto gentile.[7]
Pausa.
— E come sta il suo babbo?   15
— Grazie. Sta così così.
Altra pausa.
— E i suoi zii stanno bene?
— Ottimamente.[8]
Lunga pausa. Evidentemente Francesco non sa più [9] di che 20
cosa parlare. Ma la ragazza fa un ultimo tentativo:[10]
— Io ho pure una nonna,[11] signore . . .

Domande. 1. Chi è molto timido? 2. Dove hanno invitato Francesco,
un giorno? 3. Che fortuna ha avuto a quel pranzo? 4. Che cosa domanda Francesco dopo molte esitazioni? 5. Che risponde la signorina?
6. Che dice Francesco dopo una pausa? 7. E allora che dice la signorina? 8. Di chi domanda poi Francesco? 9. Come sta il babbo della
signorina? 10. E i suoi zii come stanno? 11. Perchè Francesco fa
un'altra lunga pausa? 12. Che dice allora la signorina?

[1] *Except for the final vowel, this word is spelled as in English, and has the same
meaning. From now on, such words will be omitted in the footnotes.* [2] accanto a, *next
to.* [3] attraente, *attractive.* [4] esitazione, *hesitation.* [5] arrossire, *to blush.* [6] sperare,
to hope. [7] gentile, *kind.* [8] ottimamente, *fine.* [9] non sa più, *no longer knows.* [10] tentativo, *attempt.* [11] nonna, *grandmother.*

5. Tutti a cercare [1]

Giovanni Baccini è un impiegato di banca d'una piccola ma interessante città [2] di Toscana. Ecco che un giorno perde [3] il suo cane,[4] Fido, a cui è tanto attaccato. Lo cerca dovunque, naturalmente, e per molti giorni, ma invano.[5] Evidentemente il caro
5 animale è scomparso [6] per sempre.

Baccini va allora [7] all'ufficio [8] del giornale [9] della città e mette un annunzio economico [10] in cui promette [11] la ricompensa [12] di mille lire [13] alla persona che troverà [14] l'animale.

Ma dieci minuti dopo egli ritorna all'ufficio del giornale, pen-
10 tito.[15] Pensa [16] ora che mille lire sono troppe,[17] e desidera di ridurre [18] la ricompensa a cinquecento [19] lire.

Arrivato all'ufficio, domanda all'usciere: [20]

— Posso [21] parlare un momento con l'impiegato a cui ho consegnato [22] il testo d'un annunzio economico?

15 — Mi dispiace,[23] signore, — risponde l'usciere, — ma quell'impiegato è uscito [24] cinque minuti fa.[25]

— Ah! Ma mi dica: c'è il direttore amministrativo? [26]

— È uscito anche lui.[27]

— E allora posso parlare col redattore capo? [28]

20 — Anche lui non c'è.

— Oh, corpo di Bacco! [29] — esclama Baccini. — Dove sono andati tutti questi signori?

— A cercare il suo cane.

Domande. 1. Chi è Giovanni Baccini? 2. Che perde un giorno il signor Baccini? 3. Dov'è il cane? 4. Dove va allora il signor Baccini? 5. Che cosa promette nel suo annunzio economico? 6. Perchè è egli pentito dieci minuti dopo? 7. Che cosa domanda Baccini all'usciere del giornale? 8. Che cosa risponde l'usciere? 9. Dov'è il direttore amministrativo del giornale? 10. Dov'è il redattore capo? 11. Che cosa dice Baccini allora? 12. Che risponde l'usciere?

---

[1] Tutti a cercare, *All searching.* [2] città, *city.* [3] perdere, *to lose.* [4] cane, *dog.* [5] invano, *in vain.* [6] scomparso, *disappeared.* [7] allora, *then.* [8] ufficio, *office.* [9] giornale, *newspaper.* [10] annunzio economico, *want ad.* [11] promettere, *to promise.* [12] ricompensa, *reward.* [13] lira, *the monetary unit of Italy; do not translate.* [14] troverà, *will find.* [15] pentito, *repentant.* [16] pensare, *to think.* [17] troppe, *too many.* [18] ridurre, *to reduce, lower.* [19] cinquecento, *five hundred.* [20] usciere, *doorman.* [21] posso? *may I?* [22] consegnare, *to hand.* [23] mi dispiace, *I am sorry.* [24] uscire, *to go out.* [25] fa, *ago.* [26] direttore amministrativo, *business manager.* [27] anche lui, *he also.* [28] redattore capo, *chief editor.* [29] corpo di Bacco! *good Heavens!*

DIALOGHI PRATICI

XI

CARLO. Le piace il Natale, Enrico?

ENRICO. Sì, mi piace molto.

CARLO. Perchè Le piace?

ENRICO. Per molte cose. Perchè mi piace la neve che cade sugli alberi, sulle case, dovunque . . .

CARLO. Ma quando c'è neve fa freddo.

ENRICO. Non sempre. E poi le case sono calde. Nel camino brucia sempre un ceppo.

CARLO. Che altra cosa Le piace del Natale?

ENRICO. L'albero di Natale splendente d'argento e di luci . . .

CARLO. E i doni che ogni anno porta Papà Natale!

ENRICO. Certamente!

XII

FRANCESCO. Che cosa fa Vincenzo?

BETTINA. Vincenzo studia. Scrive i compiti che abbiamo per domani.

FRANCESCO. Fa bene. Vedo che è un ragazzo diligente.

BETTINA. Sì, e il maestro lo loda spesso.

FRANCESCO. Che libri son quelli ch'egli ha sulla scrivania?

BETTINA. Il libro aperto su cui ora studia è la storia degli Stati Uniti d'America.

FRANCESCO. E gli altri che sono?

BETTINA. Il libro rilegato in bianco e nero è un testo di matematica; quello azzurro è un testo di lingua italiana.

FRANCESCO. E quello marrone?

BETTINA. Il libro grosso, rilegato in marrone, è un dizionario.

XIII

FRANCESCO. Hai attaccato tutti i francobolli nel nuovo album?

TOMMASO. Tutti, no. Ho attaccato al posto giusto ogni francobollo americano.

FRANCESCO. Quelli degli Stati Uniti?

TOMMASO. Sì, e anche quelli del Canadà e dell'America latina.

FRANCESCO. Hai molti francobolli europei?

TOMMASO. Sì, molti. Ho francobolli italiani, francesi, spagnoli, tedeschi . . .

FRANCESCO. Non hai francobolli russi?

TOMMASO. Cinque o sei.

FRANCESCO. Non è facile avere dei francobolli russi.

XIV

CATERINA. A chi scrivi, Beatrice?

BEATRICE. Alla mia amica Maria.

CATERINA. Maria? E chi è questa Maria?

BEATRICE. Tu non la conosci . . . Maria Marchetti, una signorina di Napoli.

CATERINA. E scrivi in italiano?

BEATRICE. No. Per ora scrivo in inglese ed ella risponde in italiano. Dice che non conosce abbastanza bene la nostra lingua per rispondere in inglese.

CATERINA. Capisci tutto nelle sue lettere?

BEATRICE. Sì . . . Col dizionario.

XV

PIETRO. Non hai pranzato a casa oggi?

PAOLO. No. Sono andato a pranzare in casa d'Antonio. Oggi è stato il suo compleanno.

PIETRO. Hanno certamente servito una torta con le candeline.

PAOLO. Infatti. Una torta con quattordici candeline.

PIETRO. È stato buono il pranzo?

PAOLO. Delizioso.

PIETRO. Che avete mangiato?

PAOLO. Abbiamo mangiato spaghetti, carne con spinaci, piselli e patate, insalata e formaggio. Dopo la torta, siamo andati in salotto, dove hanno servito del caffè nero.

PARTE **QUINTA**

One of the fountains in St. Peter's Square, Rome

16 LEZIONE SEDICɛSIMA

PRONUNZIA

gli:

a-gli	fɔ-glie	ci-glio	mɛ-glio	va-glia
e-gli	vɔ-glie	pa-glia	pi-glia-re	gu-glia
gi-gli	mo-glie	fi-glio	ve-glia-re	mi-glio-re

NOTE:

The sound **gli** is somewhat similar to that of *lli* in *billiards*, but with the tip of the tongue against the gum ridge above the upper teeth. When no vowel follows **gli,** the **i** is pronounced.

ESERCIZIO DI PRONUNZIA

Leggere ad alta voce:

1. fa-mi-glia 2. de-gli 3. lu-glio 4. ma-glia 5. o-ri-glia-re 6. ca-na-glia 7. con-si-glio 8. da-gli 9. so-na-glio 10. bot-ti-glia 11. te-glia 12. bi-gliet-to 13. fi-glia 14. im-brɔ-glio 15. dɔ-glia 16. mi-scu-glio 17. cɔ-glie-re 18. sba-gli 19. sfɔ-glia 20. spo-glia-re 21. mi-glio-ra-re 22. pat-tu-glia

LETTURA

Anna desidera d'uscire

Anna Donnarumma è certamente una buɔna ragazza. Ha un fratɛllo, Paolo, a cui fa sɛmpre dei piccoli favori. Essa l'ama molto.

Pɔco fa, ha pulito e stirato l'abito marrone ch'egli pɔrta a scuɔla: prima la giacca, pɔi il panciɔtto e finalmente i pantaloni. 5
Ma anche così, Paolo non è contɛnto. Ora domanda alla sorɛlla se ella stirerà pure le sue cravatte.

— Nɔ, Paolo, — Anna risponde. — Le stirerɔ domani; in questo momento hɔ altre cɔse da fare.

Ella pɛnsa che prɛsto arriverà la sua amica ɛlena. Le 10 due ragazze hanno un appuntamento per andare a fare delle spese.

Visiteranno molti negozi. Anna ha bisogno di guanti grigi, di calze e di fazzoletti; Elena desidera di comprare una veste bianca e un ombrello.

Nei negozi mostreranno diverse belle cose alle due ragazze; 5 ma se domanderanno dei prezzi troppo alti, Anna ed Elena resteranno deluse perchè non hanno molto danaro da spendere.

PROVERBIO

Buon mercato sfonda la borsa.   *A good bargain is a pickpocket.*
(Cheap buying knocks out the bottom of the purse.)

VOCABOLARIO

l'abito suit of clothes
l'appuntamento appointment, date
la calza stocking
la cravatta necktie
il danaro money
il favore favor
il fazzoletto handkerchief
la giacca coat
il guanto glove
il momento moment
il negozio store, shop
l'ombrello umbrella
il panciotto vest
i pantaloni *m. pl.* trousers
il prezzo price
la veste dress

deluso disappointed

fare [fɔ] to do, make
pensare [penso] **(a)** to think (of)
restare [resto] to remain [1]
spendere to spend
stirare to iron, press
uscire [esco] to go out, come out [1]

fa ago
prima first; **prima di** before
se if, whether
troppo too, too much

Imparare anche le seguenti espressioni:

avere bisogno di	to need
fare delle spese	to shop
per favore *or* **per piacere**	please
poco fa	a short time ago

[1] Conjugated with **essere.**

NOTE GRAMMATICALI

34 First Conjugation: Future

FUTURE OF COMPRARE

PERSONS	SUBJECT PRONOUNS	MODIFIED INFINITIVE + ENDING	MEANING
		SINGULAR	
1.	io	comprer ò	I shall buy
2.	tu	comprer ai	I will buy
3.	Lɛi, egli, ella esso, essa	comprer à	I am going to buy
		PLURAL	
1.	noi	comprer emo	we shall buy
2.	voi	comprer ete	we will buy
3.	Loro, essi, esse	comprer anno	we are going to buy

1. While in English the future tense is formed by means of an auxiliary (*shall* or *will*), this is not the case in Italian.

2. In forming this tense, the infinitive, less the final **e**, is used as a stem.

3. A peculiarity of the future of the first conjugation is that the **a** of the infinitive ending –**are** changes to **e**: **comprare** = **comprer-** .

4. Normally the Italian future renders also the English *to be going to;* if, however, the sentence is introduced by an adverb implying present time (**ora** or **adɛsso**), the present tense is preferred.

Partiremo prɛsto.	We are going to leave soon.
But: **Ora mi vɛsto.**	Now I am going to dress.

35 Use of the Future

Quando arriverò a casa, studierò.	When I arrive home, I shall study.
Se Maria l'inviterà, egli accetterà.	If Mary invites him, he will accept.

Besides being used as in English, the future is also employed in Italian in subordinate clauses referring to the future, which are introduced by a conjunction of time or by **se**.

36 Nouns and Adjectives in –io

SINGULAR	PLURAL
il nostro studio our study	i nostri studi
l'abito grigio the gray suit	gli abiti grigi
But: mio zio my uncle	i miei zii

Nouns and adjectives ending in –io form their plural simply by dropping the final o, unless the preceding i is stressed (as in zio), in which case the plural ending is –ii.

ESERCIZI

A. Coniugare nel futuro:

1. Trovare un amico.
2. Restare a casa.
3. Pranzare presto.
4. Domandare favori.
5. Scusare Francesco.
6. Ritornare domani.

B. Sostituire la lineetta con un soggetto (*Substitute a subject for the dash*):

1. —— detterà. 2. —— studieremo la lezione. 3. —— ascolteranno attentamente. 4. —— pranzerò a casa di Caterina. 5. —— porterà una veste verde. 6. —— troveranno l'invito. 7. —— cucinerà bene la carne. 8. —— mostrerete il nuovo negozio. 9. —— chiamerai gli alunni. 10. —— stirerà l'abito grigio.

C. Completare col futuro del verbo in parentesi:

1. (*amare*) Noi —— i poveri. 2. (*mostrare*) Ella —— la nuova veste a Margherita. 3. (*portare*) Io —— l'abito marrone. 4. (*cancellare*) Tu —— gli sbagli. 5. (*studiare*) I buoni alunni —— attentamente questa lezione. 6. (*ritornare*) Il mio babbo —— domani. 7. (*ascoltare*) Non —— Lei quella musica? 8. (*stirare*) La cameriera —— la veste gialla. 9. (*arrivare*) I ragazzi —— stamane. 10. (*aiutare*) Voi —— le vostre sorelle. 11. (*dettare*) Io —— venti parole. 12. (*usare*) Noi —— bene questo danaro. 13. (*entrare*) Chi —— prima? 14. (*trovare*) Carlo non —— il libro che desidera. 15. (*chiamare*) Loro lo ——.

D. Tradurre in italiano:

1. Some spoons. 2. If he arrives tomorrow. 3. Three mirrors. 4. My mistakes. 5. His exercises. 6. Your gray trousers. 7. Tomorrow, when she rings the bell. 8. My dictionaries. 9. These closets. 10. He is going to arrive tomorrow. 11. Now I am going to call her. 12. She loves her uncles.

E. Il professore detterà parte della *Lettura* di questa lezione.

F. Tradurre in italiano:

1. If our friend Virginia arrives tomorrow, we shall remain at home.
2. We shall dine together; we have invited her. 3. If she does not arrive, I shall visit some stores with Dorothy. 4. I need a dress, and she
needs handkerchiefs and stockings. 5. I wish also to buy a brown umbrella. 6. In the stores they will show many dresses. 7. I shall buy a
blue or a white dress; I wear black dresses usually. 8. First my friend
and I will look at the prices, and then, if they don't ask too much, we
shall buy. 9. We don't have too much money. 10. Do you like to
shop, Helen ? — Enormously.

CONVERSAZIONE

1. Chi sono Anna e Paolo ? 2. Perchè dice che ella è buona ? 3. Che
ha ella pulito e stirato poco fa ? 4. Perchè non è contento Paolo ? 5. Che
risponde Anna alle parole di Paolo ? 6. Che cosa pensa Anna ? 7. Perchè
le due ragazze hanno un appuntamento ? 8. Dove pensano d'andare ?
9. Che cosa comprerà Anna ? 10. Che cosa comprerà Elena ? 11. Se
nei negozi domanderanno prezzi troppo alti, come resteranno le due ragazze ? 12. Perchè resteranno deluse ?

LEZIONE DICIASSETTESIMA

PRONUNZIA

	1	2	3	4	5
Consonanti doppie:	Ɛ-be	ɛ-co	fa-ce	ca-di	tu-fo
	ɛb-be	ɛc-co	fac-ce	cad-di	tuf-fo
	Giu-ba	ba-co	ca-cio	ri-da	bu-fa
	giub-ba	Bac-co	cac-cio	rid-da	buf-fa

Read carefully the remarks on the pronunciation of the double consonants,
in the Introduction (p. 6).

Your instructor will first read to you, column after column, the words listed;
listen to him very attentively, and mark the difference in sound between the
words having a single consonant and those having a double consonant. Particular care has been taken to offer examples in which the only difference in

pronunciation between two words is the one on which you are expected to drill by contrast.

After reading the words alone, your instructor will ask the class to pronounce them after him; finally you will be asked to pronounce them by yourself.

ESERC*I*ZIO DI PRONUNZIA

Lɛggere ad alta voce:

1. eb-bɛ-ne 2. sac-co 3. ri-nac-cio 4. af-fa-re 5. muf-fa 6. tac-co 7. ca-te-nac-cio 8. fac-cia 9. gɔf-fo 10. ad-di-zio-ne 11. af-fian-co 12. bab-bo 13. ac-ca-de 14. ta-rif-fa 15. ac-can-to 16. ad-do-me-sti-ca-re 17. ric-cio 18. ric-co 19. baf-fi 20. ad-di-o 21. zuf-fa 22. ca-pric-cio

LETTURA

Riccardo s'alzerà prɛsto

Domani Riccardo s'alzerà prɛsto perchè ha molte cɔse da fare. Dopo la sɔlita dɔccia, prima calda e pɔi fredda, si preparerà in brɛve tɛmpo a uscire.

La sua mamma s'alza sɛmpre prima degli altri della famiglia, va in cucina e prepara la colazione.

5 La colazione di Riccardo è molto sɛmplice: della frutta fresca, dei crostini con burro e marmellata, e una buɔna tazza di caffè. La sua sorellina Clara non prɛnde caffè; prɛnde sɛmpre una tazza di cioccolata. Riccardo pɛnsa che la cioccolata è trɔppo dolce; infatti il suo caffè è sɛmpre con pɔco zucchero.

10 Dopo la colazione, egli va a scuɔla. Ha già preparato bɛne le sue lezioni. Desidera d'ɛssere chiamato dal professore perchè così mostrerà che ha studiato. Il professore è contɛnto quando gli alunni imparano.

15 Dopo la scuɔla, Riccardo ritornerà a casa a pranzare. Il suo babbo spesso non c'è perchè mangia in città. Peccato! Ma c'è la mamma, ci sono gli altri della famiglia.

Quando s'alza da tavola, Riccardo si divɛrte di sɔlito a guardare per brɛve tɛmpo la televisione. Pɔi va a studiare, a pre-

20 pararsi per le lezioni del giorno dopo. Studia molto; è il primo della classe.

PROVƐRBIO

L'esercizio fa maɛstro.   *Practice makes perfect.*

VOCABOLARIO

il **burro** butter
la **cioccolata** chocolate
la **città** city; **in città** in *or* to the city
la **colazione** breakfast, lunch
il **crostino** piece of toast
la **doccia** shower
la **famiglia** family
la **frutta** (*irr. pl.* **le frutta**) fruit
la **marmellata** marmalade, jam
il **peccato** sin; **peccato!** too bad!
la **sorellina** little sister
la **tazza** cup
la **televisione** television

il **tɛmpo** time; weather
lo **zucchero** sugar

brɛve brief, short
dolce sweet
fresco fresh, cool
pɔco *or* **pɔ'** little, not much (*pl.* few)
semplice simple
sɔlito usual

alzare to lift; **alzarsi** to get up[1]
divertire [**divɛrto**] to amuse
preparare to prepare, get ready

già already

NƆTE GRAMMATICALI

37 Reflexive Verbs

A verb the object of which is the same person as its subject is called a reflexive verb. Any active verb may be made reflexive by the use of the following reflexive pronouns:

	SINGULAR		PLURAL	
1ST PERSON	**mi**	*myself*	**ci**	*ourselves*
2ND PERSON	**ti**	*yourself*	**vi**	*yourself, yourselves*
3RD PERSON	**si**	*yourself, himself, herself, itself, oneself*	**si**	*yourselves, themselves*

1. **Io mi lavo.**   I wash myself.
   Egli si divɛrte.   He amuses himself.
   Divertirsi.   To amuse oneself.

These pronouns (like the object pronouns **lo, la, li, le,** which we have already studied) are *conjunctive;* that is, they are used only in connection with a verb. Normally, they immediately precede the verb of which they are the object (first and second examples), but when the verb is an infinitive (third example) they follow the verb and are written as one word with it. Note, however, that in this case the infinitive loses its final **e.**

---

[1] Conjugated with **ɛssere.**

2. Io m'alzo.	I get up.
Egli s'alza.	He gets up.
Noi ci alziamo.	We get up.
Noi c'invitiamo.	We invite ourselves.

Certain verbs, as **alzarsi,** *to get up*, are reflexive in Italian but not in English. Note from the examples that the reflexive pronouns may drop the final vowel and take an apostrophe, before a verb beginning with a vowel; **ci,** however, elides only before **e** or **i.**

3. Egli s'è divertito.	He amused (*or* has amused) himself.
Noi ci siamo divertiti.	We amused (*or* have amused) ourselves.

Reflexive verbs are conjugated in the perfect tenses with **essere,** and the past participle agrees in gender and number with the subject.

ESERCIZI

A. Dare la forma riflessiva dei seguenti infiniti e poi dare il significato di ciascuno d'essi (*Supply the reflexive form of the following infinitives and then give the meaning of each of them*):

bruciare	attaccare	aiutare	scusare
conoscere	divertire	guardare	mettere

B. Coniugare nel presente perfetto:

1. Mettersi a studiare.
2. Non sentirsi bene.
3. Pulirsi di nuovo.
4. Guardarsi nello specchio.

C. Coniugare nel futuro:

1. Alzarsi presto.
2. Mostrarsi contento.
3. Trovarsi a casa.
4. Prepararsi per domani.

D. Completare col pronome riflessivo (*Complete with the reflexive pronoun*):

1. Io —— mostrerò. 2. Egli —— serve di zucchero. 3. Noi —— aiuteremo. 4. Tu —— alzerai. 5. Loro certamente —— prepareranno. 6. Clara non —— mostra. 7. Il professore —— domanderà se noi studiamo molto. 8. Io —— capisco. 9. Tu —— senti abbastanza bene ora. 10. Voi —— troverete delusi. 11. Maria —— mostra diligente. 12. Noi non —— bruciamo. 13. Voi —— alzerete prima degli altri. 14. Essi —— prepareranno a partire. 15. Lei —— guarda nello specchio.

E. Dare le parole italiane per quelle in parentesi (*Supply the Italian for the words in parentheses*):

1. Mi diverto (*already*) ——. 2. Ella è (*too*) —— diversa da Eleonora. 3. (*First*) —— egli studia e poi si diverte. 4. Carlo è arrivato (*before*) —— Vincenzo. 5. Egli è arrivato (*this morning*) ——. 6. Sono stato contento, (*of course*) ——. 7. Ascoltiamo un po' la radio, (*meanwhile*) ——. 8. Margherita ama (*above all*) —— divertirsi. 9. (*As soon as*) —— arriverò a casa, studierò. 10. Noi (*need*) —— calze. 11. Mi dia dello zucchero, (*please*) ——. 12. Ho veduto Susanna (*a short time ago*) —— alla banca. 13. Quella veste è (*to my taste*) ——. 14. (*Excuse me*) ——, ma è Lei francese? 15. Ci divertiamo (*together*) ——. 16. (*Evidently*) —— essa è ricca. 17. (*Indeed*) —— essa non è povera. 18. Ada parte (*tonight*) —— con la sua mamma.

F. Tradurre in italiano:

1. I shall get up early tomorrow. 2. After my usual cold shower, I shall get ready to (**a**) go out. 3. I wish to see my friend John at his home before[1] going to school. 4. The maid is preparing our breakfast in [the] kitchen. 5. I eat little: some fruit, some toast with butter or marmalade, and a cup or two of coffee. 6. Do you like chocolate?[2] I find it too sweet. 7. My little sister usually takes it at breakfast. 8. John and I attend the same school and, after[3] we have studied, we have a good time[4] together. 9. I am satisfied today because I prepared my lessons well. 10. They were simple and easy.

CONVERSAZIONE

1. Perchè Riccardo s'alzerà presto domani? 2. Che cosa fa Riccardo, di solito, dopo la doccia? 3. Che fa la sua mamma quando s'alza? 4. Che mangia Riccardo per colazione? 5. Prende caffè la sua sorellina Clara? 6. Perchè non è troppo dolce il caffè che Riccardo prende? 7. Che cosa fa egli dopo la colazione? 8. Perchè Riccardo desidera d'esser chiamato dal professore? 9. Dove ritornerà egli dopo la scuola? 10. Perchè il suo babbo spesso non c'è al pranzo? 11. Che fa il ragazzo quando s'alza da tavola? 12. Che cosa fa poi?

---

[1] Use **prima di** followed by the infinitive. [2] Use the definite article. [3] Here, *after* is **dopo che**. [4] See Vocabulary.

LEZIONE DICIOTTƐSIMA

PRONUNZIA

	1	2	3	4	5
Consonanti	gra-vi	*a*-gio	bɛ-la	fu-mo	pe-na
doppie:	ag-gra-vi	*ag*-gio	bɛl-la	fum-mo	pen-na
	ga*n*-cio	rɛ-gia	pa-la	sa-re-mo	nɔ-no
	ag-ga*n*-cio	rɛg-gia	pal-la	sa-rem-mo	nɔn-no

Follow the instructions given in Lesson XVII.

ESERCIZIO DI PRONUNZIA

Lɛggere ad alta voce:

1. dan-no 2. ag-giu*n*-ge-re 3. fal-li-re 4. am-mon-ta-re 5. al-lo-ra
6. pan-na 7. ag-gan-cia-re 8. rag-gio 9. bɛl-lo 10. cam-mi-na-re
11. m*a*g-gio 12. am-mi-ni-stra-zio-ne 13. co-rag-gio 14. ag-go-mi-to-la-re 15. bal-la-re 16. an-ne-ga-re 17. val-le 18. mam-ma 19. aggio-ga-re 20. stel-la 21. ag-gru-ma-re 22. fan-nul-lo-ne

LETTURA

Faremo [1] delle spese

Domani è s*a*bato. Il mio babbo è l*i*bero dal suo lavoro d'uff*i*cio e io non hɔ scuɔla. Usciremo insiɛme a fare delle spese. Desideriamo di comprare divɛrse cɔse.

— Andrete [2] certamente giù in città, tu e Gi*a*como, a com-
5 prare quello di cui avete bisogno? — ha domandato la mia mamma al babbo.

— Naturalmente, cara.

— E allora comprerai, per favore, anche una bɛlla sc*a*tola di canditi. L'offriremo domenica a Virg*i*nia coi nɔstri auguri. È il
10 suo compleanno.

---

[1] **Farɔ** is the future of **fare**. [2] **Andrɔ** is the future of **andare**.

Virginia è la sua sorellina.

— Sta bene. Una scatola d'un chilogramma?

— Sì, per lo meno. La troverai come mi piace al negozio d'Allegretti.

Il mio babbo ha bisogno di camicie e di scarpe, e io di calzini e d'un nuovo cappello. Desidero molto un cappello di colore marrone, come l'abito che di solito porto nei giorni festivi.

Forse troverò pure una cravatta o due di mio gusto e il babbo comprerà anche quelle. Desidero tanto una cravatta gialla e nera, e ho letto nel giornale di stamane che ci sono vendite speciali di cravatte nei negozi principali della città.

Mi divertirò molto a girare col babbo, domani.

PROVERBIO

Le belle penne fanno il bel-l'uccello.   *Fine feathers make fine birds.*

VOCABOLARIO

il calzino sock
la camicia shirt
il candito candied fruit
il cappello hat
il chilogramma kilogram [1]
il colore color
il giornale newspaper
il lavoro work
la scarpa shoe
la scatola box
l'ufficio office
la vendita sale

festivo festive; giorno festivo holiday
libero free
principale principal
speciale special

girare to turn, go around
offrire [offro] to offer

allora then
forse perhaps, maybe

Imparare anche le seguenti espressioni:

giù in città   downtown
per lo meno   at the least
sta (*or* va) bene all right

[1] A kilogram is equal to somewhat more than two pounds.

NOTE GRAMMATICALI

38 Second and Third Conjugations: Future

FUTURE OF VENDERE

PERSONS	SUBJECT PRONOUNS	INFINITIVE [1] + ENDING	MEANING
		SINGULAR	
1.	io	vender ɔ	*I shall sell*
2.	tu	vender ai	*I will sell*
3.	Lɛi, egli, ella esso, essa	vender à	*I am going to sell*
		PLURAL	
1.	noi	vender emo	*we shall sell*
2.	voi	vender ete	*we will sell*
3.	Loro, essi, esse	vender anno	*we are going to sell*

FUTURE OF FINIRE

PERSONS	SUBJECT PRONOUNS	INFINITIVE [1] + ENDING	MEANING
		SINGULAR	
1.	io	finir ɔ	*I shall finish*
2.	tu	finir ai	*I will finish*
3.	Lɛi, egli, ella esso, essa	finir à	*I am going to finish*
		PLURAL	
1.	noi	finir emo	*we shall finish*
2.	voi	finir ete	*we will finish*
3.	Loro, essi, esse	finir anno	*we are going to finish*

Note that the endings are the same as for the first conjugation, and that all third conjugation verbs form their future in the same way.

[1] Less the final **e**.

39 Further Cardinal Numbers

13	tredici
14	quattordici
15	quindici
16	sedici
17	diciassette
18	diciotto
19	diciannove
20	venti

40 A Verb with Two or More Subjects

Tu e io restiamo qui.	You and I stay here.
Ella e io impariamo.	She and I are learning.
Voi e Paolo imparate.	You and Paul are learning.
Tu ed Elena siete gentili.	You and Helen are kind.

A verb with two or more subjects is plural.

The subjects may differ in person. In that case, if one of them is the first person (**io** or **noi**), the verb is in the first person plural, as shown in the first two examples; otherwise the verb is in the second person plural, as shown in the other examples.

41 Days of the Week

Memorize:

I giorni della settimana sono:

lunedì, martedì, mercoledì, giovedì, venerdì,

sabato e **domenica.**

Note that:

(1) In Italy the week begins with Monday and ends with Sunday.

(2) The names of the days are usually written with small letters.

(3) They are all masculine, except **domenica,** *Sunday.*

Remember the idiomatic expression:

il lunedì   *on Mondays*

ESERCIZI

A. Coniugare nel futuro:

1. Spendere abbastanza danaro.
2. Offrire un ricco dono.
3. Conoscere molte persone.
4. Divertirsi allegramente.
5. Mettersi a sinistra.
6. Servirsi di nuovo.

B. Sostituire la lineetta con un soggetto:

1. —— offrirà dei fiori. 2. —— chiuderete le finestre. 3. —— ci sentiremo differenti. 4. —— non gradirai quell'invito. 5. —— correranno insieme. 6. —— resterò a letto. 7. —— capirà che è una cosa di lusso. 8. —— venderanno la loro villa. 9. —— scriverai a Enrico. 10. —— pulirà le stanze.

C. Completare col futuro del verbo in parentesi:

1. (uscire) Stasera non —— Lei? 2. (offrirsi) Io —— ad andare a cucinare pei poveri. 3. (rispondere) Essi non —— a quelle lettere. 4. (aprire) Voi —— i libri a pagina diciotto. 5. (divertirsi) Tu —— enormemente. 6. (spendere) Esse non —— molto. 7. (mettersi) Noi —— in una condizione speciale. 8. (scrivere) Lei —— delle parole gentili a quella signora. 9. (uscire) Tu e Roberto ——. 10. (correre) Margherita e io —— in giardino. 11. (partire) Chi —— stasera? 12. (gradire) Io —— molto il suo dono. 13. (prendere) Giuseppe e io non —— questo danaro. 14. (servirsi) Io —— con piacere. 15. (sentire) Voi e Francesco —— della bella musica.

D. Scrivere in italiano:

1. On Wednesdays. 2. On Sundays. 3. On Thursdays. 4. On Saturdays. 5. On Mondays. 6. On Fridays. 7. On Tuesdays.

E. Leggere ad alta voce:

12, 16, 13, 20, 11, 17, 14, 18, 15, 19

F. Tradurre in italiano:

1. [On] five days of the week we have school: on Mondays, on Tuesdays, on Wednesdays, on Thursdays, and on Fridays. 2. Tomorrow is Saturday and I am free, of course. 3. Even [1] my dad doesn't go to his office to his usual work. 4. "You [2] and I," he says, "will visit some stores tomorrow, Louis." 5. I like to shop with my dad because he is so good and buys the things I wish to have. 6. I shall go out with pleasure. 7. In fact, I need shoes, new shirts, and a necktie or two. 8. On

---

[1] *Even* is **anche**.   [2] A father is talking to his son.

Saturdays there are special sales in the principal stores, usually. 9. To-morrow, as he always does on Saturdays, my dad will buy a box of candied fruit [1] for Mother.[2] 10. [It] is a gift that she always welcomes.

CONVERSAZIONE

1. Che giorno è oggi? 2. Che giorno è domani? 3. Da che cosa è libero, il sabato, il padre del ragazzo? 4. Perchè Giacomo e il suo babbo usciranno insieme? 5. Dove andranno? 6. Che cosa desidera la mamma di Giacomo? 7. Perchè desidera ella d'offrire dei canditi alla sua sorellina? 8. È piccola la scatola di canditi che servirà come dono? 9. Di che cosa ha bisogno il babbo di Giacomo? 10. Che cosa desidera Giacomo? 11. Che altro desidera? 12. Che cosa ha letto Giacomo nel giornale?

[1] Use the plural. [2] Translate, **la mamma**.

ROME

Rome (**Roma**) is a world metropolis and of course, the most important of all Italian cities. There our Western civilization developed and from there it was transmitted to every land that belonged to the Roman Empire, and thence to the Americas. In Rome, Christianity had its early growth and its first martyrs. There the Pope, head of the Roman Catholic Church, has his seat.

A thriving city of about two million inhabitants, Rome is the political capital of modern Italy and its most important cultural center. Hundreds of thousands of tourists flock there from every part of the globe and in every season of the year, adding to that cosmopolitan aspect of Roman life which is seldom to be found in any other city.

Roman ruins along the Via Appia

Founded by Romulus, according to legend, in the year 753 B.C., the Eternal City, as it is often called, was at first under Etruscan influence, as proved by the Temple of Capitoline Jupiter, by the inscription on the so-called Tomb of Romulus, and by the remains of the walls of Servius Tullius, who ruled Rome in the sixth century B.C. As a matter of fact, those very ancient walls are still the outposts of Rome that greet the tourists who come by railroad, and their nearness to the huge modernistic

Terminus Railway Station bears witness to the continuity and unceasing evolution of Rome.

Although there are historically important monuments of the Republican Period of Rome, it was during the Empire, which began with the rule of Augustus in 27 B.C., that the Eternal City acquired buildings of truly imperial splendor. It became a metropolis lavishly embellished with monuments which justified the saying of Augustus, "I received a city of bricks and I leave one of marble." The Temple of Deified Julius, the Theater of Marcellus, Augustus' Forum, the Pantheon, the House of Livia, and the Ara Pacis all belong to this golden period.

After the destructive fire in the reign of the emperor Nero, to whom the city owes the Domus Aurea, Rome was rebuilt with new standards of what we now could call city planning. During the second half of the first century A.D., the emperors of the Flavian family built the Colosseum, which is the largest

left The river Tiber with
a view of the Castel Sant'Angelo
below Arch of Titus
with the Colosseum
in the background
right Piazza del Foro Traiano

and most imposing monument of ancient Rome, the Temple of Vespasian, the Arch of Titus, the Imperial Palace, and the adjoining Stadium of Domitian on the Palatine Hill. Several years later Trajan's Forum and the column that bears his name were erected, and, during the following centuries, other great works of architecture were built, such as the Arch of Septimius Severus, Caracalla's and Diocletian's baths, and the Maxentius Circus.

After the fall of the Roman Empire in the fifth century, the popes succeeded the emperors, and what had been pagan art was adapted to Christianity. With the first jubilee in 1300, proclaimed by Pope Boniface VIII, Rome became the goal of thousands and thousands of pilgrims, but it was about a century later, with the advent of the Renaissance, that the Eternal City acquired new splendor.

All great Italian architects, painters, and sculptors were invited by the popes to do their best to beautify the city. Luca Signorelli, Perugino, and Ghirlandaio came to fresco the Sistine Chapel, which was to be finished with the "Last Judgment" from the hand of the master, Michelangelo. The great sculptors Ghiberti, Donatello, and Pollaiolo added to the glory of St. Peter's. Raphael painted his famous frescoes in the Vatican Palace. Bramante, taking his inspiration from the classic Roman period, began the reconstruction of St. Peter's. Michelangelo left his most important works as architect, painter, and

DANIEL

sculptor in St. Peter's and the Vatican. He also gave the Piazza del Campidoglio (Capitol Square) its present aspect and, together with the architect Sangallo, erected that gem of the Renaissance, the Farnese Palace.

During the seventeenth century and part of the eighteenth, Rome witnessed the triumph of the Baroque style. Lavish churches, imposing palaces, princely villas, streets and squares embellished with fountains were created all over the city. Magnificent sculptures by the greatest of all the artists of that period, Bernini, can be seen in the Borghese Museum. His also is the colonnade that surrounds St. Peter's Square.

left   The prophet Daniel,
painted by Michelangelo
in the Sistine Chapel
right   "Moses," by Michelangelo
below   Michelangelo
bottom   Basilica of St. Peter.
At the right is the Vatican Palace.

left   Room in the Vatican Library
        Detail from one
        of the Bernini fountains
        in Piazza Navona

right Marcus Aurelius column

When Rome, in 1870, became the capital of unified Italy, new sections and new streets were constructed to provide for the needs of the rapidly increasing population. The grandiose monument to King Victor Emmanuel II, in which the Tomb of the Unknown Soldier is contained, the Palace of Justice, the Piazza della Repubblica with the Naiad Fountain, that beautiful boulevard called Via Vittorio Veneto, all belong to modern times.

Between the two world wars, Rome continued to expand and to add to its beauty. New roads were laid out, isolating the Forums, the Capitol, and all the archeological zone in order to allow the visitors to see them in all their classical beauty. University City was constructed. The monumental sport grounds of the Foro Italico, the marble structures of the E.U.R. (Rome Universal Exhibition), the Via della Conciliazione giving direct access to St. Peter's, and the twentieth-century style Terminus Railway Station are the latest additions to the oldest and most modern Italian metropolis.

LEZIONE DICIANNOVESIMA

PRONUNZIA

	1	2	3	4	5
Consonanti	pa-pa	a-ra	ca-sa	fa-to	a-vi
doppie:	pap-pa	ar-ra	cas-sa	fat-to	hav-vi
	ru-pe	ca-ro	ri-sa	bru-to	sta-vi
	rup-pe	car-ro	ris-sa	brut-to	stav-vi

Follow the instructions given in Lesson XVII.

ESERCIZIO DI PRONUNZIA

Leggere ad alta voce:

1. ap-pe-na 2. ar-ri-vo 3. as-sen-te 4. gat-to 5. ap-pa-rec-chio
6. av-vo-ca-to 7. ar-re-sto 8. as-so-lu-to 9. at-ten-ta-men-te 10. ap-pel-lo 11. det-ta-to 12. pat-to 13. at-to-re 14. pas-sa-re 15. av-ven-tu-ra 16. ap-pe-ti-to 17. er-ro-re 18. bas-so 19. trat-ta-re
20. ot-tan-ta 21. frut-ta 22. pop-pa

LETTURA

Una partita di calcio

— Dove sei stato questo pomeriggio? — domanda Enrico De Palma al suo amico Carlo Pastori appena l'incontra per caso in via Mazzini. — Ho telefonato invano a casa tua.

— Sono andato a un cinematografo con mio fratello Paolo.

5 — Vi siete divertiti, almeno?

— Non troppo. È stato un film di guerra come tanti altri. Peccato perdere un pomeriggio così. E dove sei stato tu?

— A vedere una partita di calcio coi miei cugini Giacomo e Tommaso e con mio zio. Ora mio cugino Luigi gioca nella nostra
10 squadra.

— È il fratello maggiore di Giacomo e Tommaso?

— Sì, è il primo dei figli di mio zio. Lo zio Pietro ha questi tre figli e una figlia, la mia cuginetta Clara.

— E com'è andata la partita?

— Abbiamo vinto [1] sette a uno.

— Non c'è male! È stata una vera vittoria per la nostra 5 squadra.

— Lo credo anch'io!

— Vedo che pure tuo zio s'interessa di sport.

— Altro che! E anche sua moglie, mia zia Clara, che in gioventù ha giocato a pallacanestro. Marito e moglie sono molto 10 attaccati allo sport.

PROVERBIO

Quale il padre, tale il figlio.   *Like father, like son.*

VOCABOLARIO

il calcio football (soccer)
il caso chance; **per caso** by chance
il cinematografo movie
il cugino, la cugina cousin
la figlia daughter, child
il figlio son, child
la gioventù youth
la guerra war
il marito husband
la moglie wife
la pallacanestro basketball
la partita game
il pomeriggio afternoon
la squadra team
la vittoria victory

maggiore elder, major
vero true, real

credere to believe, think
giocare [gioco] to play (a game)
incontrare to meet
interessarsi [m'interesso] di to be interested in [2]
perdere to lose, waste, miss
telefonare [telefono] to telephone

almeno at least
invano in vain

Imparare anche le seguenti espressioni:

Non c'è male!   Not so bad! Pretty good!
Altro che!   Sure enough! I should say so!

[1] **vinto,** *won.* [2] Conjugated with **essere.**

NƆTE GRAMMATICALI

42 Still on the Use of the Possessives

1. il mio posto *or* il posto   my place
   mio

While both article and possessive usually precede the noun, the article precedes and the possessive follows the noun if possession is emphasized.

2. Il mio amico prɛnde il   My friend (*m.*) takes his place.
   suo posto.
   La mia amica prɛnde il   My friend (*f.*) takes her place.
   suo posto.
But: Egli prɛnde il posto di   He takes her place.
   lɛi.
   Ella prɛnde il posto di   She takes his place.
   lui.

When the possessor is not the subject of the sentence, ambiguity, if there be any, is avoided by the use of **di lui,** for *his;* **di lɛi,** for *her;* **di Lɛi** *or* **di Loro,** for *your;* **di loro,** for *their.* These phrases usually follow the noun.

43 Possessives with Nouns Denoting Relationship

We have already seen that, as a general rule, the Italian possessives are preceded by the definite article. Note, however, the following:

mia cognata *or* la cognata mia	my sister-in-law
le mie cognate	my sisters-in-law
la mia buɔna cognata	my good sister-in-law
la mia cognatina	my little sister-in-law
il loro cognato	their brother-in-law
la sua nɔnna	his (*or* her) grandmother

No article is used when the possessive precedes a noun denoting a degree of relationship, provided that:
(*a*) the noun is singular,
(*b*) not accompanied by another adjective,
(*c*) nor modified by a suffix.

The article is not omitted when the possessive follows the noun (emphatic position), when it is **il loro,** or when the noun denoting a degree of relationship is one of the following:

babbo	daddy	**nɔnno**	grandfather
mamma	mamma	**nɔnna**	grandmother

Of the examples given on page 204, only the first one (**mia cognata**) meets all the conditions implied in this rule.

44 Some Diminutives

una ragazzina	a little girl	**i fratellini**	the little brothers
una cameretta	a small bedroom	**delle cosette**	some little things

The original meaning of a noun is often modified in Italian by means of a suffix. The suffixes **–ino** and **–etto,** both of which convey the idea of *little, small,* are by far the most common. A noun to which (after dropping the final vowel) one of these suffixes is added is called a *diminutive.*

The choice of the suffix depends on euphony and current usage.

ESERCIZI

A. Dare le parole italiane per quelle in parentesi mettendo il possessivo dopo il nome (*Supply the Italian for the words in parentheses, placing the possessive after the noun*):

1. Ella non ha gradito (*his invitation*) —— ——. 2. Tutti parlano (*our language*) —— ——. 3. Tu hai usato (*my cup*) —— ——. 4. (*Your armchair*) —— —— è molto comoda. 5. (*His necktie*) —— —— è marrone e azzurra. 6. Ha Lei veduto (*my stamps*) —— ——? 7. (*Your friend*) —— —— resterà negli Stati Uniti. 8. Mi piace (*your hat*) —— ——. 9. Ho incontrato (*his friend*) —— ——. 10. Questa è (*my pencil*) —— ——.

B. Scrivere in italiano:

1. Richard uses his eraser. 2. Richard uses her eraser. 3. Dorothy invites her friend. 4. Dorothy invites his friend. 5. James telephones to his grandfather. 6. James telephones to her grandfather. 7. Susan cleans her room and your room also. 8. You celebrate your birthday and his birthday also.

C. Dare la corretta forma italiana delle parole in parentesi:

1. (*My*) —— fratello parte oggi. 2. (*Your*) —— cognata è molto carina. 3. (*Our*) —— zio è napoletano. 4. (*Their*) —— padre è un impiegato di banca. 5. (*His*) —— cugino è ricco. 6. Olga studia (*with her*) —— —— sorella. 7. (*Your*) —— nonna è molto gentile. 8. Amo (*my*) —— cugini. 9. (*Our*) —— cognato ama lo sport. 10. Luigi va

(*with his*) —— —— mamma. 11. Inviterò (*her*) —— cugina. 12. Maria parla (*of her*) —— —— zia. 13. Abito (*with my*) —— —— genitori. 14. Parliamo (*of their*) —— —— fratello Paolo. 15. (*His*) —— cugina è una ragazza interessante. 16. Prendo la chiave (*of my*) —— —— sorella. 17. (*Her*) —— fratellino non va ancora a scuola. 18. Uscirò (*with my*) —— —— cara cognata. 19. Dov'è (*your*) —— sorella maggiore? 20. (*My*) —— padre è in Italia.

D. Dare il significato di (*Give the meaning of*):

1. il mio fratellino 2. una paroletta 3. i cuginetti 4. una casetta 5. dei ragazzini 6. il cucchiaino 7. un dizionarietto 8. un momentino 9. una partitina 10. la mia cameretta

E. Imparare a memoria il principio della *Lettura* fino alle parole **come tanti altri** (*Memorize the beginning of the* Lettura *up to the words* come tanti altri).

F. Tradurre in italiano:

1. We celebrate my father's birthday today, and many persons are in our living room. 2. Your [1] family also has arrived, and I see your father and mother with my parents. 3. We are all together and all talk at the same time. 4. Vincent and John, who love sports (**gli sport**), are speaking of our team's victory at this afternoon's football game.[2] 5. Among the persons you know, there is our professor in that armchair next to my uncle. 6. His wife is in front of the mirror now. 7. My grandmother is having (**fa**) some conversation with your sister-in-law. 8. My sister hasn't arrived yet, but she will arrive soon with her little daughter. 9. Now our maid brings [in] a large cake with many candles. 10. My mother is getting ready [3] to (**a**) serve coffee.[4]

CONVERSAZIONE

1. Che domanda Enrico al suo amico Carlo appena l'incontra? 2. Dov'è stato Carlo questo pomeriggio? 3. Perchè non s'è divertito troppo? 4. E dov'è stato Enrico? 5. Con chi è andato alla partita? 6. Che fa suo cugino Luigi? 7. Lo zio Pietro ha molti figli? 8. Com'è andata la partita di calcio? 9. Di che cosa s'interessa lo zio Pietro? 10. Chi altro, nella sua famiglia, s'interessa di sport?

[1] Use the **tu** form of address and note that the word *family* does not denote any specific degree of relationship. [2] *Football game*, **partita di calcio.** [3] See Vocabulary. [4] Use the definite article.

LEZIONE VENTƐSIMA

PRONUNZIA

Dittɔnghi:

ia	iɛ	io	iɔ	iu
sia-mo	iɛ-ri	fio-re	chiɔ-do	più
pia-no	piɛ-de	bion-do	piɔp-po	fiu-me
bian-co	siɛ-te	piom-bo	piɔg-gia	chiu-do

ua	ue	uɛ	ui	uɔ
lin-gua	que-sto	quɛr-cia	qu*i*	uɔ-mo
guan-to	ɑc-que	se-quɛ-la	gui-da	cuɔ-re
qua-dro	quel-lo	quɛ-ru-lo	quin-to	buɔ-no

ai	ei-ɛi	oi-ɔi	au	ɛu
mɑi	dei	noi	cɑu-sɑ	ɛu-ro
stɑi	nei	voi	lɑu-ro	rɛu-ma
lɑi-co	sɛi	pɔi	pɑu-sɑ	nɛu-tro

ESERC*I*ZIO DI PRONUNZIA

Leggere ad alta voce:

1. dia-mo 2. quat-tro 3. piɛ-no 4. que-stio-ne 5. trai-no 6. lɛi
7. coi 8. cɑu-to 9. nuɔ-vo 10. gua-i̯o 11. fɛu-do 12. suɔ-no 13. giù
14. quɔ-ta 15. qua-ȿi 16. piɔ-ve 17. pɑ-tria 18. niɛn-te 19. fia-to
20. fuɔ-ri 21. ghian-da 22. quin-di

LETTURA

Dopodomani arriverà la mia amica

Rina De Dom*i*nicis, la mia cara amica d'inf*a*nzia, arriverà in
questa città dopodomani, cioè mercoledì. L'ha scritto in una
brɛve lɛttera che il postino ha portata un momento fa. Come
sarɔ contɛnta!

Ella sarà nɔstra ɔspite, naturalmente. Così saremo sɛmpre ₅
insiɛme durante le due settimane in cui resterà qu*i*.

Avrò tante e tante cose da raccontare a Rina, sui miei studi, sui miei professori, sui miei compagni di scuola. Ella s'interesserà pure di sapere che ora gioco a pallacanestro e che la nostra squadra è molto forte.

5　Anche Rina avrà molto da raccontare. So che gioca a hockey e a tennis e che ha recitato recentemente in una commedia che hanno data nella sua scuola.

Avremo tempo abbastanza per visitare diversi dei grandi negozi della nostra città. Sono certa ch'ella desidererà di fare delle
10 spese, di comprar forse una veste o due. Là, nella cittadina in cui la sua famiglia abita, i negozi sono piccoli e, naturalmente, non hanno molte belle cose da vendere.

Incontrerò la mia amica Rina al treno. Saranno due settimane soltanto che saremo insieme, e il tempo certamente volerà.
15 Peccato!

PROVERBIO

Non c'è rosa senza spine.　　*There is no rose without thorns.*

VOCABOLARIO

la cittadina small town
la commedia comedy
il compagno, la compagna pal,
　mate [1]
l'infanzia infancy
l'ospite *m. or f.* guest, host
il postino mailman
il treno train

certo certain
forte strong

dare [do] to give
raccontare to relate, tell

recitare [recito] to recite,
　act
sapere [so] to know (*an item*)
volare to fly [2]

cioè that is (to say), namely
dopodomani the day after
　tomorrow [3]
durante during
là *or* **lì** there
qua *or* **qui** here
recentemente recently
soltanto only

---

[1] **compagno di scuola,** *schoolmate.*　[2] Conjugated with **essere.**　[3] In Tuscany, instead of **dopodomani,** an expression common all over Italy, people prefer to say **doman l'altro.**

NOTE GRAMMATICALI

45 Future of the Auxiliary Verbs

avere, *to have*	essere, *to be*
I shall have, I will have, I am going to have, etc.	*I shall be, I will be, I am going to be, etc.*
avrɔ	sarɔ
avrai	sarai
avrà	sarà
avremo	saremo
avrete	sarete
avranno	saranno

46 Familiar Forms of First Names

Italian first names, besides being often modified by a diminutive suffix that in this case implies endearment (Carlo, **Carletto**; Paolo, **Paolino**; Anna, **Annina** *or* **Annetta**; Maria, **Marietta**, etc.), frequently take a familiar, shortened form in a way similar to our own when, for instance, we say *Bob* instead of Robert or *Susie* instead of Susan.

Learn the familiar forms of some of the names we have already met:

Antɔnio	**Tɔnio, Nino**
Francesco	**Cecco, Checco**
Giovanni	**Vanni, Gianni**
Giuseppe	**Bɛppe, Peppino**
Luigi	**Gino**
Tommaso	**Maso**
Vincɛnzo	**Ɛnzo**
Anna	**Nina**
Caterina	**Rina**
Dorotɛa	**Dɔra**
Eleonɔra	**Nɔra**
Elisabɛtta	**Bettina**
Giovanna	**Vanna, Gianna**
Margherita	**Rita**

ESERCIZI

A. Coniugare nel futuro:

    1. Avere una vittoria.   4. Essere in treno.
    2. Essere diligente.   5. Avere un appuntamento.
    3. Avere degli ospiti.   6. Essere in Italia.

B. Sostituire la lineetta con un soggetto:

1. —— sarete forti. 2. —— avremo le sue congratulazioni. 3. —— sarai deluso. 4. —— avrò un nuovo cappello. 5. —— sarà con la nonna. 6. —— avrete poco tempo libero. 7. —— sarò gentile con tuo cognato. 8. —— avranno una buona squadra. 9. —— saranno qui questo giovedì. 10. —— avrà una settimana di tempo.

C. Completare col futuro del verbo in parentesi:

1. (avere) Io —— buona memoria. 2. (essere) Lei —— lì dopodomani. 3. (avere) Voi non —— doni quest'anno. 4. (essere) Io —— a casa finalmente. 5. (avere) Tu e Rina non —— il piacere di recitare in quella commedia. 6. (essere) Noi non —— gli ultimi in quello sport. 7. (avere) Tu e io —— molto da raccontare. 8. (essere) Tu non —— contento. 9. (avere) Chi —— tanto danaro? 10. (essere) Tu e Paolo non —— là martedì. 11. (avere) I suoi figli —— quello che Lei desidera. 12. (essere) Voi non —— comodi.

D. Dare le parole italiane per quelle in parentesi:

1. Ho bisogno d'un appartamento di (at least) —— quattro stanze. 2. Elena è stata insieme con sua cugina (downtown) ——. 3. Il nostro professore ha una figlia (only) ——. 4. Ho (here) —— l'album che Lei desidera di vedere. 5. Abbiamo parlato di tutt'e due le cose (during) —— la partita di pallacanestro. 6. Clara partirà (the day after tomorrow) ——. 7. Ho telefonato al marito di Susanna, ma (in vain) ——. 8. Mia madre ha veduto quella commedia (recently) ——. 9. (Perhaps) —— Giacomo offrirà del danaro. 10. Se egli è ricco? (I should say so!) ——. 11. L'ho incontrato (by chance) ——. 12. Mi dica chi è quella signora, (please) ——.

E. Il professore detterà parte della *Lettura* di questa lezione.

F. Tradurre in italiano:

1. [On] Friday, that is to say [on] the day after tomorrow, Tom will arrive here. 2. I shall be very glad to (**di**) meet my friend at the train. 3. We certainly shall have a good time [1] together. 4. He will be my

---

[1] See Vocabulary.

family's guest for a week. 5. During that (**quel**) time we shall go out every day. 6. I am sure he will be glad to (**di**) know my schoolmates. 7. He is so kind and is such an interesting boy.[1] 8. They will invite him to (**a**) visit our school, of course. 9. They will have many things to (**da**) tell and to (**da**) show. 10. The seven days in which Tom will be here will fly.

CONVERSAZIONE

1. Chi arriverà in questa città? 2. Quando arriverà Rina? 3. Chi ha portato la lettera di Rina un momento fa? 4. Quanto tempo resterà qui Rina? 5. Che cosa avrà da raccontare l'amica di Rina? 6. Di che cosa s'interesserà Rina? 7. Che sport ama Rina? 8. Dove ha recitato? 9. Che cosa visiteranno le due ragazze? 10. Che cosa desidererà forse di comprare Rina? 11. Non ci sono negozi nella sua cittadina? 12. Dove incontrerà Rina la sua amica dopodomani?

[1] Translate, "a boy so interesting."

MILAN
NAPLES

After Rome, the largest Italian cities are Milan (**Milano**), in Northern Italy, and Naples (**Napoli**), in the southern part of the peninsula. Milan has over one and a half million inhabitants; Naples, not quite so many.

Situated in the middle of the very fertile Lombardian plain, Milan is a great trade and manufacturing center. It is one of the world's most important textile markets and, as a result of its many activities, is the most prosperous Italian city.

Milan is also one of the great cultural centers of Italy, and its heritage of secular and religious art, including buildings, monuments, and collections, is incalculable. Its cathedral, all in marble, is the most famous monument of Italian Gothic art. The work of centuries, it rose stone by stone through the tenacious will and fervid faith of the Milanese people. This spirit is expressed by the triumphant Golden Madonna which, hands held out in benediction, surmounts the great church.

There is a huge square right in front of the cathedral, on one side of which is located the Galleria, one of the world's finest arcades. Crossing the Galleria one reaches the Piazza della Scala with its famous theater, unsurpassed in its glory in the operatic field.

Besides the Cathedral (or Duomo, as it is generally called), Milan has many other churches that are well worth a visit. Two important ones are the Basilica of St. Ambrosio, erected in the year 386 and remodelled in Romanesque style at the beginning of the twelfth century, and the Church of Santa Maria delle Grazie in which the great fresco by Leonardo da Vinci, "The Last Supper," may be admired.

Milan also possesses one of the finest art museums in Italy, the Brera Picture Gallery, and four universities, namely, the State University, the Polytechnic, the Bocconi Commercial University, and the Sacred Heart Catholic University.

left   Il Duomo, Milan
below Church of Santa Maria delle Grazie, Milan

top   Modern supermarket, Milan
center Galleria Vittorio Emanuele
bottom Open-air market during the watermelon season

Skyline of
modern Milan

Naples, situated on the northern side of its marvelous bay, has the best harbor in the southern part of the peninsula. American tourists who come by boat usually land here, and, partly because of this, the city has the greatest passenger traffic of any Italian port.

The beauty of this city, with Mt. Vesuvius in the background and the small peninsula of Sorrento as well as the island of Capri opposite it, cannot be adequately described. Nature has given us only a few spots in the world that can compete in attractiveness with the Bay of Naples, — the Bosporus, in Turkey, or the Bay of Rio de Janeiro, in Brazil.

left   Main entrance of the famous
         old Cathedral at Amalfi
below   Bay of Naples with
         Mount Vesuvius in the background

Naples has much to offer the visitor. It boasts a National Museum that contains the richest Greco-Roman art collection in the world and in which all the treasures excavated at Herculaneum and Pompeii are kept. It is justifiably proud of its superb Angevin Castle, its ancient University (founded in 1224), its Capodimonte Art Gallery, and its San Carlo Theater, the rival of Milan's La Scala in the operatic field. There is also the San Martino Belvedere with its lovely view and, above all, there are the drives along the sea. With so many opportunities for enjoyment, the popular saying "See Naples and die" hardly seems an exaggeration!

right   Steep cliffs and unusual rock formations on the island of Capri
below   Arch of Caligula, Pompeii

above Angevin Castle, Naples
below University of Naples

RIPETIZIONE

I. Complete the following sentences with the correct form of the future of the verb in parentheses:

1. (*raccontare*) Lei —— tutto a sua madre. 2. (*perdere*) Voi —— il treno. 3. (*offrire*) Noi —— un piatto d'argento. 4. (*telefonare*) Tu —— a Bettina. 5. (*spendere*) Gino e suo fratello non —— troppo. 6. (*amare*) Nina —— quello sport. 7. (*sentire*) Lei —— una musica deliziosa. 8. (*usare*) Tu e Beppe —— il mio studio. 9. (*gradire*) Mia moglie e io —— i suoi saluti. 10. (*credere*) Tu non —— quello che raccontano. 11. (*volare*) Io non prenderò il treno, ——. 12. (*recitare*) Chi —— in quella commedia?

II. Write out the plural of the following words:

1. il guanto grigio 2. un gentile augurio 3. il grande specchio 4. uno studio interessante 5. il piccolo armadio 6. un cucchiaio d'argento 7. il formaggio italiano 8. un negozio americano 9. l'ufficio principale 10. il caro zio

III. Complete with the reflexive pronouns:

1. Egli —— perderà certamente. 2. Noi —— siamo molto divertiti a quella commedia. 3. Tu non —— sei scusata. 4. Nora e io —— prepariamo per la lezione di domani. 5. Le cognate di Tonio —— interessano di sport. 6. Tu —— lodi spesso, e questo non è bello. 7. Chi —— offrirà di restare qua? 8. Io non —— venderò. 9. Tu e Dora —— guardate spesso nello specchio. 10. Vanni —— pulisce. 11. Noi non —— mostriamo abbastanza diligenti. 12. Negli Stati Uniti ogni persona —— sente libera.

IV. Translate into Italian:

1. I am going to act in that comedy. 2. If he departs tomorrow. 3. She plays on Saturdays. 4. Thursday he will fly to [1] New York. 5. Tomorrow, when he rings the bell. 6. I shall telephone [on] Monday. 7. We are going to offer some flowers. 8. Tony sings on Sundays. 9. As soon as they arrive, we shall help them. 10. I visit them on Tuesdays.

---

[1] Translate, "for."

V. Complete with the possessive adjective, with or without the article, according to the rules:

1. Voi conoscete (*his*) —— cognata. 2. (*My*) —— mamma non si divertirà. 3. Rita è arrivata con (*her*) —— marito. 4. Dov'è andato (*your*) —— caro cognato? 5. (*My*) —— cugina studia il francese. 6. È partita (*his*) —— cugina Vanna? 7. Nina ha stirato i pantaloni di (*her*) —— fratello. 8. (*Their*) —— nonno rilega libri. 9. La partita che (*your*) —— fratello maggiore ha giocata è stata una vittoria per la nostra squadra. 10. Ho invitato Nora e (*her*) —— sorellina.

VI. Complete the following sentences with the correct form of the future of the verb in parentheses:

1. (*avere*) Chi —— questo dono? 2. (*essere*) Tu —— al cinematografo. 3. (*avere*) Noi non —— cose di lusso. 4. (*essere*) Loro —— molto gentili. 5. (*avere*) Voi —— una bella giornata. 6. (*essere*) Io —— qua per breve tempo. 7. (*avere*) Tu —— una lettera da mio cognato. 8. (*essere*) Lei —— deluso. 9. (*avere*) Io —— un posto speciale. 10. (*essere*) Egli non —— nel suo ufficio. 11. (*avere*) La nostra cittadina —— una nuova scuola. 12. (*essere*) Noi —— giusti con questi ragazzi.

VII. Give the familiar forms for the following names:

1. Francesco 2. Margherita 3. Giuseppe 4. Anna 5. Tommaso 6. Caterina 7. Antonio 8. Giovanna 9. Giovanni 10. Elisabetta 11. Vincenzo 12. Eleonora 13. Luigi 14. Dorotea

VIII. Supply the Italian for the words in parentheses:

1. Studieremo molto (*during*) —— questa settimana. 2. L'ufficio del mio nonno è (*downtown*) ——. 3. Mi dia un cucchiaino, (*please*) ——. 4. Elena è partita (*a short time ago*) ——. 5. Oggi non è (*a holiday*) ——. 6. Se fa caldo? (*I should say so!*) ——. 7. Ho (*only*) —— quattro giorni di tempo. 8. Anche Maso è stato (*there*) ——. 9. Ritornerà (*the day after tomorrow*) ——. 10. Il libro di cui parli è uscito (*recently*) ——. 11. (*Perhaps*) —— Ada telefonerà. 12. Tre a uno? (*Not so bad!*) ——. 13. (*All right*) ——, scriverò una lettera a quella signora. 14. Il salotto è (*down*) ——, al pian terreno. 15. Egli ha bisogno di due settimane (*at the least*) ——.

6. La medicina

La signora Fiorelli è una brava donnina,[1] ma nervosa, facile a eccitarsi [2] a ogni piccola contrarietà.

Ora che suo marito non sta bene e accusa un forte mal di capo,[3] essa non sa darsi pace.[4]

— Va', va' subito [5] a letto! — dice. — Chi sa [6] che malattia [7] 5 hai! Oh, Dio mio! [8] Oh, Dio mio!

E corre al telefono, e chiama il medico di famiglia, il buon dottor Liani ch'essa conosce da molti anni.

— Un caso urgente, dottore! Dovete [9] venire subito! Mio marito è in condizioni gravi.[10]   10

Il medico arriva, e la signora comincia subito una chiacchierata [11] che non ha fine: [12] parla dei sintomi [13] della malattia, dice che per una settimana il marito non ha mangiato col solito appetito, racconta piccoli incidenti, sospira,[14] ha le lacrime [15] agli occhi.[16]

Il medico esamina attentamente il marito, poi va a un tavolino 15 e scrive una ricetta.[17]

— È cosa grave, dottore? — domanda la signora mentre egli è ancora occupato a scrivere. — Credete che guarirà [18] presto?

Il medico s'alza e porge [19] la carta su cui ha scritto.

— State senza preoccupazioni,[20] — dice. — La malattia del 20 signor Fiorelli è cosa di poco conto.[21] Mandate qualcuno [22] alla farmacia qui vicino con questa ricetta. È una pozione calmante, sedativa e anche un po' narcotica.

— E in che dose dev'egli [23] prenderla, dottore?

— Egli non deve prender nulla,[24] mia cara signora Fiorelli! La 25 pozione è per voi. Quattro cucchiai durante la giornata.

Domande. 1. Chi è la signora Fiorelli? 2. Sta bene suo marito? 3. Che cosa dice la signora Fiorelli a suo marito? 4. Che cosa fa poi? 5. Quando va al telefono, che cosa dice? 6. Che cosa fa la signora quando il medico

---

[1] una brava donnina, *a fine little woman.* [2] eccitarsi, *to get excited.* [3] mal di capo, *headache.* [4] non sa darsi pace, *cannot keep calm.* [5] va' subito, *go immediately.* [6] chi sa, *who knows.* [7] malattia, *illness.* [8] Dio mio! *dear me!* [9] dovete, *you must.* [10] grave, *serious.* [11] chiacchierata, *chatter.* [12] fine, *end.* [13] sintomo, *symptom.* [14] sospirare, *to sigh.* [15] lacrima, *tear.* [16] occhio, *eye.* [17] ricetta, *prescription.* [18] guarire, *to recover.* [19] porgere, *to hold out, hand over.* [20] senza preoccupazioni, *without worries.* [21] conto, *account.* [22] mandate qualcuno, *send someone.* [23] dev'egli, *must he.* [24] non deve prender nulla, *he mustn't take anything.*

arriva? 7. Che cosa fa il medico quando vede il marito della signora
Fiorelli? 8. Che cosa porge egli alla signora? 9. Che dice mentre porge
la ricetta? 10. Alla domanda della signora che cosa risponde il medico?

7. I mesi e le stagioni [1]

L'anno ha dodici mesi e quattro stagioni.

I mesi sono: gennaio, febbraio, marzo, aprile, maggio, giugno,
luglio, agosto, settembre, ottobre, novembre e dicembre.

Forse la stagione che tutti amano è la primavera.[2] Essa co-
5 mincia il ventuno marzo e finisce nello stesso giorno del mese di
giugno. Tutta la natura assume un nuovo aspetto e sembra [3] destarsi [4] da un lungo sonno.[5] Talora piove [6] ma la pioggia [7] non
dura [8] molto. Quando il tempo è sereno, l'aria [9] è limpida e tepida.
Gli alberi e i prati diventano [10] verdi, e spuntano [11] i primi fiori nei
10 giardini e nei campi.[12]

La primavera è seguita dall'estate.[13] Nei mesi d'estate fa molto
caldo. Questa è la stagione delle messi [14] e dei frutti saporosi.[15]
In estate abbiamo le vacanze; [16] la scuola è chiusa nei mesi di luglio
e d'agosto. Se è possibile, lasciamo [17] la città per andare sui
15 monti [18] o al mare.[19] Com'è bello nuotare [20] nelle azzurre acque [21]
del mare!

L'autunno comincia il ventuno settembre e dura fino al [22] ventuno dicembre. Molti preferiscono questa stagione a tutte le altre,
anche alla primavera. Le foglie [23] degli alberi cominciano a di-
20 ventare gialle; i giorni caldi sono rari; fa fresco. Ai primi giorni
di settembre lasciamo i monti o il mare e ritorniamo in città. Le
vacanze sono finite e un nuovo anno di scuola comincia.

L'ultima stagione dell'anno è l'inverno.[24] I giorni sono brevi,
il tempo è spesso cattivo, fa freddo, e la neve cade sulle case, sulle
25 vie, sui campi, dovunque. Ma anche l'inverno è bello e offre gioie
e divertimenti.[25] I ragazzi e le ragazze pattinano [26] sul ghiaccio
o giocano con palle [27] di neve. Nelle notti [28] fredde, quando non

---

[1] stagione, *season.* [2] primavera, *spring.* [3] sembrare, *to seem.* [4] destarsi, *to
awaken.* [5] sonno, *sleep.* [6] piovere, *to rain.* [7] pioggia, *rain.* [8] durare, *to last.*
[9] aria, *air.* [10] diventare, *to become.* [11] spuntare, *to shoot out.* [12] campo, *field.*
[13] estate, *summer.* [14] messe, *crop.* [15] saporoso, *savory.* [16] vacanza, *vacation.*
[17] lasciare, *to leave.* [18] monte, *mountain.* [19] mare, *sea.* [20] nuotare, *to swim.*
[21] acqua, *water.* [22] fino a, *up to.* [23] foglia, *leaf.* [24] inverno, *winter.* [25] divertimento,
amusement. [26] pattinare, *to skate.* [27] palla, *ball.* [28] notte, *night.*

andiamo al cinematografo o a un ballo, leggiamo o facciamo conversazione vicino al camino, o ascoltiamo il nonno, che racconta storie e avventure di tempi lontani. Il venticinque dicembre è il giorno di Natale e a ogni amico che incontriamo diciamo: « Buon Natale! Auguri per l'anno nuovo! » E l'amico risponde: « Grazie! Lo stesso a Lei! »

Domande. 1. Che nome hanno i mesi in italiano? 2. Che nome hanno le stagioni? 3. Quando comincia la primavera? 4. Quando finisce? 5. Piove in primavera? 6. Com'è l'aria in primavera quando il tempo è sereno? 7. Fa fresco in estate? 8. In che mese cominciano le vacanze d'estate? 9. Se è possibile, dove andiamo in estate? 10. Quando comincia l'autunno? 11. Quando finisce? 12. In che mese comincia un anno di scuola? 13. Com'è il tempo in inverno? 14. Che divertimenti offre l'inverno? 15. Che è il venticinque dicembre? 16. Che diciamo a ogni amico che incontriamo? 17. Che risponde l'amico?

8. Il tempo

Cento [1] anni un secolo [2] fanno;
dodici mesi un anno.
I mesi poi racchiudono [3]
le settimane e i dì; [4]
questi in ore [5] si dividono, [6]
e il tempo va così!

9. L'anno

Trenta giorni hanno settembre,
april, giugno, e poi novembre.
Di ventotto ce n'è [1] uno;
tutti gli altri n'han trentuno.

[1] cento, *one hundred.* [2] secolo, *century.* [3] racchiudere, *to contain.* [4] dì, *day.*
[5] ora, *hour.* [6] si dividono, *are divided.*
[1] ce n'è, *there is.*

10. Carletto

I Tognini non hanno che un figlio di cinque anni,[1] Carletto, un ragazzo un po' viziato [2] non soltanto dai suoi genitori, ma anche dalla nonna. Di tanto in tanto ne fa una delle sue.[3]

Un giorno la sua mamma riceve la visita d'un'amica, una zi-
5 tellona [4] abbastanza brutta e con un naso [5] lungo e rosso.

Le due signore sono in salotto a conversare,[6] quando Carletto, che è lì presente, tutt'a un tratto [7] scoppia a ridere [8] e dice:

— Signora, che brutto naso hai!

La zitellona, confusa, non sa [9] che dire e cerca di nascondere
10 la sua stizza [10] sotto un sorriso agrodolce; [11] la mamma arrossisce,[12] balbetta [13] delle parole di scusa,[14] e ordina [15] al figlio d'uscire immediatamente dalla stanza.

Le nonne, come ognuno sa,[16] sono la consolazione dei nipotini,[17] e Carletto corre in camera della vecchia signora Tognini a rac-
15 contare, fra i singhiozzi,[18] quello ch'è accaduto.[19]

— Non devi [20] dire queste cose, Carletto! — dice la nonna, che a stento [21] trattiene il riso [22] e che intanto asciuga le lacrime [23] e il nasino del ragazzo. — Che colpa ha [24] quella povera signora se il suo naso è brutto?

20 — Ma è la verità,[25] nonna!

— Anche se è la verità, non si deve [26] dirlo! Se la verità fa male [27] agli altri, è meglio tacere.[28] Tu devi [29] essere gentile, sempre, con tutti, e specialmente con gli ospiti di questa casa. Su, via! [30] Ritorna in salotto e domanda scusa all'amica della tua
25 mamma.

Carletto esita [31] un poco e poi va.

Entra nella stanza in cui le due signore ancora stanno a conversare, va vicino alla zitellona e, con un sorriso innocente, dice:

---

[1] di cinque anni, *five years old.* [2] viziato, *spoiled.* [3] ne fa una delle sue, *plays one of his tricks.* [4] zitellona, *spinster, old maid.* [5] naso, *nose.* [6] conversare, *to chat.* [7] tutt'a un tratto, *all of a sudden.* [8] scoppiare a ridere, *to burst out laughing.* [9] non sa, *doesn't know.* [10] cerca di nascondere la sua stizza, *tries to hide her vexation.* [11] un sorriso agrodolce, *a sourish smile.* [12] arrossire, *to blush.* [13] balbettare, *to stammer.* [14] scusa, *excuse.* [15] ordinare, *to order.* [16] come ognuno sa, *as everyone knows.* [17] nipotino, *grandchild.* [18] singhiozzo, *sob.* [19] accadere, *to happen.* [20] non devi, *you must not.* [21] a stento, *scarcely.* [22] trattiene il riso, *holds back her laughter.* [23] asciugare le lacrime, *to wipe the tears.* [24] che colpa ha? *can . . . help?* [25] verità, *truth.* [26] non si deve, *one must not.* [27] far male (a), *to hurt.* [28] è meglio tacere, *it is better to keep still.* [29] tu devi, *you must.* [30] su, via! *come now!* [31] esitare, *to hesitate.*

— Domando scusa, signora! Ci hɔ pensato meglio,[32] ora. Il tuo naso è veramente bɛllo!

Nuɔvo imbɑrazzo,[33] nuɔva esasperazione [34] della mamma, e Carletto è mandato [35] di nuɔvo via [36] con parɔle sevɛre.

Questa vɔlta il ragazzo non corre in camera della nɔnna. Va a nascondersi nella saletta d'entrata [37] e aspɛtta pazientemente. Ɛcco, la pɔrta del salɔtto s'apre, l'amica della mamma sta per [38] andɑr via. Allora Carletto corre a lɛi [39] ed esclama:

— Non m'impɔrta un fico secco [40] se il tuo naso è bɛllo o brutto!

Domande. 1. Hanno molti figli i Tognini? 2. Chi ha un pɔ' viziato Carletto? 3. Che cɔsa fa Carletto di tanto in tanto? 4. Chi visita la mamma di Carletto? 5. Che cɔsa fa Carletto tutt'a un tratto? 6. Che fa l'amica della mamma? 7. Dove va Carletto quando la mamma lo manda via? 8. Che dice la nɔnna a Carletto? 9. Che cɔsa fa Carletto allora? 10. Che cɔsa fa la mamma di Carletto quand'egli dice che il naso della zitellona è bɛllo? 11. Dove va Carletto allora? 12. Che cɔsa dice Carletto all'amica della mamma quando la vede?

DIALOGHI PRATICI

XVI

PAOLO. Anna, hai stirato le mie cravatte?

ANNA. Nɔ, Paolo. Hɔ pulito e stirato l'abito che pɔrti a scuɔla. È stato facile pei pantaloni e il panciɔtto; non così per la giacca.

PAOLO. E quando stirerai le cravatte?

ANNA. Domani. In questo momento hɔ altre cɔse da fare. Hɔ un appuntamento con Ɛlena.

PAOLO. Capisco. Andate a fare delle spese?

ANNA. Sì. Desidero di comprare una vɛste bianca e hɔ anche bisogno d'un ombrɛllo.

PAOLO. Vedo che hai molto danaro da spɛndere.

---

[32] ci hɔ pensato meglio, *I changed my mind.* [33] imbarazzo, *embarrassment.* [34] esasperazione, *exasperation.* [35] mandare, *to send.* [36] via, *away.* [37] saletta d'entrata, *entrance hall.* [38] stare per, *to be about to.* [39] a lɛi, *towards her.* [40] non m'impɔrta un fico secco, *I don't give a rap.*

XVII

GIOVANNA. Tuo fratello Riccardo s'alza presto ?

BETTINA. Sì, ma la mamma s'alza prima. Va in cucina e prepara la colazione.

GIOVANNA. Che cosa fa Riccardo dopo che s'è alzato ?

BETTINA. Fa la solita doccia, calda e fredda, e poi si prepara ad andare a scuola.

GIOVANNA. Che mangia Riccardo a colazione ?

BETTINA. Della frutta fresca, dei crostini con burro e marmellata, e una tazza di caffè.

GIOVANNA. E tu che mangi ?

BETTINA. Di solito, lo stesso.

XVIII

CARLO. Che farai domani, Enrico ?

ENRICO. Uscirò col mio babbo. Andremo a fare delle spese.

CARLO. Di che hai bisogno ?

ENRICO. Ho bisogno di diverse cose: di camicie, di scarpe, di calzini. Il babbo comprerà pure delle cose per il mio fratellino.

CARLO. Non ti divertirai a girare pei negozi.

ENRICO. Perchè no ? Mi piace sempre uscire col babbo.

CARLO. Questo forse, ma girare pei negozi!

ENRICO. E se troverò una cravatta di mio gusto, il babbo comprerà anche quella.

CARLO. Tuo padre è molto buono.

XIX

UN AMICO DEL BABBO. Dove sei stato questo pomeriggio, Enrico ?

ENRICO. Sono stato a vedere una bella partita di calcio, signor Lenci. Le piace il calcio ?

L'AMICO DEL BABBO. Mi piace molto. Fra chi è stata la partita ?

ENRICO. Fra la nostra squadra e quella d'una scuola di Roma.

L'AMICO DEL BABBO. E chi ha vinto ?

ENRICO. La nostra squadra, per cinque a tre.

L'AMICO DEL BABBO. Una bella vittoria!

ENRICO. Non c'è male. E Lei dov'è stato questo pomeriggio ?

L'AMICO DEL BABBO. Sono andato con mia moglie a un cinematografo.

ENRICO. S'è divertito, almeno ?

L'AMICO DEL BABBO. Non troppo. S'è divertita mia moglie.

XX

VANNA. Mamma, mamma, come sono contenta! Rina arriverà dopo-domani!

LA MAMMA. Ha scritto?

VANNA. Sì. Il postino ha portato questa lettera un momento fa.

LA MAMMA. E quanto tempo resterà?

VANNA. Due settimane!

LA MAMMA. Rina è una buona amica ...

VANNA. E così cara! Saremo sempre insieme questi giorni!

LA MAMMA. Ella avrà molte cose da raccontare.

VANNA. E anch'io, sui miei studi, sui miei professori, sui miei compagni di scuola.

LA MAMMA. S'interesserà pure di sapere che hai cominciato a giocare a pallacanestro.

PARTE SESTA

Amphitheater at Pompeii

LEZIONE VENTUNƐSIMA

LETTURA

Ɛnzo racconta

Mi piace sempre uscire con mio padre. Di tanto in tanto facciamo una lunga passeggiata insieme e talora — di solito il sabato mattina — andiamo al suo circolo. Là egli incontra i suoi amici e io mi diverto o, in sala di lettura, a guardare giornali e riviste, o, in sala da biliardo, a vedere com'egli gioca. 5

Ci siamo andati stamane e questa volta abbiamo anche fatto colazione là, a mezzogiorno.

Appena siamo arrivati abbiamo incontrato, davanti alla porta, il dottor Bernstein. Egli è il nostro medico di famiglia, e io lo conosco quasi dalla mia infanzia. 10

— Come sta, dottor Bernstein? — ho domandato.

— Bene, grazie. E tu, Ɛnzo?

— Benone come sempre!

— E a che scuola vai?

— Vado al ginnasio. Al secondo anno di ginnasio. 15

Siamo entrati nel circolo e là, in sala di lettura, ho veduto diversi signori con cui mio padre ha scambiato dei saluti: il professor Luciani della nostra università, l'avvocato Carbone, l'ingegnere Avena, il reverendo Finley e il signor Stevens, padre del mio compagno di scuola, Riccardo. 20

Riccardo Stevens, con cui vado bene d'accordo, è un giovane molto gentile e sincero, un vero amico.

PROVƐRBIO

Ogni cosa ha il suo tempo.   *Everything has its time.*

VOCABOLARIO

l'avvocato lawyer
il circolo club, club house
il dottore doctor
il ginnasio high school

il giovane young man; **la giovane** young woman; *adj.* young
l'ingegnere *m.* engineer

la mattina morning
il mɛdico physician
il mezzogiorno noon, midday
la pɔrta door, gate
la rivista review, magazine
la sala da biliardo billiard room
la sala di lettura reading room

l'università university

reverɛndo reverend
sincɛro sincere

benone very well
quasi almost
talora sometimes

Imparare anche le seguɛnti espressioni:

andare d'accɔrdo con qualcuno	to get on with somebody
di tanto in tanto	once in a while, from time to time
fare colazione	to have breakfast (or lunch)
fare una passeggiata	to take a walk

NƆTE GRAMMATICALI

47 Irregular Verbs of the First Conjugation

There are only four irregular verbs in the first conjugation. They are:

andare *to go*	**fare** *to do* or *make*
dare *to give*	**stare** *to stay* or *be*

Except for the verb **fare,** the past participle of which is **fatto,** the other three verbs have regular past participles.

48 Present Indicative of *andare* and *fare*

	I go, etc.	*I do* or *make*, etc.
io	vado *or* vɔ	faccio *or* fɔ
tu	vai	fai
Lɛi, egli, ella esso, essa	va	fa
noi	andïamo	facciamo
voi	andate	fate
Loro, essi, esse	vanno	fanno

49 Definite Article before Titles

Il signor Berardi ɛ̀ a casa.	Mr. Berardi is at home.
Scrivo alla signora Oriani.	I am writing to Mrs. Oriani.
Il dottor Fucci abita qui.	Dr. Fucci lives here.
But: Puɔ̀ venire, dottor Fucci?	Can you come, Dr. Fucci?
Buɔn giorno, signor professore.	Good morning, Professor.

A title followed by a proper name takes the definite article in Italian. The article is, however, omitted when the title is used in direct address, as shown in the last two examples. Note, from the last example, that the title **signor** is often used, as an act of courtesy, before another title.

50 Apocopation of Titles Ending in –ore

Titles ending in –**ore** (all of masculine gender), such as **signore, professore,** etc., drop the final **e** when followed by a proper name or another title, as shown in the examples in the preceding section.

ESERCIZI

A. Coniugare nel presente indicativo:

1. Andare al ginnasio.
2. Fare colazione.
3. Andare d'accordo con Gino.
4. Fare una passeggiata.
5. Andare a Napoli.
6. Fare una buona regola.

B. Sostituire la lineetta con un soggetto:

1. Cecco gioca e —— faccio le mie lezioni. 2. —— vanno al cinematografo. 3. Che cosa fate —— stasera? 4. —— fai troppe cose. 5. Oggi —— non vado a scuola. 6. —— va spesso a Filadelfia. 7. —— facciamo delle congratulazioni. 8. —— fa abbastanza per Peppino. 9. —— non vai al circolo di tanto in tanto? 10. Dove andate —— domani mattina? 11. —— fanno della buona musica. 12. Talora —— andiamo giù in città.

C. Completare col presente indicativo del verbo in parentesi:

1. (*andare*) Rita e Dora —— sempre insieme. 2. (*fare*) Tu —— una buona insalata. 3. (*andare*) Io non —— d'accordo con Bettina. 4. (*fare*) Ella —— tutto allegramente. 5. (*andare*) Tu e Vanna —— già a casa? 6. (*fare*) —— Tonio ed Elisabetta delle spese? 7. (*andare*) —— tu giù in città, per caso? 8. (*fare*) Tu e io —— i nostri compiti insieme. 9. (*andare*) Dove —— noi durante il pomeriggio? 10. (*fare*) Tu e Maso —— collezione di francobolli. 11. (*andare*) Noi —— in sala di lettura. 12. (*fare*) Io —— talora una partita di biliardo.

D. Scrivere in italiano:

1. Professor Ruffini. 2. Mrs. Mancini. 3. Yes, sir. 4. Yes, Mr. Luciani. 5. Doctor Narni is in his office. 6. No, Professor. 7. No, Mr. Maruffi. 8. Doctor Campanini is sincere.

E. Imparare a memoria la poesia **Il Tempo**, a pagina 223 (*Memorize the poem* Il Tempo, *on page* 223).

F. Tradurre in italiano:

1. I do all my lessons on Fridays in order to be free on Saturdays and Sundays. 2. When my father too is free, we go out together. 3. We take a long walk, sometimes, and once in a while we go to his club house. 4. He plays [1] billiards very well, and I like to watch while he plays, for I wish to learn. 5. There, in the billiard room or in the reading room, we meet his friends. 6. Many go there in the [2] morning and have lunch together. 7. Today we met Doctor Morici and Professor Soldani. 8. Professor Soldani is my history teacher [3] at the high school. 9. His daughter, Miss Nancy Soldani, is in one of my classes. 10. While Father [4] exchanges greetings with his friends, I go to the reading room, where there are some interesting magazines.

CONVERSAZIONE

1. Che cɔsa fa Ɛnzo con suo padre di tanto in tanto? 2. Dove va talora? 3. Come si divɛrte Ɛnzo, al circolo? 4. Che cɔsa hanno fatto a mezzogiorno padre e figlio? 5. Chi hanno essi incontrato appena sono arrivati? 6. Dove l'hanno incontrato? 7. Chi è il dottor Bernstein? 8. A che scuɔla va Ɛnzo? 9. Chi hanno i due veduto in sala di lettura? 10. Che cɔsa ha scambiato il padre d'Ɛnzo coi suɔi amici? 11. Chi è il signore che ha un figlio ch'è compagno di scuɔla d'Ɛnzo? 12. Perchè Ɛnzo va bɛne d'accɔrdo con Riccardo Stevens?

LEZIONE VENTIDUƐSIMA

LETTURA

Al telɛfono

— Pronto? Parlo con casa Ruffolo?
— Sì. E con chi parlo io?
— Col signor Marzetti. C'è la signorina Vanna?
— Se aspɛtta un momento, la chiamo.

---

[1] See § 15 on page 107 as to word order and place the preposition **a** before the word *billiards*. [2] Translate, in this case, "in the" with **di**. [3] Translate, "teacher of history." [4] Use the expression **il babbo.**

L'attesa non è lunga. Poco dopo, infatti, Vanna prende il rice-
vitore e dice:
  — Buon giorno, Peppino.
  — Buon giorno, Vanna. Come stai?
  — Sto benone, grazie. Mi piace sentir di nuovo la tua voce. 5
Sei ancora così occupato coi tuoi studi?
  — Sei molto gentile. Ho studiato molto, è vero, perchè gli
esami che danno all'università sono abbastanza difficili, ma ora
sono libero perchè li ho passati.
  — Congratulazioni! Ho pensato ai tuoi esami poco fa. 10
  — Grazie.
  — E ora che fai?
  — Ora non penso che a divertirmi. Sei libera venerdì sera?
  — Dopodomani?
  — Sì, dopodomani. 15
  — Son libera. Perchè lo domandi?
  — Perchè al circolo del mio babbo danno un ballo per le fa-
miglie dei soci, venerdì sera. Vuoi [1] venire con me? [2]
  — Volentieri! Grazie!
  — Grazie a te! [3] Passeremo una bella serata. Sarai pronta 20
per quando [4] arriverò con la mia macchina?
  — Lo sarò.
  — Va bene alle ventuno? [5]
  — Ma sì.
  — Arrivederci allora. Forse ho torto, ma penso che questo è 25
il tempo di divertirsi.
  — Hai certamente ragione, Peppino. Arrivederci!

PROVERBIO

Dimmi con chi tu pratichi e   *Birds of a feather flock together.*
   ti dirò chi sei.   *(Tell me the company you keep*
                             and I'll tell you what you are.)

VOCABOLARIO

l'attesa waiting, wait	**la ragione** reason
il ballo ball, dance	**il ricevitore** receiver
l'esame *m.* examination	**la sera** evening
la macchina machine, car	**la serata** evening *(in its duration)*

[1] **Vuoi?** *Do you want?*   [2] **me,** *me.*   [3] **te,** *you.*   [4] **per quando,** *by the time.*
[5] **alle ventuno,** *at nine P.M.*

il socio member, partner
il telefono telephone
il torto wrong
la voce voice

difficile difficult, hard
occupato busy

pronto ready; (on the telephone) hello

passare to pass, spend (time)
venire [vengo] to come [1]

volentieri willingly, gladly

Imparare anche le seguenti espressioni:

aver ragione	to be right
aver torto	to be wrong
lo sarò	I shall be (so)
ma sì!	why, yes!
ma no!	why, no!
poco dopo	soon after

NOTE GRAMMATICALI

51 Present Indicative of *dare* and *stare*

	I give, etc.	*I stay* or *am*, etc.
io	dò	stò
tu	dai	stai
Lei, egli, ella esso, essa	dà	sta
noi	diamo	stiamo
voi	date	state
Loro, essi, esse	danno	stanno

1. Note that the third person singular of **dare** is accented. The accent serves to distinguish this verbal form from the preposition **da.**

2. The verb **stare** implies a temporary condition and is used in such phrases as: **Come state?** *How are you (now)?* **Stiamo bene, grazie.** *We are well, thanks.*

52 Non . . . *che*

Non abbiamo che due zii.	We have only two uncles.
Non vedo che un albero.	I see only one tree.

The English *only*, which may be expressed in Italian by **soltanto, solo, solamente,** is often rendered also by placing **non** before the verb and **che** after it.

[1] Conjugated with **essere.**

53 Further Cardinal Numerals

21	ventuno	26	ventisei
22	ventidue	27	ventisette
23	ventitrè	28	ventotto
24	ventiquattro	29	ventinove
25	venticinque	30	trenta

ESERCIZI

A. Coniugare nel presente indicativo:

1. Dare un esame facile.
2. Non stare in attesa.
3. Dare saluti e auguri.
4. Stare all'università.
5. Dare del tu a Cecco.
6. Stare volentieri a casa.

B. Sostituire la lineetta con un soggetto:

1. Di solito —— dà dei libri a suo figlio. 2. —— stiamo così così. 3. Per ora —— non do che questo. 4. —— stai benone. 5. A chi date —— i fazzoletti che avete comprati? 6. —— stanno su quell'isola ora. 7. —— dai i tuoi doppioni a Maso. 8. —— abito a Napoli, ma ora sto qua. 9. —— non danno lavoro a ogni persona. 10. —— sta con Vanni in giardino. 11. —— diamo un album a quella ragazza. 12. ——non state comodo.

C. Completare col presente indicativo del verbo in parentesi:

1. (dare) Gino e Dora —— un pranzo. 2. (stare) Bettina —— bene. 3. (dare) —— noi abbastanza? 4. (stare) Io non —— bene. 5. (dare). Tu e Nina —— troppi doni. 6. (stare) I miei genitori —— in Italia. 7. (dare) Nora —— un pigiama a sua figlia. 8. (stare) Come —— tu, ora, Tonio? 9. (dare) Io —— il mio posto a quella signora. 10. (stare) Noi —— con gli ospiti. 11. (dare) Tu —— un appuntamento al mio amico. 12. (stare) Voi —— a casa la domenica?

D. Tradurre in italiano in due maniere, cioè usando **solamente** e **non ... che** in luogo dell'inglese *only* (*Translate into Italian, rendering the English* only *in two ways: with* **solamente** *and with* **non ... che**):

1. There are only twenty-five or thirty Italians in our small town. 2. I have only twenty-six French books. 3. She talks Spanish only. 4. We shall remain only twenty-eight days in Italy. 5. Nancy has only twenty-four Dutch stamps in her collection. 6. I have read twenty-two pages only.

E. Il professore detterà parte della *Lettura* di questa lezione.

F. Tradurre in italiano:

1. Hello? I wish to talk with Miss Betty Saunders. 2. I am going [1] to (a) see if she is not busy. 3. Soon after, Betty is [2] at the telephone with the receiver in [her] hand. 4. Good morning, Tom. How are you? [3] 5. I am very well, thanks. And how are you? 6. So-so. I have studied a great deal, these last days, for my examinations. 7. They give hard examinations at the university, I think. 8. You are right, but I passed them, and now I am free. 9. Well, I am glad, and I offer [4] my congratulations. 10. Dad's club gives a dance [on] Saturday evening. Do you care [5] to come? — Why, yes, gladly.

CONVERSAZIONE

1. Con che parola comincia una conversazione al telefono? 2. Con chi desidera di parlare il signor Marzetti? 3. Arriva dopo molto tempo la signorina Vanna al telefono? 4. Che dice appena comincia a parlare col suo amico? 5. Che cosa racconta Peppino dei suoi esami all'università? 6. A che cosa pensa ora Peppino? 7. Ha torto? 8. Perchè domanda egli a Vanna se essa è libera venerdì sera? 9. È contenta Vanna? 10. Per quando sarà pronta venerdì sera? 11. Va bene alle ventuno per Vanna? 12. Ha ragione Peppino di pensare che questo è il tempo di divertirsi?

---

[1] Use the present indicative of **andare**. [2] Use the verb **stare**. [3] Two good friends are talking; use the **tu** form of address. [4] Use the verb **fare**. [5] Use the verb **desiderare**.

Palazzo Madama, Turin

Piazza San Carlo, Turin

TURIN
GENOA
PALERMO

At the northwest end of the Italian peninsula, near the borders of France and Switzerland, is a region called Piedmont, with lofty mountains, green valleys, and impetuous rivers. Almost in the center of that region, beautifully located on the banks of the river Po and in sight of the snowy summits of the Alps, lies Turin **(Torino)**. With a population of about 750,000, it is the fourth Italian city in order of size.

left   Bridge over the river Po, Turin
right   Porta Palatina, Turin
bottom   Fiat-Mirafiori plant, Turin

Noteworthy characteristics of Turin are its long and wide boulevards, its many trees, and its imposing squares. The Valentino Garden, along the Po, is one of the most beautiful parks in Italy.

After Milan, Turin is one of the centers of Italian industry. Its Fiat Works are one of the largest and most important automobile manufacturing plants in Europe.

241

Genoa (Gɛnova), birthplace of Christopher Columbus, has a population almost equal to that of Turin. Its glorious seafaring tradition and great trading activity give this city a special aspect. It is the most important port not only of Italy but of the whole Mediterranean area.

The city, known as "The Proud" because of the beauty and grandeur of its palaces, is located in one of Italy's most enchanting regions, Liguria, which forms a kind of bow at the northern end of the Tyrrhenian Sea. The coast of Liguria is known under the names of "Eastern Riviera," east of Genoa, and "Western Riviera," west of Genoa. Protected from the north winds by the Apennine Mountains, the two Rivieras have an extremely mild climate. They are famous the world over because of the attraction they have for tourists, particularly during the winter. It's the land of eternal spring, a land well known for its many flowers. These are cultivated intensively and are shipped all over Europe.

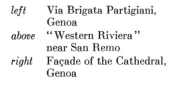

left   Via Brigata Partigiani,
             Genoa
above "Western Riviera"
             near San Remo
right   Façade of the Cathedral,
             Genoa

A view of Mount Pellegrino from the port of Palermo

Palermo, which ranks next to Genoa in population, is one of the most attractive cities in Italy. It is beautifully located on the northern shore of Sicily, in the midst of an area rich in orange groves which is called Conca d'Oro or "Golden Valley." Sicily occupies first place in Italy in the production of citrus fruits, and ships loaded with oranges, tangerines, and lemons leave the harbor of Palermo for ports all over the world.

A city with three thousand years of history, Palermo has monuments of great interest and beauty. Particularly famous are its cathedral and that of the neighboring town of Monreale. A trip to Italy is not complete without a visit to Sicily, where, in addition to Palermo, other charming places such as Catania, Messina, Taormina, and Agrigento offer unusual attractions.

244

above   Palermo Cathedral
below   Cathedral of Monreale

left   Cloister of
        San Giovanni degli Eremiti,
        Palermo
below   Mount Etna, Sicily

Close-up of the columns of
the temple
of Castor and Pollux,
Sicily

LETTURA

Andiamo al cinematografo

— Questo pomeriggio andiamo al cinematografo, — dice il signor Medoni a suo figlio Gino.

— Con molto piacere, babbo, — risponde il ragazzo, — ma io ho un appuntamento col mio amico Roberto, che desidera la mia compagnia perchè suo fratello è partito, ed egli sta solo. 5

— Per questo abbiamo il telefono, — dice il padre. — Ecco come facciamo: invitiamo il tuo amico e andiamo tutti e tre insieme a divertirci.

— Ma Roberto non ha telefono.

— No? Allora andiamo a casa sua. Dove abita Roberto? 10

— In Via Jefferson. Non ricordo bene se il numero della casa è 1658 o 1858; riconosco però l'edifizio se lo vedo.

Padre e figlio sono già, poco dopo, nella loro automobile e vanno verso la casa del giovane amico di Gino.

Prendono Via Adams, che li mena in Piazza Washington; 15 vanno attorno alla piazza, prendono il Corso Lincoln e finalmente arrivano in Via Jefferson.

Ora guardano i numeri delle case; leggono il numero 26, poi il 28, il 30, alla loro destra. Sono ancora lontani dalla casa di Roberto. E l'automobile, guidata dal signor Medoni, procede. 20

Dopo cinque o sei minuti, essi sono al numero 988. Gino guarda attentamente: 1116, 1196, 1250, 1324. Ancora un poco, e sono arrivati.

L'automobile va lentamente adesso, e Gino legge: 1632, 1640, 1654... 25

— Ah! — esclama. — Ecco la casa! È al numero 1658.

Il signor Medoni ferma l'automobile, e suo figlio scende e va in casa di Roberto. Gino è contento, è felice, perchè ama il suo amico e perchè è certo che tutti e tre si divertiranno molto.

PROVERBIO

Ogni trino è perfetto.   *All good things go by threes.*

VOCABOLARIO

l'automòbile *f.* automobile, car
la compagnia company
il corso course, avenue
l'edifizio building
il minuto minute
il nùmero number
la piazza square

felice happy
lontano far, far away
solo alone, only

fermare to stop (*somebody or something*)

guidare to guide, drive
menare to lead, take
procèdere to proceed
riconoscere to recognize
ricordare [ricòrdo] to remember
scendere to descend, go down, step down [1]

adèsso now
attorno (a) around
lentamente slowly
però however
vèrso toward

NɔTE GRAMMATICALI

54 Cardinal Numerals

1	uno	25	venticinque
2	due	26	ventisèi
3	tre	27	ventisètte
4	quattro	28	ventɔtto
5	cinque	29	ventinɔve
6	sèi	30	trenta
7	sètte	31	trentuno
8	ɔtto	35	trentacinque
9	nɔve	38	trentɔtto
10	dièci	40	quaranta
11	undici	50	cinquanta
12	dodici	60	sessanta
13	tredici	70	settanta
14	quattordici	80	ottanta
15	quindici	90	novanta
16	sedici	100	cènto
17	diciassètte	101	cènto uno
18	diciɔtto	180	cènto ottanta
19	diciannɔve	200	duecènto
20	venti	1000	mille
21	ventuno	1200	mille duecènto
22	ventidue	3000	tre mila
23	ventitrè	100,000	cènto mila
24	ventiquattro	1,000,000	un milione

Note that **venti, trenta, quaranta,** etc. drop the final vowel in combining with **uno** or **ɔtto.**

[1] Conjugated with èssere.

55 Use of the Cardinal Numerals

1. **un dito**   one finger   **una mano**   one hand
   uno specchio one mirror   **un'entrata** one entrance

Uno has a feminine, **una,** and when used adjectively has the forms of the indefinite article.[1]

2.   **quarantuna lira** ⎫
              lire quarantuna ⎬ forty-one lire

If the noun modified by **ventuno, trentuno,** etc. follows the numeral, which is not always the case, it is preferable to put it in the singular. It is, however, quite correct to say **ventun giorni, ventun anni,** etc., and these phrases are often found in the current press.

3.   **mille novecento**   nineteen hundred

Eleven hundred, twelve hundred, etc., are translated *one thousand one hundred, one thousand two hundred,* etc.

4. Contrary to English usage, **uno** is omitted before **cento** and **mille.** The plural of **mille** is **mila.**

5.   **due milioni d'abitanti**   two million inhabitants

Milione is a masculine noun; its plural is **milioni.** It requires the preposition **di** before the noun to which it refers.

6. In compound numbers no conjunction is used.

7.   **tutti e due i cugini**   both cousins
             tutte e due le signore both ladies

Both is **tutti e due (tutte e due);** *all three,* **tutti e tre (tutte e tre),** etc. If a noun follows, it takes the definite article.

ESERCIZI

A. Leggere ad alta voce:

21, 27, 35, 38, 40, 51, 57, 62, 70, 77, 84, 88, 90, 96, 99, 100, 191, 203, 333, 474, 500, 626, 751, 838, 916, 1000, 1265, 1321, 1492, 1575, 1884, 1898, 1906, 1937, 1945, 2814, 5511, 15,144, 183,219, 267,666, 1,472,948, 2,516,983, 11,376,915.

---

[1] In the sentence **Ho perduto uno dei miei libri,** *I lost one of my books,* **uno** is used as a pronoun, not as an adjective.

B. Continuare (*Continue*):

1. Due per due: quattro (i.e. $2 \times 2 = 4$), due per tre: —— ecc. *as far as* due per venti. 2. Tre per due: sei; tre per tre: —— ecc. *as far as* tre per dodici. 3. Quattro per due: otto; quattro per tre: —— ecc. *as far as* quattro per dieci. 4. Cinque per due: dieci; cinque per tre: —— ecc. *as far as* cinque per dieci.

C. Scrivere in parole italiane:

1859, 1960, 2617, 3666, 10,193, 13,518, 17,472, 111,444, 315,978, 1,424,341, 15,655,789.

D. Accoppiare le parole della colonna A con quelle della colonna B (*Match the words in columns A and B*):

A	B
1. raccontare	*a.* to remain
2. girare	*b.* to attend
3. volare	*c.* to cry out
4. restare	*d.* to stop
5. sapere	*e.* to sing
6. esclamare	*f.* to amuse
7. frequentare	*g.* to fly
8. divertire	*h.* to relate
9. scambiare	*i.* to go around
10. fermare	*j.* to know
11. cantare	*k.* to exchange
12. aiutare	*l.* to get up
13. correre	*m.* to go down
14. alzarsi	*n.* to help
15. scendere	*o.* to run

E. Imparare a memoria la poesia **L'anno,** a pagina 223.

F. Tradurre in italiano:

1. Will [1] you recognize Betty's house if you see it? 2. I don't remember what number it is,[2] 637 or 736.[3] 3. She lives on (**al**) Madison Avenue, near the bank. 4. The building in which she lives with her family is not far from the movie where we wish to go. 5. I called her on (**a**) the phone ten minutes ago and invited her. 6. Betty is a good friend; she

---

[1] Translate, "Do you recognize." [2] Translate, "has." [3] Write out the numbers.

is always sincere and is very pretty also. 7. Has she many sisters ? —
No, she has only [1] two sisters, Nancy and Dolly, and both attend our
University. 8. While we are talking, my brother drives our car. 9. We
turn to the right and soon after are in Sheridan Square. 10. After one
minute, we reach [2] Madison Avenue [3] and are in front of Betty's house.

CONVERSAZIONE

1. Dove desidera d'andare il signor Medoni ? 2. Chi è Gino ? 3. Che
risponde Gino al suo babbo ? 4. Che dice allora il signor Medoni ? 5. Perchè Gino non chiama il suo amico al telefono ? 6. Che cosa fanno allora
padre e figlio ? 7. In che via abita la famiglia di Roberto ? 8. Chi
guida l'automobile ? 9. Che cosa fa Gino quando la macchina passa lentamente per Via Jefferson ? 10. Che esclama Gino poco dopo ? 11. Che
cosa fa Gino quando suo padre ferma l'automobile ? 12. Perchè è egli
così contento ?

LEZIONE VENTIQUATTRƐSIMA

LETTURA

Piccole compere

— Ho bisogno d'una cornice per una fotografia che desidero
d'appendere nella nostra camera, — dice Rita alla sua amica Nora,
— una cornice a buon mercato perchè non ho molto danaro da
spendere.

— Allora, — dice Nora, — troverai conveniente andare al- 5
l'UPIM [4] e comprare un quadretto qualunque per poi usare la
cornice per il tuo scopo. Ho fatto così anch'io un mese fa.

— Non hai torto. È una buon'idea.

— Siccome anch'io ho bisogno di diverse cosette, che ne dici
se usciamo insieme ?   10

— Ma sì, — risponde Rita. — Con molto piacere.

---

[1] Use **non ... che.** [2] Use the verb **arrivare a.** [3] Use the definite article.
[4] Italian stores of the same type as our Woolworth's or Kresge's.

E le due compagne di camera approfittano del pomeriggio libero che hanno e poco dopo sono già in cammino verso il centro della cittadina in cui vivono e in cui il loro collegio è situato.

Ma oggi Rita non è molto fortunata. Le cornici che vede 5 non sono di suo gusto. O sono ovali, ed ella desidera una bella cornice rettangolare, o son troppo piccole o troppo grandi, o sono brutte.

Nora, invece, trova le cose di cui ha bisogno: dell'inchiostro azzurro, carta e buste di colore grigio perla per lettere e un nastro 10 giallo di seta.

Per la cornice le due ragazze vanno in un altro negozio, in Via Giacomo Leopardi, e là esse trovano quello che fa per il gusto di Rita.

PROVERBIO

Ognuno ha i suoi gusti.   *Every man to his taste.*

VOCABOLARIO

la busta envelope
il collegio boarding school
la compera purchase
la cornice frame
la fotografia photograph
l'idea idea
il mese month
il nastro ribbon
la perla pearl
il quadro picture
lo scopo purpose
la seta silk

ne of it, of them, about it, about them [1]

conveniente convenient

fortunato fortunate, lucky
ovale oval
qualunque whatever [2]
rettangolare rectangular

appendere to hang up
approfittare to take advantage
situare [situo] to place, locate
vivere to live [3]

invece instead, on the other hand
o . . . o either . . . or
siccome as, since

Imparare anche le seguenti espressioni:

a buon mercato   cheap, cheaply
in cammino   on my (your, his, etc.) way

[1] Like the other conjunctive personal pronouns we have already studied (**lo, la, li, le, mi, ti, si, ci, vi**) the pronoun **ne** also usually precedes the verb.   [2] This indefinite adjective is invariable.   [3] Conjugated with **essere.**

NOTE GRAMMATICALI

56 Position of Adjectives

1. la nazione italiana   the Italian nation
   una cravatta rossa   a red necktie
   la tavola rotonda   the round table
   la lezione seguɛnte   the following lesson
   la lingua parlata   the spoken language
   un libro molto utile   a very useful book
   una stanza molto stretta   a very narrow room

The normal position of a descriptive adjective [1] is after the noun. This is especially the case with those adjectives which ascribe to the noun a distinctive quality, such as nationality, religion, color, shape, etc., as well as with verbal adjectives, such as **seguɛnte** (from **seguire,** *to follow*) and past participles used as adjectives, as we have already seen (§ **28** on page 141). All adjectives modified by a suffix or by an adverb (such as **molto**) regularly follow the noun.

2. una bɛlla studentessa   a beautiful girl student
   un giovane studɛnte   a young boy student
   due brɛvi lɛttere   two short letters

Some adjectives of very common use generally precede the noun, provided they are not modified by a suffix or an adverb. Such, among others, are:

bɛllo	*beautiful*	giovane	*young*
brutto	*ugly*	vɛcchio	*old*
buɔno	*good*	nuɔvo	*new*
cattivo	*bad*	antico	*ancient*
grande	*big, large*	lungo	*long*
piccolo	*little, small*	brɛve	*brief, short*

3. È un ragazzo cattivo.   He is a bad boy.
   Pɔrto l'abito nuɔvo.   I am wearing the new suit.

But even the adjectives just listed follow the noun
a. if used emphatically;
b. if used in order to distinguish one thing from others of the same kind.

---

[1] Other kinds of adjectives usually precede the noun. This is particularly true with numerals and such adjectives implying quantity as **molto, pɔco** (*little*), **divɛrsi** or **parecchi** (*several*), **assai** (*enough, much*), etc.

4. un pɔvero ragazzo	a poor boy (= *an unfortunate boy*)
un ragazzo pɔvero	a poor boy (= *a boy who is not rich*)
la bianca neve	the white snow
le verdi colline	the green hills

On the other hand, an adjective that normally follows the noun may precede it

a. if prompted by emotion or used in a sense that is not literal;

b. if it is an adjective that designates a characteristic color.

57 Present Indicative of *dire*

I say, am saying, etc.

io	dico
tu	dici
egli	dice

noi	diciamo
voi	dite
essi	dicono

ESERCIZI

A. Dare il contrario di (*Give the opposite of*):

1. buɔno	2. molto	3. stesso
lungo	bɛllo	grande
caro	ricco	caldo
ultimo	facile	occupato
vicino	bianco	cattivo
brutto	altro	primo

B. Usare l'aggettivo in parɛntesi mettɛndolo, secondo le rɛgole, prima o dopo il nome, e cambiare l'articolo o il partitivo, se ciɔ è necessario (*Use the adjective in parentheses, placing it, according to rules, before or after the noun, and change the article or the partitive if necessary*):

EXAMPLE: (buɔno) Degli studɛnti = Dei buɔni studɛnti.

1. (contɛnto) delle persone
2. (brɛve) una conversazione
3. (olandese) il formaggio
4. (sɛmplice) una cosetta
5. (nuɔvo) degli ɔspiti
6. (diffícile) gli esami
7. (svízzero) dei ragazzi
8. (alto) un edifízio
9. (bɛllo) uno specchio
10. (brutto) dei fazzoletti
11. (píccolo) dei lavori
12. (fresco) della carne

13. (nero) delle scarpe
14. (grande) degli alberi
15. (delizioso) un caffè
16. (giovane) l'ingegnere

17. (caldo) degli spaghetti
18. (felice) una giornata
19. (vecchio) un ombrello
20. (cattivo) un socio

C. Coniugare nel presente indicativo:

1. Dire delle cose utili.
2. Non dire brutte parole.

3. Dire che va bene.
4. Non dire che Maso è qui.

D. Completare col presente indicativo del verbo **dire:**

1. Carlo e io —— la stessa cosa. 2. Lei non —— tutto. 3. Perchè voi non —— quello che avete fatto? 4. Mio cognato —— che passerà quindici giorni su quell'isola. 5. Tu —— che io ho torto. 6. Tu e Beppe non —— dove siete stati. 7. Io —— che mi piace molto divertirmi. 8. Egli non —— che Lei ha ragione. 9. Ecco tutto quello che noi —— per ora. 10. Per lo meno voi —— quel che sapete.

E. Il professore detterà parte della *Lettura* di questa lezione.

F. Tradurre in italiano:

1. I bought an oval frame for a beautiful photograph I have. 2. I shall not hang it up, Nellie; I shall put it on my desk, instead.[1] 3. [It] is a very good idea, Nancy. Where did you buy the frame? 4. In a very large store, downtown, where they sell a little of (**un po' di**) everything. 5. A convenient thing, of course. I wish to make some small purchases this afternoon and shall visit the same store. Where is [it] located? 6. On (**al**) Grant Avenue. We shall go out together if you wish (it). 7. Thanks, Nancy! You will be (a) very welcome company. 8. You always say kind words, Nellie. 9. What do you need to buy? 10. Some gray gloves, a red ribbon, and a hat, perhaps, if I find [2] one to my taste.

CONVERSAZIONE

1. Che dice Rita alla sua amica Nora? 2. Perchè dice che desidera una cornice a buon mercato? 3. Che cosa dice Nora allora? 4. Ha torto Nora? 5. Siccome Nora ha bisogno di diverse cosette, che dice essa a Rita? 6. Che risponde Rita? 7. Di che cosa approfittano le due compagne di camera? 8. Dove sono già, poco dopo? 9. Perchè Rita non è fortunata? 10. Nora trova quello che desidera? 11. Che cosa compra? 12. Che cosa fanno le due ragazze circa la cornice?

---

[1] Place *instead* right after the verb. [2] The verb *find* must be preceded here by the pronoun **ne.**

FLORENCE

If, in order of population, Florence (**Firenze**) occupies but seventh place, in cultural importance it is among the leading Italian cities. Florence was the center of European culture during a period that began with Dante, who was born in 1265, and ended with the death of Michelangelo almost exactly three centuries later. This era included the last years of the Middle Ages and the whole of the Renaissance. In literature, in the field of science, and, above all, in the arts, no other city in the world produced such an imposing number of immortal geniuses.

"All of Florence must be regarded as a work of art," General Dwight Eisenhower warned his armies as they advanced through Italy during World War II. And he was merely stating the truth. The whole city is a museum, so many are the art treasures that have

left   Detail from the main door of the Cathedral of Santa Maria del Fiore
above   The Cathedral and Giotto's graceful bell tower rise above the roof tops of Florence.

accumulated there through the centuries. This fact, added to such other advantages as a mild climate and a wonderful location on the banks of the Arno River, makes Florence a Mecca for tourists from all over the world.

A democratic form of government was functioning there at a time when feudal lords held down the people of the rest of Europe. There, in the thirteenth and fourteenth centuries, the Italian language reached its perfection with Dante and Boccaccio. In Florence, Machiavelli first established the principles of a new science, which we now call political science. There, early in the seventeenth century, Galileo first propounded the theory that our earth and the other planets move around the sun.

Leonardo da Vinci and Michelangelo, who produced the greatest works of the Italian Renaissance, were born near Florence. The city was the birthplace of Amerigo Vespucci, famous navigator and the discoverer of the coast of South America, who provided the name for the New World. Florence also gave to the world Brunelleschi, noted architect of the early Renaissance, and the renowned painters Masaccio and Botticelli.

The beautiful Cathedral, its Baptistry, and Giotto's elegant Tower form

Florence's celebrated Ponte Vecchio spans the Arno River.

a harmonious architectural group in the very heart of Florence. Three other churches of great artistic and historic value are Santa Croce, which contains the tombs of many illustrious Italians; Santa Maria Novella, situated not far from the strikingly modernistic railway station; and San Lorenzo, famous for the Medici tombs, which are the work of Michelangelo.

Among the city's many art galleries, the most famous are those of the Uffizi and the Palazzo Pitti. The beautiful Loggia dei Lanzi is just a few steps from the Uffizi Gallery, and nearby is that masterpiece of medieval architecture, the Palazzo Vecchio.

right A general view of the famous Baptistry
below Detail from the Baptistry's
eastern door.
This masterpiece by Ghiberti dates
from the fifteenth century.

right   The remarkable "Perseus" of Cellini
          stands near a copy
          of Michelangelo's "David"
          in the Piazza della Signoria,
          Florence.

below   "Un Viandante" (*A Wayfarer*)
          is one of the beautiful examples
          of Roman art
          in the Uffizi Gallery.

bottom Pitti Palace, Florence

upper   Ancient tapestries
and costumes provide
a colorful setting
for a football game
in the square before
the Palazzo Vecchio.

lower   Michelangelo's
magnificent statue of
Lorenzo de' Medici

Battlements of the Palazzo Vecchio against the skyline of Florence

RIPETIZIONE

I. Give the meaning of the following words:

A. attesa	B. scɔpo	C. cornice
pɔrta	busta	quadro
parecchi	fortunato	diff*i*cile
approfittare	venire	menare
*u*tile	v*e*cchio	qual*u*nque
v*i*vere	riconɔscere	ricordare
edif*i*zio	piazza	compera
collina	avvocato	coll*e*gio
occupato	pronto	g*i*ovane
guidare	scendere	app*e*ndere

II. Form sentences using the following expressions:

A. aver ragione
    pɔco dopo
    fare colazione
    a buɔn mercato
    andare d'accɔrdo

B. di tanto in tanto
    fare una passeggiata
    aver tɔrto
    ma sì
    in cammino

III. Complete the following sentences with the correct form of the present indicative of the verb in parentheses:

1. (*andare*) Nina —— con la sua compagna di camera. 2. (*fare*) Cecco e io —— colazione in cucina. 3. (*andare*) Io non —— alla gu*e*rra perchè il m*e*dico dice che non stɔ b*e*ne. 4. (*fare*) Voi —— pr*e*zzi trɔppo alti. 5. (*andare*) Gli stud*e*nti dilig*e*nti —— a scuɔla con piacere. 6. (*fare*) Il mio amico Tɔnio —— delle buɔne fotografie. 7. (*andare*) Dove —— tu e Vanni? 8. (*fare*) Io —— volenti*e*ri questo favore. 9. (*andare*) Tu non —— a casa ad*e*sso? 10. (*fare*) Queste student*e*sse —— delle compere giù in città. 11. (*andare*) Tu e io —— insi*e*me in Piazza Dante. 12. (*fare*) Tu —— una lunga passeggiata.

IV. Write in Italian:

1. Here is Lawyer Ostuni. 2. Reverend [1] Father Badini will arrive this morning. 3. You are wrong, Mr. Morandi. 4. Merry Christmas, Doctor Hatch. 5. Doctor Hatch is our physician. 6. Have you seen Mrs. Templeton? 7. No, sir, Mrs. Templeton is in Italy now. 8. I shall telephone to Miss Venturini.

---

[1] The adjective "reverend" is used here as a title.

V. Complete the following sentences with the correct form of the present
indicative of the verb in parentheses:

1. (*dare*) Io —— il giornale a Piɛtro. 2. (*stare*) Voi e io —— bɛne.
3. (*dare*) Noi —— delle fotografie ai nɔstri amici. 4. (*stare*) Carlo e
Maso —— in buɔna compagnia. 5. (*dare*) Gli alunni di questa scuɔla
—— una commɛdia. 6. (*stare*) Io —— qua volentiɛri. 7. (*dare*) Tu
non —— abbastanza tɛmpo a quella ragazza. 8. (*stare*) Giacomo e tu
—— a casa stasera? 9. (*dare*) Perchè voi non —— una sɛdia a questo
signore? 10. (*stare*) Tu non —— cɔmodo. 11. (*dare*) Clara —— molti
inviti. 12. (*stare*) Quella cameriɛra —— a posto suo.

VI. Translate, rendering *only* in two ways, with **soltanto** and **non . . .
che:**

1. This small town has one square only. 2. She sang only two songs.
3. I have only one brother-in-law. 4. We have only four movies in this
city. 5. Charles' apartment has only three rooms.

VII. Write out in Italian:

1. Seventeen pictures. 2. Twenty-nine dishes. 3. Thirty-one stamps.
4. Forty-five years. 5. Seventy-two months. 6. One hundred news-
papers. 7. Three hundred days. 8. Six hundred fifty-five students.
9. Nine hundred eighty-eight books. 10. One thousand thanks.

VIII. Make the adjectives in parentheses agree with the nouns they
modify and place them in the correct position in each of the following sentences:

1. (*spagnɔlo*) Leggiamo un libro. 2. (*cattivo*) Egli ha una memɔria.
3. (*giovane*) Maria è una studentessa. 4. (*nero*) Desidero dei guanti.
5. (*utile*) Questa è una cɔsa. 6. (*sinistro*) Mi mostri la mano. 7. (*antico*) Questo è un provɛrbio. 8. (*russo*) Mi piace la musica. 9. (*differɛnte*) Abbiamo scɔpi. 10. (*rosso*) Non mi piace quella cravatta.
11. (*bianco*) La neve cade dovunque. 12. (*olandese*) Il formaggio è
buɔno.

IX. Complete the following sentences with the present indicative of
dire:

1. Lɛi —— cɔse interessanti. 2. Cecco e tu non —— quello che desi-
derate. 3. Voi e io —— quello che pensiamo. 4. Ida e Clara non ——
di chi è quella lɛttera. 5. Tu —— che hai ragione. 6. Io —— che hai
tɔrto.

LETTURE VARIE

11. Ha torto il signor Pinzi?

La scena è nell'ufficio del signor Bacci, direttore [1] della ditta [2] Carlo Bacci & Compagnia — calze di seta, esportazione e importazione.[3]

La porta dell'ufficio è chiusa e il signor Bacci, seduto [4] alla sua scrivania, legge una lettera.   5

Poco dopo qualcuno bussa [5] alla porta.

— Entri! — dice il signor Bacci, e la porta s'apre. È il signor Pinzi, un giovane impiegato, vestito molto modestamente.

BACCI, *un po' sorpreso.* Che c'è, Pinzi?

PINZI. C'è che... Sono venuto [6] ...   10

BACCI. Dica, dica. Non sta bene forse?

PINZI. Sì, ma... Cioè... Bene, ecco! Son venuto a domandare un piccolo aumento [7] ...

BACCI, *molto sorpreso.* Un piccolo che?

PINZI. Aumento di stipendio.[8] Mia moglie aspetta il suo secondo 15 bambino,[9] e allora ho pensato...

BACCI. Ascolti attentamente, Pinzi. Lei è un buon impiegato. Sta da sei anni con questa ditta e siamo andati sempre d'accordo... Ma dica un po': come pretende quest'aumento di stipendio? Sa Lei [10] quanto lavoro fa qui?   20

PINZI. Sì, cioè...

BACCI. Facciamone il calcolo.[11] In un anno ci sono trecento sessantacinque giorni, non è vero?

PINZI. Trecento sessantacinque...

BACCI. Bene. Lei dorme [12] otto ore al giorno, e in un anno queste 25 fanno cento ventidue giorni. Togliamo [13] cento ventidue da trecento sessantacinque; restano duecento quarantatrè giorni. Inoltre,[14] Lei è libero altre otto ore al giorno, e queste ore, sommate,[15] fanno altri cento ventidue giorni; duecento quarantatrè meno [16] cento ventidue quanto fanno, Pinzi? Fanno cento ventuno, non è vero?   30

---

[1] direttore, *director, manager.* [2] ditta, *firm.* [3] esportazione e importazione, *export and import.* [4] seduto, *seated.* [5] qualcuno bussa, *someone knocks.* [6] venuto, *irregular past participle of* venire. [7] aumento, *increase.* [8] stipendio, *salary.* [9] bambino, *baby.* [10] sa Lei? *do you know?* [11] facciamone il calcolo, *let's figure it out.* [12] dormire, *to sleep.* [13] togliere, *to take off, deduct.* [14] inoltre, *besides.* [15] sommare, *to add up.* [16] meno, *less, minus.*

PINZI. Ma sì ... certamente, cɛnto ventuno ...

BACCI. E Lɛi lavora [17] la domenica?

PINZI. Nɔ, signore. Non lavoro.

BACCI. Benone, allora. Quante domeniche [18] ci sono in un anno?

5 PINZI. Cinquantadue ...

BACCI. Cinquantadue. Togliamo cinquantadue da cɛnto ventuno; rɛstano sessantanɔve. È vero, si o nɔ, che il sabato abbiamo mɛzza giornata libera? E quanti giorni fanno, in un anno, tutte queste mɛzze giornate? Ventisɛi, se non faccio

10 sbaglio. Io dico le cɔse chiaramente. Togliamo ventisɛi da sessantanɔve, e rɛstano quarantatrè giorni.

PINZI. Ma, signor Bacci ...

BACCI. E non è tutto!

PINZI. C'è ancora qualche [19] altra cɔsa?

15 BACCI. Certamente che c'è qualche altra cɔsa! Ogni giorno Lɛi è libero da mezzogiorno alle tredici [20] per andare a mangiare, e così, soltanto per un pɔ' di colazione, Lɛi sprɛca [21] quindici giorni all'anno. Rɛstano allora ventɔtto giorni. Pɔi ci sono le vacanze.[22] Non ha Lɛi quindici giorni di vacanza all'anno, ogni

20 estate? Benone! E togliamo anche questi quindici giorni da ventɔtto, e rɛstano tredici. Ah! Pɔi ci sono i giorni festivi! Quanti giorni festivi abbiamo in un anno, Pinzi?

PINZI, confuso. Non ricɔrdo ...

BACCI. Dodici. E se contiamo [23] anche questi dodici, non rɛsta

25 che un giorno solo, e per questo solo giorno di lavoro Lɛi riceve [24] la bellezza d'un milione [25] all'anno!

PINZI, in un improvviso [26] momento d'ispirazione.[27] Allora, signor Bacci, mi dia soltanto una giornata in più [28] di stipɛndio, e non ne parliamo più.[29]

Domande. 1. Dov'è impiegato il signor Pinzi? 2. Che cɔsa dice il signor Bacci quando Pinzi bussa alla pɔrta? 3. Che cɔsa desidera Pinzi? 4. Perchè desidera un aumento di stipɛndio? 5. Da quanto tɛmpo lavora egli nella ditta? 6. Quanti giorni ci sono in un anno? 7. Quante ore al giorno dɔrme Pinzi? 8. Quante altre ore è egli libero? 9. Quante domeniche ci sono in un anno? 10. Lavorano il sabato in quella ditta?

---

[17] lavorare, to work. [18] Note this plural. [19] qualche, some. [20] le tredici, one P.M. [21] sprecare, to waste. [22] vacanza, vacation. [23] contare, to count. [24] ricevere, to receive. [25] la bellezza d'un milione, the snug little sum of a million (lire). (One million lire is about the equivalent of $1600.) [26] improvviso, sudden. [27] ispirazione, inspiration. [28] una giornata in più, one extra day. [29] non ne parliamo più, let's not talk any more about it.

11. A che ora fa colazione Pinzi? 12. La ditta quanti giorni di vacanza dà a Pinzi? 13. Se togliamo anche i giorni festivi, quanti giorni di lavoro restano? 14. Per quel solo giorno di lavoro, che stipendio dà la ditta a Pinzi? 15. Che cosa dice Pinzi quando il signor Bacci ha finito di parlare?

12. Filosofia pratica [1]

La scena è in una stanza al pian terreno d'una modesta casa. Al centro c'è una tavola su cui si vedono [2] un piatto con delle castagne,[3] una bottiglia [4] di vino rosso e due bicchieri. Un padre e suo figlio, seduti [5] alla tavola, parlano e, di tanto in tanto, mangiano una castagna e sorseggiano [6] il vino. 5

PADRE, *dopo che ha riempito* [7] *i bicchieri.* Qua in paese [8] tutti sono sorpresi perchè t'ho mandato [9] a studiare all'università.

FIGLIO. Invidia,[10] soltanto invidia!

PADRE. Forse . . . E poi io desidero di vedere almeno uno dei miei figli in una professione. Non hai voluto [11] esser prete [12] . . . 10
e allora all'università, anche se mi costa un occhio.[13]

FIGLIO. Avete fatto bene, e io non desidero che di diventare [14] un professore.

PADRE. Professore di che?

FIGLIO. Di filosofia.

PADRE. Fi-so-lo-fia . . . Come hai detto? [15] 15

FIGLIO. Filosofia.

PADRE. E che cosa è questa filosofia?

FIGLIO, *con una cert'aria d'importanza.* È difficile spiegare,[16] e voi non capirete. 20

PADRE. Perchè? Sono uno sciocco? [17]

FIGLIO. Non dico questo. Voi non siete certamente uno sciocco, ma certe cose non si spiegano [18] facilmente [19] a una persona che non ha studiato per anni e anni sui libri, come ho fatto io! Forse con un esempio [20] capirete meglio.[21] 25

PADRE. Sentiamo!

---

[1] filosofia pratica, *practical philosophy.* [2] si vedono, *are seen.* [3] castagna, *chestnut.* [4] bottiglia, *bottle.* [5] seduto, *seated.* [6] sorseggiare, *to sip.* [7] riempire, *to fill.* [8] in paese, *in town.* [9] t'ho mandato, *I sent you.* [10] invidia, *envy.* [11] non hai voluto, *you didn't want.* [12] prete, *priest.* [13] anche se mi costa un occhio, *even if it costs me plenty.* [14] diventare, *to become.* [15] come hai detto? *how did you say?* [16] spiegare, *to explain.* [17] sciocco, *fool.* [18] si spiegano, *are explained.* [19] facilmente, *easily.* [20] esempio, *example.* [21] meglio, *better.*

FIGLIO. Voi credete d'εssere qu*i*, a Mileto,²² non è vero?

PADRE. Certamente! E non solo credo d'εssere a Mileto, ma ci sono!

FIGLIO. Andiamo piano! ²³

5 PADRE. Piano? Perchè?

FIGLIO. Perchè io, adεsso, con l'aiuto ²⁴ della filosofia, proverò ²⁵ che non ci siεte.

PADRE. Oh! Questa ²⁶ è bεlla!

FIGLIO. Ma ascoltate!

10 PADRE. Va' avanti! ²⁷

FIGLIO. Se voi, come dite, siεte a Mileto, evidentemente non siεte a Napoli.

PADRE. È vero. Non sono a Napoli.

FIGLIO. Ma se non siεte a Napoli, dovete ²⁸ εssere altrove.²⁹

15 PADRE. Anche questo è vero.

FIGLIO. Allora, vedete, se siεte altrove, non siεte qu*i*, a Mileto!

PADRE, *confuso.* Giusto, giusto . . .

Ci sono due o tre minuti di silεnzio. Il padre rεsta pensieroso ³⁰ mentre il figlio mangia castagne. Ma all'improvviso ³¹ il padre
20 s'alza, va vεrso il figlio e gli dà uno schiaffone.³²

FIGLIO. Eh! Perchè mi battete? ³³

PADRE, *con finta sorpresa.*³⁴ Chi t'ha battuto? ³⁵

FIGLIO. Voi!

PADRE. Io nɔ.³⁶ Tu sogni.³⁷

25 FIGLIO. Sogno? Sεnto ancora il bruciore ³⁸ sulla faccia.³⁹

PADRE. Eppure non sono stato io! ⁴⁰

FIGLIO. E chi? Uno spirito,⁴¹ forse?

PADRE. Non sono stato io, e ora, con l'aiuto della tua filosofia, lo prɔvo a tua soddisfazione.⁴² Tu sεi qu*i*, a Mileto, non è vero?
30 E tu hai provato un momento fa che io a Mileto non ci sono perchè sono altrove. Anche questo è esatto.⁴³ Perciò,⁴⁴ se sono altrove, come hɔ potuto darti ⁴⁵ quello schiaffone?

---

²² Mileto, *a small town in Calabria.* ²³ piano, *slow, slowly.* ²⁴ aiuto, *help.*
²⁵ provare, *to prove.* ²⁶ *The word* cɔsa *is understood; hence, the feminine* questa.
²⁷ avanti, *ahead.* ²⁸ dovete, *you must.* ²⁹ altrove, *elsewhere.* ³⁰ pensieroso, *pensive.*
³¹ all'improvviso, *all of a sudden.* ³² gli dà uno schiaffone, *gives him a big slap in the face.* ³³ perchè mi battete? *why do you strike me?* ³⁴ con finta sorpresa, *with make-believe surprise.* ³⁵ chi t'ha battuto? *who struck you?* ³⁶ io nɔ, *not I.* ³⁷ sognare, *to dream.* ³⁸ bruciore, *smarting.* ³⁹ faccia, *face.* ⁴⁰ appure non sono stato io, *and yet it wasn't I.* ⁴¹ spirito, *ghost.* ⁴² soddisfazione, *satisfaction.* ⁴³ esatto, *exact.* ⁴⁴ perciò, *therefore.* ⁴⁵ come hɔ potuto darti, *how was I able to give you.*

Domande. 1. Dov'è la scena? 2. Che cosa c'è al centro della stanza? 3. Che cosa c'è sulla tavola? 4. Che cosa fanno padre e figlio mentre parlano? 5. Chi è il figlio? 6. Perchè il padre l'ha mandato all'università? 7. Che cosa non ha voluto fare il figlio? 8. All'università, che cosa studia? 9. Quando il padre domanda che cosa è la filosofia, che cosa risponde il figlio? 10. E poi che dice? 11. Durante due o tre minuti di silenzio, che cosa fanno padre e figlio? 12. Poi il padre che cosa fa? 13. E il figlio che dice? 14. Come prova il padre ch'egli non ha battuto il figlio?

13. Lavoro e ozio [1]

Quell'onda [2] che rovina [3]
dalla pendice [4] alpìna,
balza, si frange e mormora,[5]
ma limpida si fa.

Altra riposa,[6] è vero,
in cupo fondo ombroso,[7]
ma perde in quel riposo [8]
tutta la sua beltà.[9]

Pietro Metastasio

14. La sa a memoria [1]

Al Teatro dell'Opera di Parigi,[2] due operai,[3] Mercier e Leduc, occupano dei posti di loggione.[4] Sono venuti là per vedere il *Lohengrin* di Wagner, soprattutto perchè hanno sentito dire che, a un certo momento, l'eroe [5] dell'opera entra sulla scena in una piccola barca [6] tirata da un cigno.[7]

Il sipario [8] s'alza.

Senza [9] fare attenzione [10] alla musica, senza seguire l'intreccio [11]

5

---

[1] ozio, *idleness.* [2] onda, *wave. Here, poetically: water.* [3] rovinare, *to ruin, fall devastatingly.* [4] pendice, *slope.* [5] balza, si frange e mormora, *leaps, breaks, and murmurs.* [6] riposare, *to rest.* [7] in cupo fondo ombroso, *in a deep, shady hollow.* [8] riposo, *rest.* [9] beltà, *beauty.*

[1] sapere a memoria, *to know by heart.* [2] Teatro dell'Opera di Parigi, *Paris Opera House.* [3] operaio, *workman.* [4] loggione, *upper balcony.* [5] eroe, *hero.* [6] barca, *boat.* [7] tirata da un cigno, *drawn by a swan.* [8] sipario, *stage curtain.* [9] senza, *without.* [10] fare attenzione, *to pay attention.* [11] intreccio, *plot.*

dell'opera, i due aspettano con impazienza [12] l'arrivo [13] del
cigno.

Il primo atto [14] finisce e li lascia [15] delusi: niente cigno.[16]

Oramai [17] anche il secondo atto sta per [18] finire, e del miracoloso
5 uccello non appare nemmeno l'ombra.[19] Allora Leduc tocca [20] il
braccio [21] a un signore che sta seduto alla sua destra e che pare
tutto assorto [22] ad ascoltar la musica, e domanda:

— Questo benedetto [23] cigno quando arriva?

— Pst! [24] — mormora [25] il signore. — Che cigno?

10   — *Parbleu!* [26] Il famoso cigno del *Lohengrin!*

— Come? — domanda, sorpreso, il vicino.[27] — Non avete
letto l'avviso [28] alla porta del teatro?

— No.

— Per [29] indisposizione del tenore hanno cambiato [30] lo spet-
15 tacolo.[31] Invece del *Lohengrin* stanno dando [32] la *Carmen.*

A queste parole, Leduc si volge [33] al suo amico e, con un'espressione di disgusto, dice:

— Andiamo via! La *Carmen* la so a memoria!

Domande. 1. Che posti occupano Mercier e Leduc? 2. Che opera desiderano di vedere? 3. Che cosa hanno sentito dire? 4. A che cosa non
fanno attenzione? 5. Perchè il primo atto li lascia delusi? 6. Appare
il cigno nel secondo atto? 7. Che cosa fa allora Leduc? 8. Che mormora il vicino? 9. Che dice Leduc? 10. Che cosa domanda, sorpreso,
il vicino? 11. Che cosa dice l'avviso alla porta del teatro? 12. A quelle
parole, che cosa fa Leduc?

15. Trova un tesoro [1]

Trova un amico e troverai un tesoro,
dice la Bibbia,[2] e son parole d'oro; [3]
per altro [4] credo meglio [5] se tu dici:
trova un tesoro e troverai gli amici.

---

[12] impazienza, *impatience.* [13] arrivo, *arrival.* [14] atto, *act.* [15] lasciare, *to leave.*
[16] niente cigno, *no swan.* [17] oramai, *by now.* [18] stare per, *to be about to.* [19] non
appare nemmeno l'ombra, *not even the shadow appears.* [20] toccare, *to touch.* [21] braccio, *arm.* [22] assorto, *absorbed.* [23] benedetto, *blessed. Here, ironically: darned.*
[24] pst! *sssh!* [25] mormorare, *to murmur, grumble.* [26] parbleu! *a French exclamation:
why!* [27] vicino, *neighbor.* [28] avviso, *notice.* [29] per, *on account of.* [30] cambiare, *to
change.* [31] spettacolo, *show.* [32] stanno dando, *they are giving.* [33] volgersi, *to turn.*

[1] tesoro, *treasure.* [2] la Bibbia, *the Bible.* [3] oro, *gold.* [4] per altro, *however.*
[5] meglio, *better.*

DIALOGHI PRATICI
XXI

IL DOTTOR FUCCI. Buon giorno, Enzo.

ENZO. Buon giorno, dottore. Come sta?

IL DOTTOR FUCCI. Benone, grazie. Che fai tu qui, in sala di lettura?

ENZO. Guardo queste riviste.

IL DOTTOR FUCCI. Anche il tuo babbo è qui, al circolo?

ENZO. Siamo qui insieme. Abbiamo fatto colazione e ora egli è in sala da biliardo a giocare con un amico.

IL DOTTOR FUCCI. Allora vado là. Chi è l'amico con cui gioca?

ENZO. Il signor Foschini, credo. Lo conosce?

IL DOTTOR FUCCI. Sì. Arrivederci, Enzo.

ENZO. Arrivederci, dottore.

XXII

GINO. Pronto?

NORA. Pronto! Con chi parlo?

GINO. Con Gino Del Balzo. Parlo con la signorina Nora?

NORA. Sì. Come sta, Gino?

GINO. Bene, grazie. È libera sabato sera, Nora?

NORA. Credo . . . Sì, son libera. Perchè?

GINO. Perchè al circolo del mio babbo danno un ballo. Desidero tanto d'andare con Lei . . .

NORA. Ma sì! Volentieri!

GINO. Son così contento! Passeremo certamente una bella serata insieme. Sarò a casa sua alle ventuno. Va bene?

NORA. Benone.

XXIII

MASO. Che fai questo pomeriggio?

CECCO. Ho un appuntamento con Nina Marvuglia.

MASO. L'ho pensato . . . Allora resterò qui a studiare.

CECCO. Hai tempo domani per studiare. Domani è domenica. Studieremo insieme.

MASO. Ma che cosa faccio oggi?

CECCO. Perchè non telefoni alla tua amica Bettina?

MASO. Ho già telefonato stamane. Non è libera.

CECCO. Allora facciamo così: usciamo insieme tutti e tre; Nina, tu e io.

MASO. Nina non sarà contenta . . .

CECCO. Ma sì! E andiamo a un cinematografo!

SUSANNA. Che bella fotografia! Quando l'hai avuta?

RINA. L'ha portata il postino stamane. L'ha mandata mamma.

SUSANNA. È la casa vostra questa?

RINA. Sì. E questo è mio padre, questa è la mia mamma, e questi sono i miei fratellini.

SUSANNA. La metterai nel tuo album?

RINA. No. È troppo grande per l'album.

SUSANNA. Perchè non la metti in una bella cornice e l'appendi qua, sulla tua scrivania?

RINA. È quello che farò. Hai avuto un'idea molto buona.

SUSANNA. Andiamo insieme a comprare la cornice?

RINA. Sì, con piacere.

PARTE **SETTIMA**

Detail from the ivory throne of Archbishop Maximian, Ravenna

LEZIONE VENTICINQUESIMA

LETTURA

Al ristorante

Rina e Dora sono uscite coi loro genitori per andare a pranzare in un ristorante giù in città. Oggi è il compleanno della mamma e la piccola famiglia lo festeggia.

Già è sera. Le vie e le piazze sono illuminate. Molti negozi hanno luci al neon, luci rosse, verdi, gialle, azzurre. Siamo in 5 primavera, non fa freddo, ed essi camminano. C'è molta gente nelle vie.

Arrivano al ristorante Gigli, in Corso Garibaldi. Il babbo apre la porta, la mamma entra prima, gli altri la seguono.

— Buona sera, signor Favezzani! Buona sera, signora e si- 10 gnorine! Si accomodino! — dice un vecchio cameriere, che li riconosce.

Il ristorante è pieno di gente, ma c'è ancora una tavola o due che sono libere, e la famiglia Favezzani occupa quella ch'è apparecchiata per quattro.
15

— Ecco la lista delle vivande. Che vino desiderano?

— Porti del Capri bianco in ghiaccio.

Mentre il cameriere va via, il babbo passa la lista alla mamma.

— Questi maccheroni alla siciliana son buoni, forse, — dice la 20 signora Favezzani. — Poi desidero del pesce.

Ma già il cameriere ritorna col vino in un secchietto pieno di ghiaccio, e il signor Favezzani dà l'ordine:

— Serva prima dell'antipasto, poi porti dei maccheroni alla siciliana, pesce fritto, pollo arrosto con patate e piselli, dell'in- 25 salata, frutta e torta.

— Prendono caffè?

— Sì, porti quattro tazze di caffè insieme con la torta.

— Sta bene, signore! — dice il cameriere, e va via.

Poco dopo il pranzo comincia, e dura quasi un'ora e mezza. 30

Chi ha danaro ha ciò che vuole.

Money is ace of trumps. (He who has money, has what he wants.)

VOCABOLARIO

l'antipasto appetizers
il cameriere waiter, steward
la gente people
il ghiaccio ice
la lista delle vivande menu
il maccherone macaroni [1]
il neon neon
l'ora hour
l'ordine m. order
il pesce fish
il pollo chicken; pollo arrosto roast chicken
la primavera spring
il ristorante restaurant
il secchietto little pail
il vino wine

fritto fried
mezzo half
pieno full

accomodarsi [m'accomodo] to make oneself comfortable, sit down [2]
camminare to walk
durare to last [2]
illuminare [illumino] to light
occupare [occupo] to occupy

via away

Imparare anche la seguente espressione:

alla siciliana Sicilian style

NOTE GRAMMATICALI

58 Commands

I		II	
compr i	*buy* (singular)	vend a	*sell* (singular)
compr ino	*buy* (plural)	vend ano	*sell* (plural)
III			
fin isc a	*finish* (singular)	part a	*depart* (singular)
fin isc ano	*finish* (plural)	part ano	*depart* (plural)

Note the following:

1. These forms are the third person singular and the third person plural of the present subjunctive. They are used in direct commands in formal address (Lei, Loro).

---

[1] Used usually in the plural. [2] Conjugated with essere.

2. The endings to be added to the stem of the regular verbs of the first conjugation are –**i** for the singular, –**ino** for the plural; all other verbs (second and third conjugations) take the endings –**a** for the singular, –**ano** for the plural.

3. All verbs of the third conjugation that take –**isc**– in some of the forms of the present indicative do so in this case too.

4. The reflexive pronoun to be used with the forms above is **si,** both in the singular and in the plural: **si guardi,** *look at yourself;* **si guardino,** *look at yourselves.*

59 Common Expressions

S'alzi!	Get up!
S'accomodi!	Sit down!
Cominci!	Begin!
Apra!	Open!
Chiuda!	Close!
Lɛgga!	Read!
Scriva!	Write!
Continui!	Continue!
Metta!	Put!
Ripɛta!	Repeat!
Parli!	Speak!
Vada! (*irr.*)	Go!
Vɛnga! (*irr.*)	Come!
Ritorni!	Return!
Dica! (*irr.*)	Say!
Dia! (*irr.*)	Give!

ESERCIZI

A. Dare il contrario di:

1. andare	2. trovare
entrare	arrivare
domandare	aprire
comprare	finire

B. Tradurre in italiano, nel singolare e nel plurale:

1. Pass the menu. 2. Serve some coffee. 3. Write a letter. 4. Help that boy. 5. Enter, please. 6. Don't spend too much money. 7. Have a good time. 8. Open the doors. 9. Sing that song. 10. Finish that work. 11. Say that word again. 12. Clean your room. 13. Fly if you wish to arrive soon. 14. Welcome this gift. 15. Turn to [the] left.

C. Accoppiare le parole della colonna A con quelle della colonna B:

A	B
1. vecchio	a. sweet
2. fritto	b. true
3. fortunato	c. useful
4. vero	d. old
5. mezzo	e. whatever
6. parecchi	f. fried
7. freddo	g. lucky
8. qualunque	h. half
9. rettangolare	i. cold
10. seguente	j. several
11. fresco	k. following
12. dolce	l. rectangular
13. utile	m. full
14. felice	n. cool
15. pieno	o. happy

D. Dare le parole italiane per quelle in parentesi:

1. (*Once in a while*) —— io vado in un ristorante italiano. 2. Ho incontrato la signorina Bucci (*by chance*) ——. 3. Desidero di (*take a walk*) —— con Bettina. 4. (*Why, no*) —— questo ragazzo non è cattivo. 5. (*You are wrong*) ——, mio caro signore. 6. In città (*it's very warm*) ——. 7. (*How beautiful it is*) —— cantare con una voce come la sua! 8. Essa ha recitato (*soon after*) ——. 9. Ho comprato dei calzini (*to my taste*) ——. 10. (*I eat breakfast*) —— appena m'alzo. 11. Hanno venduto quella casa (*cheaply*) ——. 12. L'avvocato è già (*on his way*) ——. 13. Mangiamo spaghetti (*Neapolitan style*) ——. 14. Com'è andata la partita? — (*Not so bad!*) ——. 15. (*All right!*) —— S'accomodi.

E. Imparare a memoria il secondo paragrafo della *Lettura* di questa lezione.

F. Tradurre in italiano:

1. Make yourselves comfortable, ladies and gentlemen! Here is the menu. Do you wish some white Capri? 2. Why, yes, Joe! I like this wine a great deal. Bring some ice, too. 3. The restaurant is well lighted and full of people. 4. Waiter, please, serve some appetizers and then macaroni Neapolitan style for four. 5. The waiter is listening attentively, then says "Very well, sir," and goes away. 6. I unfold my napkin and look at the nearby tables. 7. So many persons! Only two

or three tables are still free. 8. After the macaroni, the ladies wish to
have some fried chicken. 9. Paul and I wish some fish Sicilian style,
instead.[1] 10. Our dinner ends with cheese and a delicious cake.

CONVERSAZIONE

1. Perchè Rina e Dora sono uscite coi loro genitori? 2. Che cosa
festeggia la loro famiglia? 3. Come sono le vie e le piazze? 4. Che luci
hanno molti negozi? 5. Di che colore sono le luci? 6. Fa freddo?
7. Dov'è il ristorante Gigli? 8. Chi entra prima nel ristorante? 9. Che
dice il cameriere quando li vede? 10. Che tavola occupa la famiglia
Favezzani? 11. Che vino domanda il signor Favezzani? 12. Che cosa
desidera di mangiare la signora Favezzani? 13. Che ordine dà il signor
Favezzani? 14. Prendono caffè i Favezzani? 15. Quanto tempo dura
il pranzo?

LEZIONE VENTISEIƐSIMA

LETTURA

Al giardino zoologico

— Guardate! — dice il signor Liviani ai suoi figli Vanni e Nino,
e al loro cugino Peppino, mentre tutti e quattro si fermano davanti a una delle gabbie dei leoni. — Guardate! L'aspetto del
leone dice chiaramente ch'esso è il re degli animali!

— La leonessa pare un enorme gatto, — osserva il piccolo 5
Nino.

A queste parole, Vanni e Peppino sorridono.

— Ma sì, — dice il babbo, — hai ragione; pare un enorme
gatto. E impara che il leone, la tigre, il leopardo, e anche il gatto,
son della stessa famiglia. Ma adesso usciamo da questo posto, 10
dove l'aria non è buona; andiamo all'aperto a vedere gli altri
animali.

Fuori, tutto è così bello! I prati già verdi, gli alberi con le
prime foglie, i fiori e il sole, danno al giardino zoologico un aspetto
molto bello. I ragazzi sono felici.   15

---

[1] Place this adverb at the beginning of the sentence.

— Venite! — dice il signor Liviani, e i figli e il nipote Peppino lo seguono.

Poco dopo essi sono già davanti alle gabbie degli orsi. Ci sono orsi marrone, orsi neri, e pure due grandi orsi polari in un'enorme
5 gabbia.

Nino guarda gli orsi e sorride. Sono così buffi come camminano su e giù. Anche Vanni e Peppino li trovano interessanti.

— Andiamo a veder gli uccelli!

Ma gli uccelli, di tanti colori, grigi, gialli, azzurri, rossi, non
10 sono così interessanti per i ragazzi. Ora Vanni li stuzzica con un ramoscello.

— Non fare così! — esclama il babbo.

— Perchè?

— Perchè è una cosa cattiva. Poveri animali!
15 Vanni riconosce che ha torto.

Ma è già ora di ritornare a casa, dove la mamma li aspetta per il pranzo. I ragazzi non hanno ancora veduto tutto. Peccato! Ma sarà per un'altra volta.

PROVERBIO

Chi troppo abbraccia nulla stringe.	*He that too much embraceth holdeth little.*

VOCABOLARIO

l'animale *m.* animal
l'aria air
l'aspetto aspect, appearance
la foglia leaf
la gabbia cage
il gatto cat
il leone lion
la leonessa lioness
il leopardo leopard
il nipote nephew; grandson; la nipote niece; granddaughter
l'orso bear
il ramoscello twig
il re king
il sole sun, sunlight
la tigre tiger
l'uccello bird

buffo droll, funny
enorme enormous, huge
polare polar
zoologico zoological

osservare [osservo] to observe
parere [paio] to seem, look like [1]
sorridere to smile
stuzzicare [stuzzico] to tease

all'aperto in the open, outdoors
chiaramente clearly
fuori (di) out, outside (of)

[1] Conjugated with essere.

NOTE GRAMMATICALI

60 Imperative

	I			II	
2nd sing.	compr **a**	*buy*		vend **i**	*sell*
(3rd sing.)	(compr **i**	*buy*)		(vend **a**	*sell*)
1st pl.	compr **iamo**	*let us buy*		vend **iamo**	*let us sell*
2nd pl.	compr **ate**	*buy*		vend **ete**	*sell*
(3rd pl.)	(compr **ino**	*buy*)		(vend **ano**	*sell*)

	III				
2nd sing.	fin **isc i**	*finish*		part **i**	*depart*
(3rd sing.)	(fin **isc a**	*finish*)		(part **a**	*depart*)
1st pl.	fin **iamo**	*let us finish*		part **iamo**	*let us depart*
2nd pl.	fin **ite**	*finish*		part **ite**	*depart*
(3rd pl.)	(fin **isc ano**	*finish*)		(part **ano**	*depart*)

1. The Italian imperative has no third person. The forms given in parentheses are borrowed, as we have seen in the preceding lesson, from the present subjunctive, and are used in commands in the **Lɛi** or **Loro** forms of direct address (**compri** — *or* **comprino** — **i fiori,** *buy the flowers*) or in indirect commands to a third person (**finisca il lavoro,** *let him finish his work*).

2. Note that, except for the second person singular of the first conjugation (**compra**), the imperative has the same forms as the present indicative.

3. Note also that the larger part of the verbs of the third conjugation add –**isc** to their stem in the same persons as the present indicative (see § **12,** 1, pages 87 and 88).

61 Negative Imperative

non comprare	*do not buy*
(non compri	*do not buy*)
non compriamo	*let us not buy*
non comprate	*do not buy*
(non comprino	*do not buy*)

A peculiarity of the imperative is that the negative form of the second person singular is made by **non** and the infinitive. For the other forms, just place **non** before the positive imperative.

ESERCIZI

A. Coniugare nell'imperativo:

1. Scendere al pian terreno.
2. Recitare ad alta voce.
3. Pulire le posate d'argento.

4. Gradire un dono utile.
5. Spendere poco danaro.
6. Guidare una nuova automobile.

B. Completare con la seconda persona singolare, affermativa e negativa, dell'imperativo del verbo in parentesi (*Complete with the second person singular, affirmative and negative, of the imperative of the verb in parentheses*):

1. (*telefonare*) —— a tua cognata. 2. (*credere*) —— alle parole di Nino. 3. (*pulire*) —— il tuo panciotto. 4. (*ricordare*) —— le ore passate insieme. 5. (*partire*) —— giovedì sera. 6. (*riconoscere*) —— che hai torto. 7. (*usare*) —— la mia grammatica. 8. (*finire*) —— questo lavoro. 9. (*spendere*) —— assai danaro. 10. (*camminare*) —— per quella via. 11. (*sentire*) —— quella musica. 12. (*appendere*) —— la tua giacca.

C. Dare le parole italiane per quelle in parentesi:

1. Egli ha girato un po' (*everywhere*) ——. 2. Ella si divertirà molto (*the day after tomorrow*) ——. 3. Mi piace vivere (*outdoors*) ——. 4. Aiuterò (*gladly*) —— suo nipote. 5. Egli, (*however*) ——, non crede d'aver torto. 6. Questo giovane ha (*almost*) —— finito il suo lavoro. 7. (*Sometimes*) —— noi non ricordiamo cose utili. 8. Vi parlerò (*clearly*) ——. 9. Nina va (*away*) —— da questa città. 10. (*Meantime*) —— ella studia la lingua italiana. 11. S'accomodi qua (*near*) —— Bettina. 12. Egli non ha approfittato del vostro favore. (*Too bad!*) ——. 13. Continueremo questa conversazione (*either*) —— a casa sua (*or*) —— nel mio ufficio. 14. (*Outside*) —— non fa freddo. 15. Venite a casa mia (*instead*) ——.

D. Completare con la prima e la seconda persona plurali dell'imperativo del verbo in parentesi:

1. (*osservare*) —— gli uccelli che sono in questa gabbia. 2. (*spendere*) —— questo danaro. 3. (*sentire*) —— quello che l'ingegnere dice. 4. (*procedere*) —— lentamente. 5. (*occupare*) —— queste poltrone comode. 6. (*partire*) —— per Napoli. 7. (*domandare*) —— al nuovo postino. 8. (*chiudere*) —— bene la porta. 9. (*guardare*) —— la televisione. 10. (*pulire*) —— l'armadio. 11. (*vivere*) —— allegramente. 12. (*lodare*) —— le buone idee.

E. Il professore detterà parte della *Lettura* di questa lezione.

F. Tradurre in italiano:

In translating these sentences, use the second person singular, in direct address.

1. Visit our zoological garden; [it] is very beautiful, now, in spring.
2. Walk from one place to another; see the trees, the flowers, the large lawns. 3. See the animals; don't tease them, however. 4. The lions and lionesses, the tigers, and the leopards are not in the open. 5. The air is still too cold now. 6. Remember to (**di**) see the bears; they are funny. 7. Some bears are brown in color,[1] others are black, and there are four polar bears. 8. See the birds also; they are in a huge cage at the center of the garden. 9. They sing gaily, they fly up and down, they are happy, perhaps. 10. Observe their colors; they are yellow, gray, red, and green.

CONVERSAZIONE

1. Con chi è il signor Liviani nel giardino zoologico? 2. Che cosa dice l'aspetto del leone? 3. Che osserva il piccolo Nino? 4. Chi è Nino? 5. Chi è Vanni? 6. Chi è Peppino? 7. Che cosa dice il babbo a Nino? 8. Perchè il giardino zoologico è così bello quando il signor Liviani e i ragazzi vanno all'aperto? 9. Che vedono i ragazzi dopo i leoni? 10. Perchè Nino sorride quando vede gli orsi? 11. È piccola la gabbia degli uccelli? 12. Di che colore sono gli uccelli? 13. Che fa Vanni? 14. Che dice a Vanni il signor Liviani? 15. Perchè i ragazzi non vedono tutto nel giardino zoologico?

---

[1] Translate, "of brown color."

BOLOGNA
VENICE
TRIESTE

Bologna, like Florence, is a famous center of studies. "Bononia docet" (Bologna teaches) is the Latin saying, which goes back to the Middle Ages. In fact, the University of Bologna, founded in 1158, is the oldest not only in Italy but in the world, and it is still one of the most important in Europe.

Rich in historic and artistic traditions, in ancient churches, and in majestic palaces and monuments, the city, in its old sections, still has a medieval look. Typically medieval are its two leaning towers, mentioned by Dante in a canto of the DIVINE COMEDY.

But Bologna, the birthplace of Guglielmo Marconi, inventor of wireless telegraphy, is also a very modern and progressive city, rich in trade and industry. Its new avenues, its arches, and its parks make it very attractive.

left   University
of Bologna

above   Fountain of Neptune,
Bologna

right   The Garisenda and
Asinelli towers,
Bologna

Venice, city of canals

Venice (Ven**ε**zia), city of dreams and romance, seems to rise miraculously from the sea. To give you an idea of its peculiar, nay unique, characteristics, it is enough to say that Venice is built on more than a hundred small islands, joined by hundreds of tiny bridges. The Grand Canal divides the city into two parts and is its Broadway. Flanked by wonderful marble palaces and some famous churches, this wide canal is usually crowded with gondolas, motor boats, and steam launches. It is spanned by several bridges, among them the celebrated Rialto with its double row of small shops.

Venice was first inhabited by refugees fleeing from the Venetian plain nearest the sea to escape from the invasions of the barbarians (V–VIIth centuries). They found shelter in the islands of the Lagoon and gradually built a flourishing state. So successful were they that at the time of the Crusades, during the twelfth and thirteenth centuries, Venice dominated the entire

above   Bronze bell ringers on famous clock, Venice
below   Rialto Bridge, Venice

left   Winged Lion of St. Mark, Venice
above   St. Mark's Basilica, Venice

Mediterranean Sea, maintaining its power and prestige until the time of the discovery of America, in 1492. Even after that, "The Serenissima," as the Venetian Republic was called, continued for a few centuries in its glory and splendor until, in 1797, Napoleon destroyed its power forever.

But, apart from its magnificent his-

tory as a sea power and as the greatest trade center in medieval Europe, Venice also has the glory of having been one of the world's most renowned art centers. Venetian painting is recognizable by its magic colors, and the works of such great artists as Jacopo Bellini, Titian, Tintoretto, and Veronese enrich the galleries of that wonderful city.

The Ducal Palace, the adjoining Basilica of St. Mark — a masterpiece in Byzantine style on the magnificent square by the same name, — its lofty Campanile, the Ca' d'Oro and innumerable other buildings of exquisite beauty, the elegant Bridge of Sighs, and the great libraries and museums give Venice a distinction all its own.

291

above   Bridge of Sighs, Venice
left   Ca' d'Oro, Venice

292

above Piazza Oberdan, Trieste
below Cathedral of San Giusto, Trieste

Trieste (Triɛste), with a population of a little over 300,000, is now the tenth largest Italian city. It is the most important commercial harbor on the Adriatic Sea and is also noteworthy because of its splendid location, its beauty, and its monuments. Particularly famous among its churches is the Cathedral of San Giusto, which was built in the fourteenth century.

Milan, Venice, and Trièste once belonged to the Austrian Empire, and many years of struggle were necessary to liberate them and unite them with the rest of Italy. Trieste was the last of these cities to be annexed, as a result of the final victory of the Italian armies in World War I.

293

above   East End of the Canal Grande,
Trieste

right   Teatro Romano,
Trieste

LEZIONE VENTISETTESIMA

LETTURA

L'estate s'avvicina

— L'estate s'avvicina, — dice a Dɔra la zia Nina, — e avrai bisogno d'un nuɔvo costume da bagno. Andiamo giù in città insieme; lo comprerɔ e sarà il mio dono per il tuo compleanno.

— Grazie, zia. Vado a vestirmi?

— Sì, e sii svɛlta perchè hɔ fretta. Hɔ altre compere da fare 5 e desídero pure di passare per la bibliotɛca per restituire due libri che hɔ lɛtti.

Dɔra corre a vestirsi, ma non è contɛnta. Ha piacere, sì, d'avere un nuɔvo costume da bagno perchè quello che ha è vɛcchio, ma conosce il gusto un pɔ' antiquato di sua zia e teme d'avere un 10 dono pɔco gradito.

— Sɛi pronta? — domanda la zia dalla sua camera pɔco dopo.

— Abbia paziɛnza ancora un momento. Hɔ quasi finito.

Un quarto d'ora dopo, zia e nipote sono già in cammino vɛrso Piazza del Duɔmo, dove sono i grandi negɔzi. 15

Arrivano alla bibliotɛca, ɛntrano nella sala di lettura e, mentre la zia va a restituire i due libri e a consultare il catalogo per scɛgliere un romanzo interessante da portare a casa, Dɔra guarda delle riviste.

— E adɛsso? — domanda la ragazza appena sono di nuɔvo 20 all'apɛrto.

— Adɛsso andiamo a comprare il tuo costume da bagno al negɔzio di Bartolazzi & Compagnia.

Dɔra è sorpresa, e ora sorride. Conosce il negɔzio menzionato dalla zia. È un negɔzio che ɔccupa tutto un edifízio a sɛi piani 25 a sinistra del Duɔmo, un negɔzio che vende cɔse buɔne, artícoli di lusso.

Arrívano, ɛntrano, prɛndono l'ascensore che le pɔrta al secondo piano. Quanta gɛnte che compra! La zia s'avvicina a una delle commesse e dice: 30

— Sia così gentile, signorina; mi mostri un buɔn costume da bagno per questa ragazza. — E pɔi alla nipote: — Di che colore lo preferisci?

— Giallo.

E così la zia Nina, malgrado le sue idεe antiquate, compra per Dɔra un costume da bagno molto carino e dell'*u*ltima mɔda.

PROVΕRBIO

Tutto è bεne quel che finisce
bεne.

All's well that ends well.
(*Shakespeare*)

VOCABOLARIO

l'articolo article
l'ascensore *m.* elevator, lift
la bibliotεca library
il cat*a*logo catalogue
il commesso salesman; la commessa saleswoman
il costume da bagno bathing
suit
il duɔmo cathedral
l'estate *f.* summer
la mɔda fashion, style
il quarto quarter
il roman*z*o novel

antiquato old-fashioned
quanto how much (*pl.* how
many)

sorpreso surprised
svεlto quick

avvicinarsi to approach, draw
near [1]
consultare to consult
menzionare to mention
preferire [preferisco] to prefer
restituire [restituisco] to return, give back
scegliere [scelgo] to select,
choose
temere to fear, be afraid of
vestirsi [mi vεsto] to get
dressed [1]

malgrado in spite of

Imparare anche le seguεnti espressioni:

aver fretta   to be in a hurry
aver paziεnza   to be patient

NɔTE GRAMMATICALI

62 Imperative of the Auxiliary Verbs

avere		εssere	
SINGULAR			
abbi	*have*	sii	*be*
(abbia	*have*)	(sia	*be*)
PLURAL			
abbiamo	*let us have*	siamo	*let us be*
abbiate	*have*	siate	*be*
(abbiano	*have*)	(siano	*be*)

[1] Conjugated with εssere.

63 Imperative of the Four Irregular Verbs of the First Conjugation

andare	dare	fare	stare

SINGULAR

va' *go*, etc.	da' *give*, etc.	fa' *do*, etc.	sta' *be*, etc.
(vada)	(dia)	(faccia)	(stia)

PLURAL

andiamo	diamo	facciamo	stiamo
andate	date	fate	state
(vadano)	(diano)	(facciano)	(stiano)

ESERCIZI

A. Coniugare nell'imperativo:

1. Avere buona memoria.
2. Andare giù in città.
3. Dare un altro appuntamento.
4. Essere sempre fortunato.
5. Fare delle buone compere.
6. Stare in casa della zia.

B. Completare con la seconda persona singolare, affermativa e negativa, dell'imperativo del verbo in parentesi (*Complete with the second person singular, affirmative and negative, of the imperative of the verb in parentheses*):

1. (*avere*) —— molto danaro. 2. (*essere*) —— contento di stare qui. 3. (*stare*) —— a casa stasera. 4. (*dare*) —— questa lettera all'avvocato. 5. (*fare*) —— come dice Cecco. 6. (*andare*) —— all'aperto. 7. (*essere*) —— il primo ad andare a vedere quel signore. 8. (*avere*) —— pazienza con quel ragazzo. 9. (*dare*) —— questo romanzo a tua sorella. 10. (*andare*) —— a far colazione adesso.

C. Completare con la prima e la seconda persona plurali dell'imperativo del verbo in parentesi:

1. (*avere*) —— sempre ragione! 2. (*essere*) —— differenti dagli altri! 3. (*andare*) —— fra quella gente. 4. (*fare*) —— la stessa cosa. 5. (*dare*) —— un appuntamento al nipote di Paolo. 6. (*stare*) —— sempre in buona compagnia.

D. Dare le parole italiane per quelle in parentesi:

1. L'aria è bella (*outside*) ——. 2. (*Put*) —— il catalogo sulla scrivania. 3. Se Lei non pronunzia (*clearly*) ——, non La capiscono. 4. Ho com-

prato questo quadro (*cheaply*) ——. 5. Egli arriverà a casa (*toward*)
—— mezzogiorno. 6. È (*ready*) —— Margherita? 7. (*In spite of*)
—— tutto, ella preferirà restare. 8. Quest'esercizio non è (*difficult*)
——. 9. L'aiuterò (*gladly*) ——. 10. (*Either*) —— Lei fa quel lavoro
(*or*) —— lo faccio io. 11. (*On my way*) —— per la scuola ho incontrato
la signorina Lauterbach. 12. Oggi i maccheroni sono (*Sicilian style*)
——. 13. Se Lei (*are in a hurry*) ——, parleremo un'altra volta.
14. Clara sarà qui (*the day after tomorrow*) ——. 15. Ho letto (*almost*)
—— cento pagine di quel libro.

E. Accoppiare le parole della colonna A con quelle della colonna B:

A	B
1. avvicinarsi	*a.* to get dressed
2. seguire	*b.* to iron
3. appendere	*c.* to approach
4. ricordare	*d.* to lose
5. vivere	*e.* to follow
6. vestirsi	*f.* to last
7. temere	*g.* to remember
8. parere	*h.* to hang up
9. stirare	*i.* to smile
10. durare	*j.* to live
11. sorridere	*k.* to fear
12. menare	*l.* to observe
13. perdere	*m.* to walk
14. camminare	*n.* to seem
15. osservare	*o.* to lead

F. Tradurre in italiano:

1. Summer days [1] are approaching, Mother,[2] and I need a dress or two.[3]
2. Why, yes, Helen, but be patient and wait a while;[4] I haven't too
much money now. 3. Then, who knows (**sa**) what the fashion will be [5]
this year? 4. Oh, Mother, haven't you seen the latest magazines? 5. I
have seen them, and perhaps you are right, but don't be in a hurry,
Helen. 6. I need a new bathing suit also, because the one (**quello che**)
I have is too small. 7. Are you sure of it,[6] Helen? — Yes, Mother.
8. All right, let's do [it] this way:[7] you will have a new bathing suit

[1] Translate, "The days of summer." [2] Use the word **mamma** with a small
letter. [3] Translate, "one or two dresses." [4] Same as "a little." [5] Translate, "what
will be of fashion." [6] See footnote 1 on page 254. [7] Translate "this way" as you
would "thus."

and the other will be for your little sister. 9. Thanks! It's a good idea, but will Betty be satisfied? 10. Why, yes! Betty is a good girl, and your bathing suit is almost new.

CONVERSAZIONE

1. Che dono pensa di fare a Dora la zia Nina? 2. Quando Dora dice "vado a vestirmi?" che risponde la zia? 3. Perchè la zia pensa d'andare alla biblioteca? 4. È contenta Dora mentre va a vestirsi? 5. Perchè non è contenta? 6. Quando la zia Nina domanda a Dora se è pronta, che risponde la ragazza? 7. Un quarto d'ora dopo, che fanno zia e nipote? 8. Che cosa fa poi la zia in biblioteca? 9. Che fa Dora in biblioteca? 10. Che dice la ragazza quando sono di nuovo all'aperto? 11. Che risponde la zia? 12. Perchè Dora sorride? 13. Che negozio è quello menzionato dalla zia? 14. Che fanno zia e nipote quando poi entrano nel negozio? 15. Che dice la zia a una delle commesse? 16. È carino il costume da bagno che la zia Nina compra per Dora?

LEZIONE VENTOTTESIMA

LETTURA

Alla stazione

Giovanni e suo fratello Tonio sono usciti dalla loro casa poco fa e ora camminano per Via Marconi. Vanno insieme alla stazione a incontrare il loro amico Giuseppe Rovenzani che arriverà da Roma col treno delle diciotto e dieci.

5   — Che ora è? — domanda Tonio.

— Perbacco! — esclama Giovanni. — Ho dimenticato l'orologio sul comodino! Ma saranno le diciassette e quaranta o le diciotto meno dieci.

— Arriveremo in tempo?

10   — Sì, se camminiamo in fretta.

Poco dopo, i due fratelli sono già davanti alla stazione e i loro sguardi vanno al grande orologio. Sono le diciotto e due. Se il treno non sarà in ritardo, il loro amico arriverà fra otto minuti.

15   Corrono allora, entrano nella stazione, e domandano a un facchino su quale binario arriverà il treno da Roma. Ringraziano in fretta, e vanno dov'egli ha indicato.

Ma ecco già il treno. Arriva rumorosamente, si ferma.

Delle mani impazienti aprono gli sportelli delle carrozze; i

20 passeggieri cominciano a scendere.

Giovanni e Tonio guardano a destra e a sinistra; osservano particolarmente i passeggieri che scendono dalle carrozze della prima classe.

— Beppe! Beppe!

25   È stato Giovanni che ha veduto per primo l'amico, che da uno degli sportelli dà la sua valigia a un facchino.

Un momento dopo i tre ragazzi sono insieme, felici.

PROVERBIO

La fine corona l'opera.   *The end crowns the work.*

VOCABOLARIO

il binario track
la carrozza coach, car (*of a train*)
il comodino night table
il facchino porter
l'orologio watch, clock
il passeggiero, la passeggiera
  passenger
lo sguardo glance
lo sportello door (*of a car*)
la stazione station
la valigia suitcase, valise

impaziente impatient
quale which

dimenticare [dimentico] to
  forget
ringraziare [ringrazio] to
  thank

in fretta in a hurry, hurriedly,
  fast
particolarmente particularly
perbacco! by Jove!
rumorosamente noisily

Imparare anche la seguente espressione:

essere in ritardo to be late

NOTE GRAMMATICALI

64 Future of Probability

Quel signore sarà ricco, ma
  non lo mostra.
Questo caffè sarà troppo
  dolce.

That gentleman is probably rich, but
he doesn't show it.
This coffee is probably too sweet.

The future tense is often used in Italian to express what is probable in the present,[1] even when no idea of futurity is implied.

65 Hours of the Day

È l'una.
Sono le tredici.

It's one o'clock (A.M.).
It's one o'clock (P.M.).

In Italy it is becoming more and more customary to count the hours from midnight to midnight, and therefore the hours after noon are counted from 12 to 24. The numeral indicating the time is preceded by the definite article, and both article and verb agree with **ora**, *hour*, or **ore**, *hours*, understood.

---

[1] Probability in the future must be expressed with the adverb **probabilmente**. Probability in the past may be expressed with the future perfect, a tense you will study next year.

Review carefully Preliminary Lesson XIV on pages 42, 43, and 44, and study the following expressions:

Che ora è? *or* **Che ore sono?**	What time is it?
È mezzogiorno.	It's noon.
È mezzanotte.	It's midnight.
Sono le tre meno un quarto.	It's a quarter to three (A.M.).
Sono le venti e un quarto.	It's a quarter past eight (P.M.).
È l'una e quaranta.	It's forty minutes past one (A.M.).
Sono le diciassette meno dieci.	It's ten minutes to five (P.M.).
A che ora?	At what time?
Alle due e mezza (*or* **mezzo**).	At half past two (A.M.).
Stamane (*or* **stamani**).	This morning.
Stasera.	This evening.
Stanotte.	Last night (*until noon; after noon it means* tonight).

ESERCIZI

A. Tradurre in italiano:

1. Probably he thinks so. 2. We are probably wrong. 3. He is probably an Italian. 4. She is probably in a hurry. 5. We probably need to speak to a lawyer. 6. Probably they are right. 7. She is probably on the ground floor. 8. You probably prefer not to go there. 9. They are probably waiting. 10. Dolly is probably in the library.

B. Tradurre in italiano:

1. It's noon. 2. It's midnight. 3. It's 1:30 P.M. 4. It's 8:15 A.M. 5. It's 11:17 A.M. 6. He will arrive at 10:45 P.M. 7. No, sir, he will arrive at 10:48 P.M. 8. What time is it now? 9. It's probably 10 P.M. 10. Our appointment is for 2:20 P.M.

C. Rispondere alle seguenti domande:

1. A che ora s'alza Lei? 2. A che ora fa colazione? 3. A che ora va a scuola? 4. Quando comincia la nostra lezione d'italiano? 5. A che ora finisce? 6. A che ora Lei ritorna a casa? 7. Da che ora a che ora Lei studia, a casa? 8. Quando pranza la sua famiglia? 9. A che ora va Lei di solito a un cinematografo? 10. A che ora va a letto?

D. Dare il contrario di:

cominciare	aprire	entrare
domandare	comprare	partire
venire	sedersi	trovare
aver ragione		

E. Il professore detterà parte della *Lettura* di questa lezione.

F. Tradurre in italiano:

1. We are in the station now. 2. Our friend Ada and her little sister are leaving for Chicago. 3. We met them only a short time ago near the entrance. 4. A porter is carrying their large suitcase. 5. Porter, on which track will the train arrive? — On this track, sir. 6. I thank him and look at my watch. 7. It's five twenty-five p.m. now; the train is probably late. 8. But I am wrong; the porter says that it is only a quarter past five. 9. By Jove! Here is the train! It stops and many passengers get off.[1] 10. We walk hurriedly toward the door of one of the cars; within five minutes the train will leave.

CONVERSAZIONE

1. Chi sono Giovanni e Tonio? 2. Che hanno fatto poco fa? 3. Dove vanno? 4. Da dove arriverà Giuseppe Rovenzani? 5. Con che treno arriverà? 6. Quando Tonio domanda che ora è, che risponde suo fratello? 7. Dove sono Giovanni e Tonio poco dopo? 8. Dove vanno i loro sguardi? 9. Che ore sono sull'orologio della stazione? 10. Fra quanti minuti arriverà il treno di Giuseppe? 11. Che cosa domandano i ragazzi a un facchino? 12. Che cosa fanno essi poi? 13. Che cosa aprono delle mani impazienti appena il treno si ferma? 14. Chi dei ragazzi vede Giuseppe per primo? 15. Che cosa fa Giuseppe da uno degli sportelli?

[1] Translate, "descend."

Harvest time

RIPETIZIONE

I. Give the meaning of the following words:

A. uccɛllo	B. comodino	C. antipasto
stanɔtte	durare	temere
pesce	ascensore	sguardo
antiquato	svɛlto	buffo
nipote	fɔglia	ramoscɛllo
commesso	facchino	romanzo
primavɛra	gɛnte	secchietto
piɛno	fritto	stuzzicare
restituire	malgrado	perbacco !
sportɛllo	orolɔgio	estate

II. Form sentences using the following expressions:

maccheroni alla napoletana — avɛr fretta — ɛssere in ritardo — camminare in fretta — avɛr paziɛnza

III. Give the Italian for the following commands:

A. Open the book !	B. Get up !
Read !	Come to the blackboard !
Continue !	Write this word !
Speak !	Begin !
Repeat !	Put the chalk here !
Say another word !	Go !
Close the book !	Return to your place !
Give it to Mary !	Sit down !

IV. Translate into Italian, both in the **Lɛi** and **Loro** forms of address:

1. Look at the clock. 2. See what time it is. 3. Go to the station. 4. Walk fast. 5. Or take the car. 6. Enter the station. 7. Greet that young lady. 8. Buy some magazines. 9. Call a porter. 10. See where the train will arrive.

V. Complete with the second person singular, affirmative and negative, of the imperative of the verb in parentheses:

1. (*ringraziare*) —— sua moglie. 2. (*restituire*) —— questo catalogo. 3. (*ripɛtere*) —— quella parɔla. 4. (*appɛndere*) —— la giacca. 5. (*tele-*

fonare) —— al medico. 6. (*sentire*) —— questa musica. 7. (*finire*) ——
il lavoro. 8. (*domandare*) —— chi è quella signorina. 9. (*gradire*) ——
il suo dono. 10. (*rispondere*) —— alla lettera di Clara.

VI. Complete with the first and second persons plural of the imperative
of the verb in parentheses:

1. (*aspettare*) —— suo nipote. 2. (*restituire*) —— questi libri. 3. (*osservare*) —— ogni cosa. 4. (*scendere*) —— in giardino. 5. (*procedere*)
—— con ordine. 6. (*servire*) —— del caffè. 7. (*raccontare*) —— tutto.
8. (*spendere*) —— poco. 9. (*lodare*) —— questi studenti. 10. (*pranzare*) —— insieme.

VII. Translate into Italian:

1. He probably speaks Dutch. 2. She is probably right. 3. Mary is
probably in the kitchen. 4. They are probably spending too much
money. 5. He is probably humming a new song. 6. They are probably
in a hurry.

VIII. Give the Italian for each of the following commands, using the
tu, Lei, and **voi** forms:

1. Be patient. 2. Be glad. 3. Go to a movie. 4. Give this fountain
pen to Robert. 5. Do as I say. 6. Stay here. 7. Have time enough.
8. Be kind to (**con**) all. 9. Make a dress for this little girl. 10. Go to
the Cathedral.

IX. Give the Italian for the following expressions:

1. Today. 2. Tomorrow. 3. The day after tomorrow. 4. This morning. 5. This afternoon. 6. This evening. 7. Tonight. 8. At six in
the morning. 9. I get up at seven. 10. Our school opens at 8:30.
11. Our lesson begins at 1:30 P.M. 12. It ends at 2:15 P.M. 13. We
arrive at home between 4:20 and 4:45. 14. I go to bed between 10
and 10:30 P.M. 15. At what time do you go to bed?

LETTURE VARIE

16. La ricɔtta [1]

Giovanna, una giovane campagnɔla,[2] ha avuto un dono dalla sua vecchia zia: un piatto di ricɔtta. Tutta contɛnta, ella ora s'avvia [3] vɛrso la città col piatto sotto il braccio.[4] Invece di mangiare la ricɔtta, Giovanna ha l'intenzione di vɛnderla.

Mentre cammina per la strada,[5] pɛnsa: « Ora vado in città. Vendɛrɔ la ricɔtta per settanta lire [6] e con queste settanta lire comprɛrɔ due uɔva.[7] Pɔi mettɛrɔ queste uɔva sotto una chiɔccia [8] e nasceranno due pulcini.[9] I pulcini cresceranno [10] e diventeranno [11] due polli. Quando i polli saranno bɛlli e grandi, li vendɛrɔ e comprɛrɔ un'agnellina.[12] Pɔi l'agnellina figlierà [13] e farà [14] due agnellini. Quando questi saranno grandi, li vendɛrɔ e comprɛrɔ una vitellina.[15] Anche la vitellina crescerà e allora la vendɛrɔ per comprare due vitɛlli. Pɔi i vitɛlli diventeranno grandi, li vendɛrɔ e mi costruirɔ [16] una bɛlla casina.[17] La casina avrà una bɛlla veranda, dove sedɛrɔ e la gɛnte che passerà dirà: — Buɔn giorno a Lɛi, signora Giovanna . . . »

Ma mentre dice così, fa una riverɛnza,[18] e la ricɔtta schizza [19] in mɛzzo [20] alla strada.

Domande. 1. Chi è Giovanna? 2. Che cɔsa ha avuto Giovanna da sua zia? 3. Dove s'avvia la giovane campagnɔla? 4. Che intenzione ha? 5. Con le settanta lire che avrà per la ricɔtta, che cɔsa comprerà? 6. Dove metterà le uɔva? 7. Che avrà così? 8. Che diventeranno questi pulcini? 9. Che farà Giovanna dei polli? 10. Che comprerà ella allora? 11. Che farà l'agnellina? 12. Quando gli agnellini saranno grandi, che farà Giovanna? 13. Anche la vitellina crescerà, e allora che farà Giovanna? 14. Che cɔsa avrà la casina che Giovanna costruirà? 15. E che farà Giovanna sulla veranda? 16. Che dirà la gɛnte che passerà davanti alla veranda? 17. Mentre pɛnsa così, che cɔsa fa Giovanna? 18. Dove schizza la ricɔtta?

---

[1] ricɔtta, *cottage cheese.* [2] campagnɔla, *countrywoman.* [3] avviarsi, *to start on one's way.* [4] sotto il braccio, *under her arm.* [5] per la strada, *on the road.* [6] *The* lira *is the monetary unit of Italy; the Italian word is used in English too.* [7] due uɔva, *two eggs. An irregular plural.* [8] chiɔccia, *brooding hen.* [9] nasceranno due pulcini, *two chicks will be born.* [10] crescere, *to grow.* [11] diventare, *to become.* [12] agnellino, agnellina, *lambkin.* [13] figliare, *to bring forth.* [14] farà, *will have.* [15] vitello, *calf;* vitellino, vitellina, *little calf.* [16] costruire, *to build.* [17] casina, *small house.* [18] fare una riverɛnza, *to make a bow.* [19] schizzare, *to splash.* [20] in mɛzzo a, *in the middle of.*

17. Ritornerà a mezzogiorno

Da uno dei grandi piroscafi [1] che ogni settimana arrivano a Napoli dagli Stati Uniti sono sbarcati [2] due giovani sposi [3] americani.

Questo è il loro primo viaggio [4] in Europa ed è facile immaginare con che entusiasmo essi si preparano a godere [5] la vista [6]
5 di tante meravigliose [7] cose nuove.

Prima di tutto desiderano di veder Napoli e i suoi dintorni, [8] e prendono alloggio [9] in un albergo [10] lungo il mare.[11] Che vista dalla finestra della loro camera ! A sinistra il Vesuvio,[12] a destra il verde Capo di Posillipo [13] con le sue belle ville d'ogni colore, e
10 davanti il golfo intensamente [14] azzurro, la lontana costa [15] di Sorrento e l'isola di Capri . . .

Ma i due sposi sono impazienti d'uscire.

Essi desiderano di veder la città e, siccome non parlano italiano, impiegano [16] una guida, un brav'uomo [17] che l'ufficio del-
15 l'albergo ha raccomandato.[18]

Poco dopo il giro [19] comincia.

I due sposi hanno letto, prima di partire dall'America, diversi libri sull'Italia, sulla sua storia, sulle sue arti; ma le loro idee sono confuse, incerte.[20] Hanno letto, o credono d'aver letto, che in
20 una delle chiese [21] di Napoli c'è una statua [22] di Sant'Antonio molto bella e antica; ricordano anche che Sant'Antonio è facilmente riconoscibile [23] perchè di solito è rappresentato [24] con un bambino [25] nelle braccia.[26] La prima cosa che domandano alla guida è di vedere questa statua.
25 Una famosa statua di Sant'Antonio? Per la guida la cosa è nuova, egli non sa, non ricorda . . . ma capisce che, se confessa la sua ignoranza, rischia d'essere licenziato.[27] Allora non vede altro rimedio [28] che cercare [29] di distrarre [30] gli sposi e li guida da un posto all'altro, mostra vie interessanti, negozi, monumenti, ogni
30 cosa.

« Ora non penseranno più [31] alla statua, » egli dice fra sè.[32]

---

[1] piroscafo, *steamer, liner.* [2] sbarcare, *to land.* [3] due sposi, *a recently married couple.* [4] viaggio, *trip, voyage.* [5] godere, *to enjoy.* [6] vista, *sight, view.* [7] meraviglioso, *marvelous.* [8] dintorni, *surroundings.* [9] alloggio, *lodging.* [10] albergo, *hotel.*
[11] lungo il mare, *along the sea.* [12] il Vesuvio, *Mt. Vesuvius.* [13] il Capo di Posillipo, *Cape Posillipo.* [14] intensamente, *intensely, deeply.* [15] costa, *coast.* [16] impiegare, *to employ.* [17] un brav'uomo, *a good man.* [18] raccomandare, *to recommend.* [19] giro, *tour.*
[20] confuso, incerto, *confused, uncertain.* [21] chiesa, *church.* [22] statua, *statue.* [23] riconoscibile, *recognizable.* [24] rappresentare, *to represent.* [25] bambino, *baby.* [26] nelle braccia, *in his arms.* [27] licenziare, *to dismiss.* [28] rimedio, *remedy.* [29] cercare, *to try.* [30] distrarre, *to divert.* [31] più, *any more.* [32] fra sè, *to himself.*

Ma è una vana speranza.[33] I due turisti [34] continuano a importunare [35] il pover'uomo e diverse volte ripetono la stessa domanda: « Dov'è Sant'Antonio? »

Davanti a questa persistente ostinazione,[36] la guida ricorre [37] allora a un rimedio estremo: [38] mena gli sposi in una chiesa, si 5 ferma davanti alla prima statua di santo che vede e, con un'aria d'importanza, esclama:

— Ecco Sant'Antonio!

— Oh! No! — esclamano alla loro volta i due turisti, delusi.

— Non è possibile! E il bambino dov'è? 10

— Il bambino . . . il bambino? — balbetta [39] la guida all'inaspettata [40] domanda. — Il bambino ora è a scuola. Ritornerà a mezzogiorno!

Domande. 1. Chi è sbarcato a Napoli? 2. Da dove arrivano gli sposi? 3. Che cosa si preparano essi a godere? 4. Dove prendono alloggio? 5. Che cosa vedono dalla finestra della loro camera? 6. Perchè sono impazienti gli sposi? 7. Perchè impiegano una guida? 8. Che cosa hanno letto i due sposi prima di partire dall'America? 9. Che credono d'aver letto nei loro libri? 10. Perchè Sant'Antonio è facilmente riconoscibile? 11. Che cosa domandano i turisti alla guida? 12. Che rischia la guida se confessa la sua ignoranza? 13. Che fa egli allora? 14. Che dice egli fra sè? 15. Perchè la sua è una vana speranza? 16. Che cosa fa la guida davanti a questa persistente ostinazione? 17. Che esclamano gli sposi? 18. Che balbetta allora la guida?

18. Fanciulla,[1] che cosa è Dio? [2]

Nell'ora che pel bruno firmamento [3]
comincia un tremolio [4]
di punti d'oro,[5] d'atomi d'argento,
guardo e domando: — Dite, o luci belle,
ditemi: [6] cosa [7] è Dio?
— Ordine! — mi rispondono le stelle.[8]

---

[33] una vana speranza, *a vain hope.* [34] turista, *tourist. This word may be masculine (in spite of its –a ending) or feminine, and it has two plurals:* turisti (*m.*) *and* turiste (*f.*). [35] importunare, *to importune, annoy.* [36] ostinazione, *obstinacy.* [37] ricorrere, *to resort.* [38] estremo, *extreme.* [39] balbettare, *to stammer.* [40] inaspettato, *unexpected.*

[1] fanciulla, *girl.* [2] Dio, *God.* [3] pel bruno firmamento, *in the dark sky.* [4] tremolio, *quivering.* [5] punti d'oro, *golden dots.* [6] ditemi *or* dimmi, *tell me.* [7] cosa? *what?* [8] stella, *star.*

Quando all'apr*i*l [9] la valle,[10] il monte,[11] il prato,
i m*a*rgini del rio,[12]
ogni campo [13] dai fiori è festeggiato,[14]
guardo e domando: — Dite, o b*e*i [15] colori,
d*i*temi: c*ɔ*sa è Dio?
— Bellezza! [16] — mi rispondono quei [17] fiori.

Quando il tuo *s*guardo [18] innanzi a me scintilla [19]
amabilmente pio,[20]
io chi*ɛ*do [21] al lume [22] della tua pupilla: [23]
— Dimmi se il sai,[24] b*ɛ*l messagg*ɛ*r del c*ɔ*re,[25]
dimmi: che c*ɔ*sa è Dio?
E la pupilla mi risponde: — Amore! [26]

Aleardo Aleardi

19. È vero, Gino?

La classe sta per [1] studiare dei brani [2] del dramma di Shakespeare, *Un sogno d'una n*ɔ*tte di m*ɛ*zza estate,*[3] contenuti [4] in un'antologia [5] di letteratura inglese.

Tutti gli alunni sono att*ɛ*nti [6] e ogni *ɔ*cchio [7] è sulla ma*ɛ*stra
5 d'inglese, la signorina Borroni, che parla del famoso po*ɛ*ta e spi*ɛ*ga [8] l'intreccio [9] del dramma.

Gino, seduto [10] giù in fondo [11] all'*a*ula, è, come al s*ɔ*lito, occupato in una conversazione a bassa voce [12] col suo compagno B*ɛ*ppe Nuvolari. Evidentemente i due ragazzi non s'acc*ɔ*rgono [13]
10 che la ma*ɛ*stra li oss*ɛ*rva.

Tutt'a un tratto,[14] con l'*i*ndice [15] puntato [16] v*ɛ*rso Gino, la signorina Borroni esclama:

— Gino, chi ha scritto *Un sogno d'una n*ɔ*tte di m*ɛ*zza estate?*

---

[9] all'apr*i*l, *in April.* [10] valle, *valley.* [11] monte, *mountain.* [12] i margini del rio, *the edges of the brook.* [13] campo, *field.* [14] festeggiato, *beautified.* [15] b*ɛ*i, *for* b*ɛ*lli, *beautiful.* [16] bellezza, *beauty.* [17] quei, *for* quelli, *those.* [18] sguardo, *glance;* here, *poetically, standing for "eyes".* [19] inn*ą*nzi a me scintilla, *sparkles before me.* [20] amabilmente pio, *lovingly sweet.* [21] chi*ɛ*dere, *to ask.* [22] lume, *light.* [23] pupilla, *pupil (of the eyes), eyes.* [24] se il sai, *if you know it. Poetically,* il *is used here instead of* lo. [25] b*ɛ*l messagg*ɛ*r del c*ɔ*re, *beautiful messenger of the heart.* [26] am*o*re, *love.*

[1] stare per, *to be about to.* [2] brano, *passage (of an author).* [3] *A Midsummer Night's Dream.* [4] contenuto, *contained.* [5] antologia, *anthology.* [6] att*ɛ*nto, *attentive.* [7] *ɔ*cchio, *eye.* [8] spiegare, *to explain.* [9] intreccio, *plot.* [10] seduto, *seated.* [11] in fondo a, *at the back of.* [12] a bassa voce, *in a low voice.* [13] non s'acc*ɔ*rgono, *don't notice.* [14] tutt'a un tratto, *all of a sudden.* [15] indice, *forefinger.* [16] puntato, *pointed.*

Sempre pronto a difendersi [17] perchè accusato spesso di cattiva condotta,[18] il ragazzo risponde:

— Lo giuro,[19] non l'hɔ fatto io!

La signorina Borroni è esasperata.[20] Non può più tollerare [21] quella condotta e quel giorno stesso scrive una cartolina [22] al padre di Gino pregandolo [23] di venire alla scuɔla per cɔse importanti.

Il giorno dopo, il signor Bianchi, padre di Gino, arriva e si presenta con un aspetto turbato [24] alla maestra. La signorina Borroni non esita [25] a raccontare tutte le malefatte [26] del ragazzo e a lagnarsi [27] della sua indisciplina,[28] della sua svogliatezza [29] nello studio, della sua mancanza [30] d'attenzione in classe, delle sue bugie.[31]

— E ieri,[32] signor Bianchi, — dice ella pɔi, — sa [33] che cɔsa m'ha risposto [34] quando gli [35] hɔ domandato chi ha scritto *Un sogno d'una nɔtte di mezza estate?*

Il signor Bianchi, allibito,[36] non risponde.

— M'ha risposto, — continua la maestra, — « lo giuro, non l'hɔ fatto io! »

Mortificato,[37] il signor Bianchi prega allora la signorina di permettergli [38] di condurre [39] a casa il ragazzo.

Ed ecco il dialogo [40] che pɔi padre e figlio hanno a casa:

— Gino, io sono stato sempre un buɔn padre per te,[41] non è vero?

— Sì, papà.

— Quando hai avuto bisogno di qualche cɔsa [42] l'hai sempre avuta, non è vero?

— Sì, papà!

— E ora hɔ bisogno io d'una cɔsa da te. Vɔglio [43] sapere: è vero o non è vero che sei stato tu a scrivere quel sogno d'una nɔtte di mezza estate?

Domande. 1. Che cɔsa sta per studiare la classe? 2. Sono attenti gli alunni? 3. Di che cɔsa parla la signorina Borroni? 4. Dov'è seduto Gino? 5. In che cɔsa è occupato Gino? 6. Di che cɔsa non s'accorgono

---

[17] difendersi, *to defend himself.* [18] condotta, *conduct, behavior.* [19] giurare, *to swear.* [20] esasperato, *exasperated.* [21] non può più tollerare, *she cannot stand . . . any longer.* [22] cartolina, *post card.* [23] pregandolo, *begging him.* [24] turbato, *troubled.* [25] esitare, *to hesitate.* [26] malefatta, *mischief, misdeed.* [27] lagnarsi, *to complain.* [28] indisciplina, *lack of discipline.* [29] svogliatezza, *laziness.* [30] mancanza, *lack.* [31] bugia, *lie.* [32] ieri, *yesterday.* [33] sa? *do you know?* [34] m'ha risposto, *he answered me.* [35] gli, *him.* [36] allibito, *pale and confused.* [37] mortificato, *mortified.* [38] permettergli, *to allow him.* [39] condurre, *to take.* [40] dialogo, *dialogue.* [41] te, *you.* [42] qualche cɔsa, *something.* [43] vɔglio, *I want.*

i due ragazzi? 7. Che fa la signorina Borroni tutt'a un tratto? 8. Perchè Gino è sempre pronto a difendersi? 9. Che cosa risponde egli alla maestra d'inglese? 10. Che cosa fa allora la signorina Borroni? 11. Chi è il signor Bianchi? 12. Che cosa fa il signor Bianchi il giorno dopo? 13. Che racconta la signorina Borroni al signor Bianchi? 14. Che cosa dice poi? 15. Che cosa fa il signor Bianchi quando sente quello che suo figlio ha risposto alla maestra? 16. Che cosa dice a Gino il signor Bianchi, a casa? 17. Che risponde Gino? 18. E poi che dice il padre? 19. Che desidera egli di sapere dal figlio ora?

20. Non doveva[1] far questo

Il dottor Cantoni arriva dal villaggio sul suo calesse.[2] A una svoltata[3] della strada[4] incontra Maso, un contadino[5] ch'egli conosce. Ferma allora il cavallo[6] e lo chiama.

— Maso! Oh, Maso!

5 — Signor dottore . . . Buon giorno a Lei, signor dottore!

— Buon giorno, Maso. Vieni[7] dal mulino?[8]

— Sì, signor dottore.

— Come sta il mugnaio?[9] Ha preso[10] la medicina che ho ordinata?

10 — Sì, signore.

— Gli ha fatto bene?[11]

— Dopo i primi sorsi[12] ha cominciato a sudare[13] . . .

— Era[14] cosa certa.

— . . . poi a battere i denti[15] . . .

15 — Lo doveva fare.

— Poi gli[16] è venuto un singhiozzo[17] . . . un singhiozzo così violento, signor dottore . . .

— Lo doveva fare . . .

— Poi è morto.[18]

20 — Oh! . . . Questo non lo doveva fare.

Adapted from *Garibaldo Cepparelli*

Domande. 1. Da dove arriva il dottor Cantoni? 2. Chi è Maso? 3. Dov'è che il dottor Cantoni incontra Maso? 4. Che fa il dottore

---

[1] doveva, *was supposed.* [2] calesse, *buggy.* [3] svoltata, *turn.* [4] strada, *road.* [5] contadino, *peasant.* [6] cavallo, *horse.* [7] vieni? *are you coming?* [8] mulino, *mill.* [9] mugnaio, *miller.* [10] preso, *irr. past participle of* prendere, *to take.* [11] gli ha fatto bene? *did it do him any good?* [12] sorso, *sip.* [13] sudare, *to perspire.* [14] era, *it was.* [15] battere i denti, *to shiver with cold.* [16] gli, *to him.* [17] singhiozzo, *hiccup.* [18] è morto, *he died.*

quando incontra Maso? 5. Che dice Maso quando il dottore lo chiama?
6. Da dove viene Maso? 7. Che cosa ha preso il mugnaio? 8. Gli ha
fatto bene la medicina? 9. Che cosa racconta Maso? 10. Che dice il
dottore dopo le prime parole di Maso? 11. Che dice il dottore dopo che
sente che il mugnaio è morto?

DIALOGHI PRATICI

XXV

IL CAMERIERE. Buona sera, signor Lomellini.

LOMELLINI. Buona sera, Peppino.

IL CAMERIERE. S'accomodi a questa tavola.

LOMELLINI. Grazie. La lista delle vivande, per piacere.

IL CAMERIERE. Ecco. Prende del vino?

LOMELLINI. Sì. Del Capri bianco in ghiaccio. Son buoni questi
maccheroni alla siciliana?

IL CAMERIERE. Son deliziosi.

LOMELLINI. Va bene. Prendo questi.

IL CAMERIERE. E poi, signore?

LOMELLINI. Poi del pollo arrosto con patate e insalata, e della frutta.

XXVI

RICCARDO. Guarda, guarda, babbo, come cammina quella grande tigre
nella sua gabbia!

IL BABBO. Un bell'animale.

RICCARDO. Pare un enorme gatto.

IL BABBO. Impara, Riccardo, che le tigri, come i leoni, come i leopardi,
sono della stessa famiglia dei gatti.

RICCARDO. Allora il gatto non è che una piccola tigre?

IL BABBO. Sì, hai ragione. Una piccola tigre.

RICCARDO. Perchè questi poveri animali non stanno all'aperto, babbo?

IL BABBO. Perchè fa ancora troppo freddo.

XXVII

LA ZIA. Domenica è il tuo compleanno, Rita, e avrai molti doni.

RITA. Forse . . .

LA ZIA. Che doni desideri?

RITA. È difficile dire . . . E poi sono certa che avrò o un libro che non m'interessa, o dei guanti troppo piccoli, o una veste che non mi piace.

LA ZIA. Vedi? È per questo che desidero che ora usciamo insieme, tu e io. Sceglierai tu stessa il dono mio. Va' a vestirti e fa' presto!

RITA. Come sei buona, zia!

LA ZIA. Buona? No. Ma capisco certe cose, e capisco che i gusti dei giovani sono differenti dai gusti dei vecchi.

XXVIII

IL PROFESSORE. Come ha passato la mattina di domenica, Giovanni?

GIOVANNI. Mi sono alzato verso le otto e mezza . . .

IL PROFESSORE. S'alza ogni mattina a quell'ora?

GIOVANNI. No, professore. Soltanto la domenica. Di solito m'alzo alle sette.

IL PROFESSORE. Poi che cosa ha fatto?

GIOVANNI. Poi sono andato nella stanza da bagno, e poi ho fatto colazione. Dopo la colazione, mi son vestito e sono uscito a fare una passeggiata.

IL PROFESSORE. A che ora è uscito?

GIOVANNI. Alle dieci e un quarto, credo.

IL PROFESSORE. Bene. E poi che ha fatto?

GIOVANNI. A mezzogiorno ho incontrato i miei genitori davanti al Duomo.

APPENDIX

APPENDIX

I. GIVEN NAMES IN ITALIAN

Names of Men

English	Italian	English	Italian
Aaron	Aronne	Edmund	Edmondo
Abel	Abele	Edward	Eduardo
Abraham	Abramo	Emery	Amerigo
Adam	Adamo	Ernest	Ernesto
Adolph	Adolfo	Eugene	Eugenio
Albert	Alberto		
Alexander	Alessandro	Felix	Felice
Aleck	Sandro	Ferdinand	Ferdinando
Alfred	Alfredo		Nando
Alphonso	Alfonso	Francis	Francesco
Ambrose	Ambrogio	Frank	Cecco
Andrew	Andrea		Checco
Anselm	Anselmo	Frederic	Federico
Anthony	Antonio		
Tony	Tonio	Gabriel	Gabriele
	Nino	George	Giorgio
Arnold	Arnoldo	Gerald	Giraldo
Arthur	Arturo	Gilbert	Gilberto
Augustus	Augusto	Godfrey	Goffredo
		Gregory	Gregorio
Benedict	Benedetto	Guy	Guido
Benjamin	Beniamino		
Bernard	Bernardo		
		Harold	Araldo
Charles	Carlo		Aroldo
Christian	Cristiano	Henry	Enrico
Christopher	Cristoforo	Herbert	Erberto
Claude	Claudio	Herman	Ermanno
Conrad	Corrado	Homer	Omero
Constantine	Costantino	Horace	Orazio
Cornelius	Cornelio	Hugh	Ugo
		Humbert	Umberto
Daniel	Daniele		
David	Davide	Isaac	Isacco
Dennis	Dionisio	Isidore	Isidoro

Jacob	Giacobbe	Peter	Pietro
James	Giacomo	Philip	Filippo
	Iacopo	Pius	Pio
Jeffrey	Gioffredo		
Jerome	Girolamo	Raphael	Raffaele
John	Giovanni	Raymond	Raimondo
Jack	Gianni	Richard	Riccardo
Johnny	Vanni	Dick	
Joseph	Giuseppe	Robert	Roberto
Joe	Beppe	Bob	
	Peppino	Roderic	Rodrigo
Julian	Giuliano	Roger	Ruggiero
Julius	Giulio	Roland	Orlando
Justin	Giustino		Rolando
		Ronald	Ronaldo
Lawrence	Lorenzo	Rudolph	Rodolfo
Larry	Renzo		
Leander	Leandro	Samuel	Samuele
Leon	Leone	Sam	
Leonard	Leonardo	Sebastian	Sebastiano
Leopold	Leopoldo	Sigismund	Sigismondo
Louis	Luigi	Silvester	Silvestro
Lewis	Lodovico	Stanley	Stanislao
Lou	Gino	Stephen	Stefano
Luke	Luca		
		Theobald	Teobaldo
Mark	Marco	Theodore	Teodoro
Martin	Martino	Teddy	
Matthew	Matteo	Thomas	Tommaso
Maurice	Maurizio	Tom	Maso
Michael	Michele	Timothy	Timoteo
		Valentine	Valentino
Nicholas	Nicola	Victor	Vittorio
	Niccolò	Vincent	Vincenzo
		Vinnie	Enzo
Oliver	Oliviero	Virgil	Virgilio
Oscar	Oscar		
		Walter	Gualtiero
Patrick	Patrizio	William	Guglielmo
Paul	Paolo	Bill	

Names of Women

Ada	Ada	Adelaide	Adelaide
Adela	Adele	Agatha	Agata

Agnes	Agnese	Elizabeth	Elisabetta
Alberta	Alberta	Betty	Bettina
Alice	Alicia	Lisa	Lisa
Amelia	Amelia	Bess	
	Amalia	Elsie	Elisa
Amy	Amata	Emily	Emilia
Angelica	Angelica	Emma	Emma
Ann, Anna	Anna	Esther	Ester
Annie	Annetta	Eugenia	Eugenia
Nan	Annina	Eva	Eva
Nancy	Nina	Evelyn	Evelina
Antoinette	Antonietta		
Augusta	Augusta	Flora	Flora
		Florence	Fiorenza
		Flossie	Fioretta
Barbara	Barbara	Frances	Francesca
Beatrice	Beatrice	Fanny	Franca
Bea	Bice	Frederica	Federica
Bertha	Berta		
Blanche	Bianca	Genevieve	Genoveffa
Bridget	Brigida	Gwendolyn	Ginevra
		Georgiana	Giorgina
Carmen	Carmela	Geraldine	Giralda
Catherine	Caterina	Gertrude	Geltrude
Kate	Rina	Grace	Grazia
Cecily	Cecilia		
Charlotte	Carolina	Harriet	Enrichetta
Lottie	Lina	Helen	Elena
Christine	Cristina	Hortensia	Ortensia
Clara	Clara	Hortense	
	Chiara		
Claudia	Claudia	Ida	Ida
Constance	Costanza	Inez	Ines
Cora	Corinna	Irene	Irene
Cornelia	Cornelia	Isabel	Isabella
Deborah	Debora	Joan	Giovanna
Diana	Diana	Jane	Vanna
Dolores	Dolores	Jean	Gianna
Dorothy	Dorotea	Janet	
Dolly	Dora	Josephine	Giuseppina
		Jo	Pina
Edith	Editta	Judith	Giuditta
Eleanor	Eleonora	Julia	Giulia
Nellie	Nora	Julie	Giulietta
Ellen			

Juliana	Giuliana	*Paula*	Paola
Justina	Giustina	*Pauline*	Paolina
		Phoebe	Febe
Laura	Laura	*Phyllis*	Fillide
Letitia	Letizia		
Lillian	Liliana	*Rachel*	Rachele
Louise	Luisa	*Rebecca*	Rebecca
Lucretia	Lucrezia	*Rosalie*	Rosalia
Lucy	Lucia	*Rose*	Rosa
Magdalene	Maddalena		
Maud	Lena	*Sarah*	Sara
Marcella	Marcella	*Sophia*	Sofia
Margaret	Margherita	*Susan*	Susanna
Peggy	Rita	*Sylvia*	Silvia
Marian	Marianna		
Martha	Marta		
Mary	Maria	*Theodora*	Teodora
Molly	Marietta	*Theresa*	Teresa
Mathilda	Matilde		
		Victoria	Vittoria
Octavia	Ottavia	*Virginia*	Virginia
Olivia	Olivia	*Vivian*	Viviana
Ophelia	Ofelia		
		Wilhelmina	Guglielmina
Patricia	Patrizia	*Mina*	Mina

II. AUXILIARY VERBS

(Only tenses used in the text are listed in this section.)

avere

INFINITIVE

avere, *to have*

PAST PARTICIPLE

avuto, *had*

INDICATIVE MOOD

PRESENT

I have, etc.

hɔ
hai
ha

abbiamo
avete
hanno

PRESENT PERFECT

I have had, etc.

hɔ avuto
hai avuto
ha avuto

abbiamo avuto
avete avuto
hanno avuto

FUTURE

I shall have, am going to have, etc.

avrɔ
avrai
avrà

avremo
avrete
avranno

SUBJUNCTIVE MOOD

(Commands in formal address)

abbia, have   *abbiano, have*

IMPERATIVE

abbi, have

abbiamo, *let's have*
abbiate, *have*

ɛssere

INFINITIVE	PAST PARTICIPLE
ɛssere, *to be*	stato, *been*

INDICATIVE MOOD

PRESENT	PRESENT PERFECT
I am, etc.	*I have been*, etc.
sono	sono stato (–a)
sɛi	sɛi stato (–a)
ɛ̀	ɛ̀ stato (–a)
siamo	siamo stati (–e)
siɛte	siɛte stati (–e)
sono	sono stati (–e)

FUTURE

I shall be, am going to be, etc.

sarɔ̀
sarai
sarà

saremo
sarete
saranno

SUBJUNCTIVE MOOD

(Commands in formal address)

sia, *be*	siano, *be*

IMPERATIVE

	siamo, *let's be*
sii, *be*	siate, *be*

III. REGULAR VERBS

(Only tenses used in the text are listed in this section.)

SIMPLE TENSES

I	II	III

INFINITIVE

compr–**are** *to buy*	vend–**ere** *to sell*	fin–**ire** *to finish*

PAST PARTICIPLE

compr–**ato** *bought*	vend–**uto** *sold*	fin–**ito** *finished*

INDICATIVE MOOD

PRESENT

I buy, do buy, am buying, etc.	*I sell, do sell, am selling*, etc.	*I finish, do finish, am finishing*, etc.
compr–**o**	vend–**o**	fin–**isc**–**o** [1]
compr–**i**	vend–**i**	fin–**isc**–**i**
compr–**a**	vend–**e**	fin–**isc**–**e**
compr–**iamo**	vend–**iamo**	fin–**iamo**
compr–**ate**	vend–**ete**	fin–**ite**
compr–**ano**	vend–**ono**	fin–*isc*–**ono**

FUTURE

I shall buy, am going to buy, etc.	*I shall sell, am going to sell*, etc.	*I shall finish, am going to finish*, etc.
comprer–**ò**	vender–**ò**	finir–**ò**
comprer–**ai**	vender–**ai**	finir–**ai**
comprer–**à**	vender–**à**	finir–**à**
comprer–**emo**	vender–**emo**	finir–**emo**
comprer–**ete**	vender–**ete**	finir–**ete**
comprer–**anno**	vender–**anno**	finir–**anno**

[1] Certain verbs of the third conjugation do not take –isc– in the present.

SUBJUNCTIVE MOOD

(Commands in formal address)

Buy	*Sell*	*Finish*
compr–i	vend–a	fin–isc–a
compr–ino	vend–ano	fin–isc–ano

IMPERATIVE

Buy, etc.	*Sell*, etc.	*Finish*, etc.
compr–a	vend–i	fin–isc–i
compr–iamo	vend–iamo	fin–iamo
compr–ate	vend–ete	fin–ite

A PERFECT TENSE

parlare, *to speak*   **partire,** *to depart*

PRESENT PERFECT

I spoke or *have spoken*, etc.   *I departed* or *have departed*, etc.

hɔ ⎫
hai ⎬ **parlato**
ha ⎭

sono ⎫
sɛi ⎬ **partito** (–a)
ὲ ⎭

abbiamo ⎫
avete ⎬ **parlato**
hanno ⎭

siamo ⎫
siɛte ⎬ **partiti** (–e)
sono ⎭

IV. IRREGULAR VERBS

(Only tenses of irregular verbs studied in this book have been included in this list.)

For **avere** and **ɛssere,** see Appendix II.

Abbreviations used: *impve.* imperative; *p. part.* past participle; *pres. ind.* present indicative; *pres. subj.* present subjunctive (commands in direct address).

1. **andare** *to go*
   - Pres. Ind. vado *or* vɔ, vai, va, andiamo, andate, vanno
   - Pres. Subj. vada, vadano
   - Impve. va', andiamo, andate

2. **aprire** *to open*
   - P. Part. apɛrto

3. **chiudere** *to close*
   - P. Part. chiuso

4. **dare** *to give*
   - Pres. Ind. dɔ, dai, dà, diamo, date, danno
   - Pres. Subj. dia, diano
   - Impve. da', diamo, date

5. **dire** *to say, tell*
   - Pres. Ind. dico, dici, dice, diciamo, dite, dicono
   - Pres. Subj. dica, dicano

6. **fare** *to do, make*
   - Pres. Ind. faccio *or* fɔ, fai, fa, facciamo, fate, fanno
   - Pres. Subj. faccia, facciano
   - Impve. fa', facciamo, fate
   - P. Part. fatto

7. **lɛggere** *to read*
   - P. Part. lɛtto

8. **scrivere** *to write*
   - P. Part. scritto

9. **stare** *to stay, stand, be*
   - Pres. Ind. stɔ, stai, sta, stiamo, state, stanno
   - Pres. Subj. stia, stiano
   - Impve. sta', stiamo, state

10. **venire** *to come*
    - Pres. Subj. vɛnga, vɛngano

V. IDIOMATIC EXPRESSIONS

A short time ago pɔco fa
again di nuɔvo
all books tutti i libri
all right! sta bɛne! *or* va bɛne!
all three tutti e tre
aloud ad alta voce
as far as fino a
ask of domandare a
at the least per lo meno
at the left a sinistra
at the right a destra
at what time? a che ora?

Be in a hurry avɛr fretta
be interested in interessarsi di
be late ɛssere in ritardo
be patient avɛr pazienza
be right avɛr ragione
be wrong avɛr tɔrto
both tutti e due
by chance per caso

Call the roll fare l'appɛllo
cheap, cheaply a buɔn mercato

Downstairs al piɑn terreno
downtown giù in città *or* al cɛntro
della città

Eat breakfast fare colazione
enter a room entrare in una stanza

For the present per ora
from time to time di tanto in
tanto

Get on with someone andare d'accɔrdo con qualcuno
go home andare a casa
good-bye! arrivederci!
good morning! buɔn giorno!

Have breakfast fare colazione
how are you? come sta?
how beautiful it is! com'è bɛllo!
how do you do? come sta?

I like mi piace
in a hurry in fretta
in the city in città
in the kitchen in cucina
in the living room in salɔtto
in the open all'aperto
I shall be (so) lo sarɔ
I should say so! altro che!
it's a quarter past eight (P.M.)
sono le venti e un quarto
it's a quarter to three (A.M.) sono
le tre meno un quarto
it's cold fa freddo
it's cool fa fresco
it's forty minutes past one (A.M.)
è l'una e quaranta
it's half past two (P.M.) sono le
quattordici e mezza
it's ten minutes to five (P.M.)
sono le diciassette meno dieci
it's warm fa caldo

Make oneself comfortable accomodarsi
memorize imparare a memɔria
merry Christmas! buɔn Natale!

Need avɛr bisogno di
not so bad! non c'è male!

On my (your, his, *etc.***) way** in
cammino
on the ground floor al piɑn terreno
on the upper floor al piano superiore

once in a while di tanto in tanto
only non + *verb* + che
outdoors all'aperto

Please! per piacere! *or* per favore!
pretty good! non c'è male!

Shop fare delle spese *or* fare delle
   compere
Sicilian style alla siciliana
soon after poco dopo
sure enough! altro che!

Take a walk *or* a ride fare una passeggiata

that's all ecco tutto
think of pensare a
till we meet again! arrivederci!
to my taste di mio gusto
to the city in città
to the left a sinistra
to the right a destra

Upstairs al piano superiore
usually di solito

What time is it? che ora è? *or*
   che ore sono?
why, no! ma no!
why, yes! ma sì!

VI. ADDITIONAL NOTES ON PRONUNCIATION

1. The Vowels *e* and *o*

In *stressed syllables*, **e** and **o** are *open* in the following cases:

ε: (*a*) In the ending –**ero** of words of more than two syllables.

      impεro   ministεro   severo

(*b*) In the diphthong **ie**, or when **e** stands for **ie**.

      piεno   altiεro or altεro   liεto

(*c*) When followed by another vowel.

      idεa   rεo   nεo   dεa

(*d*) In many words in which **e** is followed by two or more consonants.[1]

      tεrra   vεspa   fεbbre   pεtto

(*e*) When **e** appears in the third-from-the-last syllable and is stressed.[2]

      sεcolo   mεdico   pεttine   ventεsimo

ɔ: (*a*) In the diphthong **uo**, or when **o** stands for **uo**.

      uɔmo   buɔno   uɔvo or ɔvo   cuɔre

(*b*) When followed by another vowel.[3]

      pɔi   nɔia   giɔia   stɔia

(*c*) If followed by double consonants.

      fɔssa   gɔbbo   dɔnna   lɔtta

(*d*) When **o** appears in the third-from-the-last syllable and is stressed.

      mɔnaco   pɔvero   ɔttimo   ɔttico

(*e*) If at the end of a monosyllable or of a word stressed on the last syllable.

      fɔ   andɔ   sɔ   parlɔ

(*f*) When one or more consonants and a diphthong follow the **o**.

      glɔria   prɔprio   ɔdio   fandɔnia

---

[1] But in the endings –**egno**, –**emmo**, –**enna**, –**esco**, –**etto**, –**ezza**, –**mente**, **e** is *close*. [2] Except in the ending –**evole**, in which **e** is *close*. [3] But the **o** of **noi** and **voi** is *close*.

2. The Consonants s and z

s: The letter **s** is pronounced as a voiceless sibilant, like *s* in *sand:*

(*a*) When initial before a vowel.

sabato	seta	silɛnzio	santo

(*b*) When doubled (but it is here prolonged).

tassa	basso	assai	lusso

(*c*) If followed by the voiceless consonants **c, f, p, q,** or **t.**

scudo	sfɔrzo	basta	aspettare

s: In the following cases **s** is pronounced as a voiced sibilant, like *s* in *rose:*

(*a*) When followed by the voiced consonants **b, d, g, l, m, n, r,** or **v.**

sbaglio	slitta	smalto	snɛllo

(*b*) Between vowels.

vaso	tesɔro	esame	uso

This latter rule has, however, some important exceptions. Though between vowels, **s** has the unvoiced sound:

(*a*) After a prefix, provided that the **s** is the first letter of the original word.

presentimento	risalutare	*but:* disonore

(*b*) In the adjective endings –**ese,**[1] –**oso,** and in words derived from such adjectives.

inglese	curioso	curiosità

(*c*) In the past absolute and past participle of certain irregular verbs and their derivatives.

difesi	raso	rasoio

(*d*) In the following words and their derivatives:

annusare	to smell	fuso	spindle	pɔsa	pose
asino	donkey	mese	month	raso	satin
casa	house	naso	nose	ripɔso	rest
cɔsa	thing	peso	weight	riso	rice, laughter
così	thus	Pisa	*Ital. city*	susina	plum
desidɛrio	desire	pisɛllo	pea	susurro	whisper

[1] But **cortese,** *courteous,* **francese,** *French,* and **palese,** *evident,* are pronounced with a voiced **s.**

z : The letter **z** has the unvoiced sound (*ts*):

(*a*) When followed by **ia, ie,** or **io.**

    amicizia   **grazie**   **vizio**

(*b*) In all cases not mentioned in the following paragraph.

ʒ : The letter **z** has the voiced sound (*dz*):

(*a*) In all verbs ending in **–izzare** which have more than four syllables in the infinitive.

    analizzare   **scandalizzare**   **fertilizzare**

(*b*) In words derived from Greek, Hebrew, or Arabic.

    protozɔi   **azzurro**   **ʒɛnit**

(*c*) When initial, except in the following words, their derivatives, and others of minor importance:

zampa	paw	**zitɛlla**	spinster
zampillo	spurt	**zitto**	hush
zampogna	bagpipe	**zɔccolo**	wooden shoe
zanna	tusk	**zolfo**	sulphur
zappa	hoe	**zɔppo**	lame
zattera	raft	**zucca**	pumpkin
zecca	mint	**zucchero**	sugar
zeppa	wedge	**zuffa**	fray
zingaro	gypsy	**zuppa**	soup
zio	uncle		

3. Special Doubling of Consonant Sounds

When, in a natural word group, a monosyllable ending with a vowel, or a word stressed on the final vowel, precedes a word beginning with a consonant, this consonant is generally pronounced as if it were double. There is, however, no such doubling after **di,** *of.*

    a Roma (*arroma*)   **chi sa** (*chissà*)
    lunedì sera (*lunedissera*)   **più caro** (*piuccaro*)

SONGS

SONGS

INNO DI GARIBALDI

Words by
L. Mercantini

Music by
A. Olivieri

Al - l'ar - mi! Si sco - pron le tom - be, si le - va - no i mor - ti; i mar - ti - ri no - stri son tut - ti ri - sor - ti; le spa - de nel pu - gno, gli al - lo - ri al - le chio - me, la fiam - ma ed il no - me d'I - ta - lia nel cor! Ve-

niamo, veniamo! Su, o giovani schiere, su al vento, per tutto, le nostre bandiere! Su tutti col ferro, su tutti col fuoco, su tutti col fuoco d'Italia nel cor! Va' fuori d'Italia, va' fuori ch'è l'ora, va' fuori d'Italia, va' fuori o stranier!

sf
sf
1.
2.
f
f
D.C.

'O SOLE MIO!

Words by
G. Capurro

Music by
E. Di Capua

Andantino
mf
Canto
Qual dol-ce co - sa un
Bril-la-no i ve-tri
Quan-do vien se - ra, al
p

gior-no pien di so - le, ... un bel se - re-no do - po la tem-
del-la tua fi - ne - stra, ... la la-van-daia can-ta . . . . . e se ne
dolce ad-dio del so - le, ... mi vin-ce qua-si u - na ma-lin-
pe - sta; . . . . nel-l'a-ria fre - sca par co-me u-na fe-s - sta . . .
van - ta; . . . . e men-tre tor - ce, e span-de i pan-ni, e can - ta, . . .
co - nia . . . . Giù al - la fin - e - stra tua re-star vor - ria, . . .
cresc.
. . . Qual dol-ce co-sa un gior-no pien di so - le! . . . . .
. . . bril-la-no i ve-tri del-la tua fin - e - stra. . . . . Ma un sol più
. . . quan-do vien sera, al dolce ad-dio del so - le! . . . . .
mf
bel - lo, ... sor-ri-de a me, ... il sol che splen - de . . . .

ne-gli oc-chi a te! . . . . il so - le, il sol che splen-de. . . .

. . .ne-gli oc-chi a te! . . . . ne-gli oc-chi a te! . . . .

FUNICULÌ-FUNICULÀ

L. Denza

SOPRANOS AND ALTOS

Allegretto giocoso

Sta-
Mon-

mf grazioso

se - ra, Ni - na mia, so-no mon - ta - to......
tia - mo: dal - la ter-ra al-la mon - ta - gna......

CHORUS

...... te lo di - rò?............. te lo di - rò?.........
...... un pas-so c'è;............. un pas-so c'è;........

SOPRANOS AND ALTOS

...... co - là............. do-ve di-spet-ti un co-re in-
...... si ve - de Fran-cia, Pro - ci - da, la

gra - to...... più far non può!.......... più far non
Spa - gna...... e io ve - do te!........... e io ve - do

può!.......... Co - là............ co - cen - te è il
te!........... Ti - rate.......... con le fu -

fuo - co, ma se fug - gi,..... ti la - scia star;.......
ni, e det - to fat - to,..... in ciel si va;........

lì - fu - ni - cu - là! Fu - ni - cu - lì - fu - ni - cu - là!

via, mon-tiam su - là! Fu - ni - cu - lì - fu - ni - cu - là!
(divide)

LA CAMPANA DI SAN GIUSTO

Versi di
G. Drovetti

Musica di
Colombino Arona

Per le spiag-ge, per le ri - ve di Tri-

Campana   Campana

ε - ste_____ suɔ-na e chia-ma di San Giu-sto la cam-pa-na,_____

L'o-ra suo-na, l'o-ra suo-na non lon-ta-na_____ che più

schia-va_____ non sa-rà_____ Le ra-gaz-ze_____ di Tri-

_p_

ɛ - ste_____ can-tan tut - te_____ con ar-

do - re_____ O I - ta - lia, o I - ta - lia del mio

co - re,_____ tu ci vie - ni_____ a li - be-

rar_____ Le ra - vie - ni a li - be - rar_____

D.C.

Permission granted by P. Tesio & Sons. Copyright MCMXVI.

SANTA LUCIA

Andantino

1. Sul ma - re luc - ci - ca l'a - stro d'ar - gen - to,.
2. Con que - sto zef - fi - ro co - sì so - a - ve,
3. Per - chè tar - da - te? Bel - la è la se - ra,

pla - ci - da è l'on - da, pro - spe - ro è il ven - to. Sul ma - re
oh co - m'è bel - lo star sul - la na - ve! Con ques - to
spi - ra un'au - ret - ta fres - ca e leg - ge - ra. Per - chè ...

luc - ci - ca l'a - stro d'ar - gen - to, pla - ci - da è l'on - da,
zef - fi - ro co - sì so - a - ve, oh co - m'è bel - lo
tar - da - te? Bel - la è la se - ra, spi - ra un'au - ret - ta

pro-spe-ro è il ven - to.   Ve - ni-te al - l'a-gi - le   bar-chet-ta
star sul - la   na - ve !   Su, pas-seg - gie - ri,   ve - ni - te,
fres-ca e leg - ge - ra.   Ve - ni - te al - l'a-gile   bar-chet-ta

mi - a !   San - ta   Lu - ci - a !   San - ta   Lu - ci - a !
vi - a !   San - ta   Lu - ci - a !   San - ta   Lu - ci - a !
mi - a !   San - ta   Lu - ci - a !   San - ta   Lu - ci - a !

Ve - ni-te al-l'a-gi-le   bar-chet-ta   mi - a !   San - ta   Lu -
Su, pas-seg - gie - ri,   ve - ni - te,   vi - a !   San - ta   Lu -
Ve - ni-te al-l'a-gi-le   bar-chet-ta   mi - a !   San - ta   Lu -

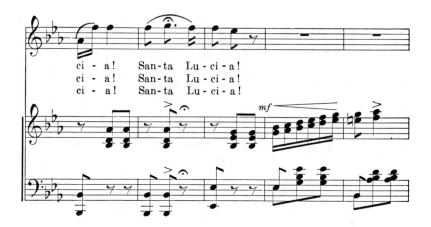

ci - a!   San - ta   Lu - ci - a!
ci - a!   San - ta   Lu - ci - a!
ci - a!   San - ta   Lu - ci - a!

TRANSLATIONS OF SONGS

The Garibaldi Hymn (*page 333*)

To arms! The tombs are uncovered, our dead boys are arising; our martyrs are all resurrected, swords in their hands, laurels on their heads, the fire and the name of Italy in their hearts!

We are coming! We are coming! On, young legions, on with our flags in the wind everywhere! On, all of us with arms; on, all of us with fire; on, all of us with the fire of Italy in our hearts!

Get out of Italy, get out, it's high time, get out of Italy, get out, strangers!

My Sunshine (*page 335*)

How lovely is a day full of sunshine, a fine serene sky after the storm; in the cool air it seems like a feast . . . How lovely is a day full of sunshine!

But a more beautiful sunshine smiles upon me, the sunshine that sparkles in your eyes!

The panes of your window shine, the washerwoman sings and is proud of it; and while she wrings, and hangs out the wash, and sings, the panes of your window shine.

But a more beautiful sunshine, *etc.*

When evening comes, at the gentle farewell of the sun, a feeling of sadness almost overcomes me. I would like to remain under your window, when evening comes, at the gentle farewell of the sun.

But a more beautiful sunshine, *etc.*

Funiculì-Funiculà (*page 337*)

> *This song was composed on the occasion of the inauguration of the Mt. Vesuvius cable railway.*

This evening, Nancy dear, I mounted — shall I tell you? — there where an ungrateful heart cannot tease you any longer! There the fire burns, but if you run away from it, it doesn't harm you, and it doesn't pursue you, and you don't pine away always looking (at a beautiful face).

Quick! Come! Come, let's mount there! Funiculì-funiculà!

Let's mount! There is only one step from the plain to the mountain; one sees France, Procida, Spain . . . and I see you! A pull of the cables and, no sooner said than done, one reaches the sky; one flies as the wind, with a sudden dash, and we are already there!

Quick! Come! Come, let's mount, *etc.*

The Saint Just Bell (*page 343*)

> *This is one of the most popular songs composed during the First World War. St. Just is the patron saint of Trieste, the city on the Adriatic coast that was liberated and annexed to Italy as a result of the victories of the Italian armies over the Austrians.*

On the shores, on the banks of Trieste, Saint Just's bell rings and calls. It rings the hour, it rings the hour no longer distant when it will be enslaved no more!

The girls of Trieste all sing with ardor: "O Italy, O beloved Italy, thou art coming to liberate us!"

Santa Lucia (*page 346*)

> *Santa Lucia is the name of a small harbor in the Bay of Naples, where tourists can hire rowboats or light sailboats. On the wharfs are famous restaurants in which local food, sea food particularly, is served, and Neapolitan popular songs are sung with accompaniment of guitars and mandolins.*

The silvery moon shines on the sea, the waves are gentle, the wind is propitious. Come to my light boat! Santa Lucia! Santa Lucia!

With this breeze so gentle, oh, how fine it is to be on a boat! Come, passengers, come along! Santa Lucia! Santa Lucia!

Why hesitate? The evening is lovely, a cool and light breeze is gently blowing. Come to my light boat! Santa Lucia! Santa Lucia!

VOCABULARIES

ABBREVIATIONS

abs.	absolute	*n.*	noun
adj.	adjective	*neg.*	negative
adv.	adverb	*p.*	past
art.	article	*part.*	participle
cond.	conditional	*pers.*	personal
conj.	conjunction	*pl.*	plural
def.	definite	*poet.*	poetic
des.	descriptive	*poss.*	possessive
f.	feminine	*prep.*	preposition
fut.	future	*pres.*	present
imp.	impersonal	*pron.*	pronoun
ind.	indicative	*subj.*	subjunctive
irr.	irregular	*v.*	verb

* Words studied in the regular lessons: active vocabulary.

† Verbs conjugated with **essere.**

° Verb conjugated with **essere** if used intransitively; otherwise conjugated with **avere.**

Nouns ending in –o are masculine and those ending in –a are feminine, unless otherwise indicated.

In the Italian-English Vocabulary, verb forms are given in parentheses after the infinitive in the following cases: the present indicative first person singular if the stress rests on the third-from-the-last vowel, or if the stressed vowel is **e** or **o,** or if the verb belongs to the third conjugation; the past participle if it is irregular or if the stressed vowel is **e** or **o.**

In the English-Italian vocabulary, only the present indicative first person singular is given after an infinitive, and then only if the stress rests on the third-from-the-last *syllable*, or if the verb belongs to the third conjugation.

The preposition commonly used with a verb or an adjective is shown in parentheses after the word.

ITALIAN-ENGLISH VOCABULARY

A

*a, ad** at, to, in, into, on, toward, for
*abbastanza** enough
*abbracciare (abbraccio)** to embrace
abete *m.* fir tree
abitante *m.* inhabitant
*abitare (abito)** to live, dwell
*abito** suit (*of clothes*)
acacia acacia
†accadere to happen
accanto beside
accɛnto accent
acciaio steel
†*accomodarsi (m'accɔmodo)** to make oneself comfortable, sit down
*accɔrdo** agreement; andare d'— con qualcuno to get on with somebody
accusare to accuse; complain of
aceto vinegar
acido acid
acqua water
acuto keen, sharp
Ada Ada
addio farewell
addizione *f.* addition
addomesticare (addomestico) to tame
aderɛnte adherent, sticking
adescare (adesco) to entice
*adɛsso** now
affare *m.* business, affair
affianco beside
agganciare (aggancio) to clasp, hook
aggettivo adjective
aggio agio, premium
aggiogare (aggiogo) to yoke
aggiungere to add
aggomitolare (aggomitolo) to wind up
aggravio burden
aggrumare to clot
agio leisure
agire (agisco) to act
*agli = a + gli**

agnɛllo lamb
ago needle
agognare (agogno) to covet
*agosto** August
ah! ah!
ahi! ay! oh!
*ai = a + i**
*aiutare** to help, aid
*al = a + il**
ala wing
*albero** tree
*album** *m.* album
Alfredo Alfred
*all' = a + l'**
*alla = a + la**
*alle = a + le**
*allegramente** gaily, joyfully
*allo = a + lo**
*allora** then
*almeno** at least
alpino Alpine
*alto** high, tall, lofty; ad alta voce aloud
*altro** other, else; — che! sure enough! I should say so!
*alunno, alunna** pupil
*alzare** to lift; †alzarsi to rise, get up
*amare** to love, be fond of
ambo both
*Amɛrica** America
*americano** American
amicizia friendship
*amico, amica** friend
amministrazione *f.* administration
†ammontare (ammonto) to amount
analizzare to analyze
anca hip
*anche** also, too
*ancora** still, yet
†*andare** *irr. v.* (vado *or* vɔ) to go (*idioms in which* andare *appears are registered only under the other words concerned*)
angelo angel

angolo corner
anguria watermelon
angusto narrow
*animale *m.* animal
animo mind
*Anna Ann, Anna
°annegare (annego) to drown
*anno year
*antico ancient
*antipasto appetizers
*antiquato old-fashioned
*Antonio Anthony
*aperto (*irr. p. part of* aprire) opened,
 open; all'—, in the open, outdoors
*apparecchiare (apparecchio) to pre-
 pare, get ready, set (*a table*)
apparente apparent
*appartamento apartment
*appello roll call; facciamo l'—, let's
 call the roll
*appena as soon as, scarcely
*appendere *irr. v.* (appendo, *p. part.*
 appeso) to hang up
appetito appetite
*approfittare to profit, take advantage
*appuntamento appointment, date
*aprile *m.* April
*aprire *irr. v.* (apro, *p. part.* aperto) to
 open
ara altar
arancio orange, orange tree
arcigno sulky, sullen
*argento silver
*aria air
*armadio wardrobe; — a muro closet
arra token
†*arrivare to arrive
*arrivederci! till we meet again! good-
 bye!
*arrosto roast; *adj.* roasted
arte *f.* art
*articolo article
*ascensore *m.* elevator, lift
asciugare to wipe, dry
*ascoltare (ascolto) to listen, listen to
asino ass, donkey
*aspettare (aspetto) to wait, wait for
*aspetto aspect, appearance
assai very, quite
assente absent

assoluto absolute
assumere *irr. v.* (*p. part.* assunto) to
 assume
asta staff
astro star; planet
atomo atom
*attaccare to attach; bind, tie
*attentamente attentively
attento attentive
attenzione *f.* attention
*attesa waiting, wait
atto act
attore *m.* actor
*attorno (a) around, about
*augurio omen, wish; auguri! best
 wishes!
*aula classroom
*automobile *f.* automobile, car
autunno autumn, fall
*avere *irr. v.* (ho, *fut.* avrò) to have, get
 (*idioms in which* avere *appears are
 registered only under the other words
 concerned*)
avo grandfather
avventura adventure
†*avvicinarsi to approach, draw near
*avvocato lawyer
azione *f.* action, act, deed
*azzurro blue

B

*babbo, il babbo dad, daddy
Bacco Bacchus, *god of wine*
bacio kiss
baco silkworm
baffo mustache
*bagno bath, bathing; stanza da —,
 bathroom
balena whale
ballare to dance
*ballo ball, dance
bambino, bambina baby
*banca bank
*banco (*pl.* banchi) student's desk
bandito bandit
basilica basilica
basso low
†bastare to be enough
bava foam
*Beatrice Beatrice

belare (bɛlo) to bleat
*bɛllo beautiful, handsome, fine
*bɛne well; sta — or va —, all right
*benone very well
*Bɛppe Joe
bere irr. v. (bevo, p. part. bevuto) to
  drink
berretto cap
*Bettina Betty
biada oats
*biancheria linen
·*bianco white
*bibliotɛca library
*bicchiɛre m. glass
biglietto card, ticket
*biliardo billiards; sala da —, billiard
  room
bimba baby, baby girl
*binario track
biondo blond
*bisogno need; aver — di to need
bocca mouth
borgo hamlet, village
bɔsco woods
bottiglia bottle
braccio arm
*brɛve brief, short
bronzo bronze
°*bruciare (brucio) to burn
bruto brute, animal
*brutto ugly
buco hole
bufare to snow and blow
*buffo droll, funny
*buɔno good; buɔn giorno good morn-
  ing, good day
*burro butter
*busta envelope

C

cacciare (caccio) to go hunting
cacio cheese
caddi (irr. p. abs. of cadere) I fell
cadɛnte falling
†*cadere to fall
caduco fleeting; perishable
*caffɛ̀ m. coffee; café
cagna female dog
cagnolino puppy

calamaio inkwell
calcare to tread
*calcio kick; football (soccer)
*caldo warm; fa —, it's warm
calendario calendar
calmante soothing, calming
calmo calm
caloroso warm, impassioned
*calza stocking
*calzino sock
calzolaio shoemaker, cobbler
*camera, camera da lɛtto bedroom
*cameriɛra maid
*cameriɛre m. waiter, steward
*camicia shirt
camiciaio shirtmaker
*camino fireplace
*camminare to walk
*cammino path, way; in —, on my
  (your, his, etc.) way
*campanɛllo (small) bell
*Canadà m. Canada
canaglia rabble
*cancellare (cancɛllo) to erase
*candela candle; candelina (small)
  candle
*candito candied fruit
cane m. dog
canone m. canon
*cantare to sing
*cantarellare (cantarɛllo) to hum
*canzone f. song
capello hair
*capire (capisco) to understand
capo head; cape
cappellaio hatter
*cappɛllo hat
capra goat
*Capri f. Capri
capriccio caprice, whim
*carino nice, pretty
Carletto Charlie
*Carlo Charles
*carne f. meat; flesh
*caro dear; expensive
*Carolina Charlotte
carro wagon, van
*carrɔzza coach; car (of a train)
*carta paper; — sugante blotter
cartone m. pasteboard

*casa house, home; andare† a —, to go home
†cascare to fall
 casina pretty little house
 casino clubhouse, casino
*caso chance, case; per —, by chance
 cassa chest, box
*cassetto drawer
*cassettone m. chest of drawers
 casto chaste
*catalogo catalogue
 catena chain
 catenaccio bolt
*Caterina Catherine
*cattivo bad
 causa cause
 cauto cautious
 cava quarry
 cavallo horse
*Cecco Frank
 cena supper
*cento one hundred
*centro center
*ceppo log
 cera wax
 cercare (cerco) to seek, look for
*certamente certainly
*certo certain, sure
*che conj. that; after neg. verb but; non + verb + che only
*che pron. who, whom, that, which, what, what a; non c'è di —, don't mention it (said after receiving thanks); che? or — cosa? what?
*chi he who, him who, one who, a man who; chi? who? whom?
*chiamare to call, call on; mi chiamo my name is
*chiaramente clearly
*chiave f. key
 chiesa church
*chilogramma m. kilogram
 chilometro kilometer
 chimica chemistry
 chino bent
 chiodo nail, spike
*chiudere irr. v. (p. part. chiuso) to close, shut, turn off
*ci adv. here, there, in it; c'è there is; ci sono there are

*ci pron. us, to us, ourselves, to ourselves
 ciancia gossip
 ciarla tattle, gossip
*ciascuno each, each one
 cielo sky; heaven
 cifra figure
 ciglio eyelash
 cigno swan
 cima top, summit
*cinematografo cinema, movie
*cinque five
 ciò this, that
 cioccolata chocolate
*cioè that is, that is to say, namely
 ciottolo pebble, stone
*circa about, around, nearly
*circolo club, clubhouse
*città city; giù in —, downtown; in —, in or to the city
*cittadina small town
 ciuco ass, donkey
 ciurma crew
 Clara Clara
*classe f. class
 clima m. climate
 coda tail
 cogliere irr. v. (colgo) to pick
*cognata sister-in-law
*cognato brother-in-law
*coi = con + i
*col = con + il
*colazione f. breakfast, lunch; prima —, breakfast; fare —, to have breakfast, lunch
*colgo (irr. pres. ind. of cogliere) I pick
*collegio boarding school
*collezione f. collection
*collina hill
 colmo filled up
 colombo pigeon
*colore m. color
 colpa guilt; fault
*coltello knife
*come as, just as, like, how; — sta? or — va? how are you? com'è bello! how beautiful it is!
*cominciare (comincio) to begin, start
*commedia comedy
*commessa saleswoman

*commesso salesman
*comodino night table
*cɔmodo comfortable
*compagnia company
*compagno companion, pal, mate
*compera purchase
*compito assignment
*compleanno birthday
*completare (complɛto) to complete
compone, compongo (irr. pres. ind.
   of comporre) composes, I compose
*comprare (compro) to buy
*con with
conclusione f. conclusion
*condizione f. condition
confessare (confɛsso) to confess
confuso confused
congiura conspiracy
*conoscere irr. v. (conosco, p. part.
   conosciuto) to know
consiglio advice
consolazione f. consolation
*consultare to consult
*continuare (continuo) a to continue,
   go on, keep on
contrarietà contrariety
contro against
*conveniɛnte convenient
*conversazione f. conversation
coraggio courage
cordiale cordial
*cornice f. frame
cɔrpo body
° *correre irr. v. (corro, p. part. corso)
   to run, speed
corrɛtto correct
*correzione f. correction
*corrispondɛnza correspondence
*corso avenue
*cɔsa thing, matter; che —? or, in
   poorer Italian, just cɔsa? what?
*così so, thus
costruzione f. construction, building
*costume (m.) da bagno bathing suit
*cravatta necktie, cravat
*credɛnza buffet, sideboard
*credere (credo) to believe, think
crostino piece of toast
crudo raw, crude
*cucchiaino teaspoon

*cucchiaio spoon
*cucina kitchen
*cucinare to cook
*cugino, cugina cousin
cuɔre m. heart
cura care; cure
curioso curious
cute f. skin

D

*da from, by, to, for
*dà (pres. ind. of dare) gives
dado die
*dagli = da + gli
*dai = da + i
*dal = da + il
*dall' = da + l'
*dalla = da + la
*dalle = da + le
*dallo = da + lo
*danaro money
danno damage
*dare irr. v. (dɔ) to give
*davanti (a) before, in front of
dɛa goddess
dɛcimo tenth
dɛdica dedication
definito definite
*degli = di + gli
degnare (degno) to deign
*dei = di + i
*del = di + il
delirio delirium
*delizioso delightful, delicious
*dell' = di + l'
*della = di + la
*delle = di + le
*dello = di + lo
*deluso disappointed
dɛnte m. tooth
dentista m. or f. dentist
*dentro (a) inside, within
*desiderare (desidero) di to wish, de-
   sire
*dɛstro right; a dɛstra at or to the
   right
*dettare (detto) to dictate
*dettato dictation
*di of; di + def. art. some, any
dia (irr. pres. subj. of dare) give

dialogo dialogue
dica (*pres. subj. of* **dire**) say, tell
*__dice__ (*pres. ind. of* **dire**) says
*__dieci__ ten
diɛtro (**a**) behind
*__differɛnte__ different
*__difficile__ difficult, hard
*__diligɛnte__ diligent
*__dimenticare__ (**dimentico**) to forget
dipɛndere (**da**) to depend (on)
*__dire__ *irr. v.* (**dico**, *p. part.* **detto**) to say, tell
discutere to discuss
disgusto disgust
disonore *m.* dishonor, disgrace
*__dito__ finger
divano divan, davenport
†**diventare** (**divɛnto**) to become
*__divɛrso__ different; **divɛrsi** different; several
*__divertire__ (**divɛrto**) to amuse
divino divine
divisione *f.* division
*__dizionario__ dictionary
*__doccia__ shower
dodicɛsimo twelfth
*__dodici__ twelve
dɔglia ache
*__dolce__ sweet
dolciɛre *m.* confectioner
*__domanda__ question
*__domandare__ (**a**) to ask (of), ask for
*__domani__ tomorrow
*__domenica__ Sunday
domɛstico domestic
dɔnna woman
*__dono__ gift
*__dopo__ (**di**), **dopo che** after, afterward; **pɔco —**, soon after
dopodomani the day after tomorrow
*__doppione__ *m.* double, duplicate
*__Dɔra__ Dolly
dormire (**dɔrmo**) to sleep
*__Dorotɛa__ Dorothy
dɔse *f.* dose
*__dottore__ *m.* doctor
*__dove__ where
dovere *m.* duty
dovrɛbbe (*irr. cond. of* **dovere**) it ought to

*__dovunque__ everywhere, wherever
drago dragon
dramma *m.* drama
drɔga drug
duca *m.* duke
*__due__ two; **tutt'e —**, both
duna dune
*__duɔmo__ cathedral
*__durante__ during
†*__durare__ to last

E

*__e, ed__ and
*__ɛ̀__ (*irr. pres. ind. of* **ɛssere**) is
ɛbbe (*irr. p. abs. of* **avere**) had
ebbɛne well, well now, well then
Ɛbe Hebe, *Greek goddess*
ɛbete *m.* blockhead, dolt
ecc. etc.
*__ɛcco__ here is, here are, there is, there are, see, look; **— tutto** that's all
*__ɛco__ *f.* echo
*__ed__ *see* **e**
Ɛden *m.* Eden
*__edifizio__ building
*__egli__ he
eh! ha! eh!
elefante *m.* elephant
elegante elegant, handsome
*__Ɛlena__ Helen
*__Eleonɔra__ Eleanor
*__Elisabɛtta__ Elizabeth
*__ella__ she
emendare (**emɛndo**) to amend, emend
*__enorme__ enormous, huge
*__enormemente__ enormously
*__Enrico__ Henry
†*__entrare__ (**entro**) **in** to enter
*__entrata__ entrance
entro within
entusiasmo enthusiasm
*__Ɛnzo__ Vinnie
ɛpa belly
erɛde *m. or f.* heir
ɛrpete *m.* herpes, shingles
errore *m.* error
*__esame__ *m.* examination
esaminare (**esamino**) to examine
*__esclamare__ to exclaim, cry out

escluso excluded
eseguire (eseguisco) to perform
esempio example
*esercizio exercise, practice
espressione f. expression
*essa she, it, her
*esse they, them
†*essere irr. v. (sono, p. part. stato) to be; — in ritardo to be late
*essi they, them
*esso he, it, him
est m. east
*estate f. summer
euro east wind
Europa Europe
*europeo European
*evidentemente evidently

F

*fa ago; poco —, a short time ago
fabbricare (fabbrico) to build
*facchino porter
faccia face
face m. torch
*facile easy
facilmente easily
fallire (fallisco) to fail
falso false
fama fame
fame f. hunger
*famiglia family
famoso famous
fanciulla girl
fanciullo boy
fandonia idle story
fannullone m. idler, lazy person
*fare irr. v. (faccio or fo, p. part. fatto) to do, make, build, offer (idioms in which fare appears are registered only under the other words concerned)
farfalla butterfly
farmacia pharmacy, drugstore
farmacista m. or. f. druggist
fascino fascination
fascio bundle
fato fate
*fatto (irr. p. part. of fare) done, made; n. fact
fava bean

*favore m. favor; per —, please
*fazzoletto handkerchief
*febbraio February
febbre f. fever
fede f. faith
fedele faithful
*felice happy
felino feline
*fermare (fermo) to stop (somebody or something); †fermarsi to stop (oneself), stay
ferro iron
festa feast, holiday, merrymaking
*festeggiare (festeggio) to celebrate
*festivo festive; giorno —, holiday
feudo fief
fiato breath
*figlia daughter, child
*figlio son, child
*film m. (movie) film
filo thread
filosofia philosophy
*finalmente finally, at last
fine f. end
*finestra window
°*finire (finisco) di to finish, end
*fiore m. flower
Firenze f. Florence
firma signature
fiume m. river
*fo (irr. pres. ind. of fare) I do, make
*foglia leaf
foglio sheet of paper
fogna sewer
*forchetta fork
forma form
*formaggio cheese
foro forum
*forse perhaps
*forte strong
fortuna fortune, good luck
*fortunato fortunate, lucky
forza force
fossa hole, pit; grave
*fotografia photograph, photography
fotografo photographer
*fra between, among, in, within; — poco soon
*francese French
Francia France

*francobollo stamp
frangia fringe
frase *f.* sentence
*fratɛllo brother
*freddo cold; fa —, it's cold
*frequentare (frequɛnto) to attend
*fresco cool; fresh; fa —, it's cool
*fretta haste, hurry; aver —, to be in
    a hurry; in —, in a hurry, hurriedly,
    fast
*fritto fried
frɔde *f.* fraud, deceit
fronte *f.* forehead
frusta whip
*frutto *or* frutta (*irr. pl.* le frutta)
    fruit
fummo (*irr. p. abs. of* ɛssere) we were
fumo smoke
*fuɔri (di) out, outside (of)
futuro future

G

*gabbia cage
gaio gay
gala gala
gallina hen
gallo rooster
gamba leg
gancio hook
*gatto cat
gɛnero son-in-law
*genitore *m.* parent
*gennaio January
*gɛnte *f.* people
*gentile kind, courteous, gentle
Germania Germany
*gɛsso chalk
ghermire (ghermisco) to grasp
ghetta gaiter
ghiaccio ice
ghianda acorn
ghiottone *m.* glutton
ghirlanda garland, wreath
ghiro dormouse
*già already
*giacca jacket, coat
†giacere *irr. v.* (giaccio, *p. part.*
    giaciuto) to lie
*Giacomo James

*giallo yellow
*Gianni Jack
*giardino garden
gigante *m.* giant
giglio lily
*ginnasio high school
*Gino Lou
ginɔcchio knee
*giocare (giɔco) to play (*a game*)
giɔco game
giɔia joy
*giornale *m.* newspaper
*giornata day (*in its duration, or re-
    ferring to weather or work*)
*giorno day; buɔn —, good morning
    or good day; — festivo holiday
*giovane *adj.* young; *n. m. or f.* young
    man, young woman
*Giovanna Jane, Joan, Jean
*Giovanni John
*giovedì *m.* Thursday
*gioventù *f.* youth
*girare to turn, go around
gita trip
*giù down; — in città downtown
Giuba Juba, *a large African river*
giubba jacket
*giugno June
giurare to swear
*Giusɛppe Joseph
*giusto just, right
glɛba turf
*gli *art.* (*pl. of* lo) the
gli *pron.* to him, to it
glɔria glory
gɔbbo hunchback
godere (gɔdo) to enjoy
gɔffo awkward
gogna pillory, shame
gola throat
*golfo gulf, bay
*gomma rubber, rubber eraser
gɔtico Gothic
govɛrno government
*gradire (gradisco) to receive with
    pleasure, welcome; pɔco gradito
    unwelcome
gragnɔla hail
*grande large, big, great
grave heavy; serious

*grazie thanks
greco Greek
greve *same as* grave
grido shout, cry, clamor
grifagno ravenous
*grigio gray
*grosso big, bulky
grotta grotto
guadagnare to gain, earn
guaio misfortune
*guanto glove
*guardare to look, look at, watch
*guerra war
guglia spire
guida guide, guidance
*guidare to guide, drive
*gusto taste; di mio —, to my taste

H

*ha (*pres. ind. of* avere) he (she, it) has, you have
havvi *poet.* = ha + vi
*ho (*pres. ind. of* avere) I have

I

*i *art.* (*pl. of* il) the
*idea idea
ieri yesterday
ignoranza ignorance
ignoto unknown
*il (*pl.* i) the
*illuminare (illumino) to light
imbroglio scrape, tangle
immaginare (immagino) to imagine
immagine *f.* image
immediatamente immediately
*imparare to learn; — a memoria to memorize
*impaziente impatient
impero empire
*impiegato, impiegata clerk
importante important
importanza importance
*in in, within, into
inane inane, useless
*inchiostro ink
incidente *m.* incident
*incontrare (incontro) to meet (with)

incontro meeting
indegno unworthy
*indicare (indico) to point at
indipendenza independence
indisposizione *f.* indisposition
*infanzia infancy
*infatti in fact, indeed
infinito *adj.* infinite; *n.* infinitive
*ingegnere *m.* engineer
ingegno mind
ingegnoso ingenious
Inghilterra England
ingiuria abuse, insult
*inglese English
innocente innocent
*insalata salad
*intanto meantime, meanwhile
*interessante interesting
†*interessarsi (m'interesso) di to be (*or* get, become) interested (in)
*invano in vain
*invece instead, on the other hand, on the contrary
inverso: all' —, backwards
*invitare to invite
*invitato guest
*invito invitation
*io I
*isola island
*Italia Italy
*italiano Italian

L

*la *art.* the
*la *pron.* her, it
*La *pron.* you
*là *adv.* there
lagnanza complaint
lago lake
laguna lagoon
laico layman
lama blade
lana wool
largo wide, broad
lasciare (lascio) to leave
*latino Latin
latte *m.* milk
lauro laurel
*lavagna blackboard

lavare to wash
lavorare (lavoro) to work
*lavoro work
*le art. (pl. of la) the
*le pron. to her (it), them
*Le pron. to you
legare (lego) to bind, tie
*lɛggere irr. v. (lɛggo, p. parl. lɛtto) to read
legno wood
*Lɛi you
lɛnto slow
*leone m. lion
*leonessa lioness
*leopardo leopard
*lɛttera letter
letteratura literature
*lɛtto n. bed; lettino couch
*lɛtto (irr. p. parl. of lɛggere) read
*lettura reading; sala di —, reading room
levante m. east
*lezione f. lesson
*li pron. them
*Li pron. you
*lì adv. there
*libero free
libraio bookseller
*libreria bookcase; bookshop
*libro book
liɛto cheerful, gay
lignite f. lignite, brown coal
limite m. limit
limone m. lemon
limpido limpid, clear
*lingua tongue, language
lino linen
liscio smooth
*lista delle vivande menu
lite f. quarrel, lawsuit
livido livid
*lo art. the
*lo pron. him, it; so
locomotiva locomotive
*lodare (lɔdo) to praise
lɔde f. praise
*lontano far, far away, distant
*loro pers. pron. them, to them
*loro poss. adj. or pron. their, theirs, your, yours

*Loro you, to you
lɔtta struggle
luccicare (luccico) to sparkle
*luce f. light
*luglio July
lui him
*Luigi Louis, Lewis
Luisa Louise
lume m. light, lamp
luna moon
*lunedì m. Monday
*lungo long
*lusso luxury; di —, fancy, de luxe

M

*ma but; — nɔ why, no; — sì why, yes
*maccherone m. macaroni
*macchina machine; automobile, car
macellaio butcher
*madre f. mother
*maɛstro, maɛstra teacher
maga sorceress
magagna flaw
*maggio May
*maggiore major, elder
maglia knitted undergarment
magnanimo magnanimous
magnɛsia magnesia
magnɛte m. magnet
magnifico magnificent
mai ever, never
*male: non c'ɛ —! not so bad! pretty good!
*malgrado in spite of
malo evil, wicked
malva mallow
*mamma, la mamma mamma, mother
*mangiare (mangio) to eat
manica sleeve
*mano f. hand
manzo young ox, steer
Marche f. pl. Marches, a region in east central Italy
mare m. sea
margherita daisy
*Margherita Margaret
*Maria Mary

Mario Marius
*marito husband
*marmellata marmalade, jam
*marrone brown
*martedì *m.* Tuesday
*marzo March
maschera mask
*Maso Tom
*matematica mathematics
*matita pencil
*mattina morning
maturo mature, ripe
medicina medicine
*medico physician, doctor
meglio better, best
mela apple
membro limb
*memoria memory; **imparare a —,**
  to memorize
*menare (meno) to lead, take
*meno less, minus; **per lo —,** at the
  least
mensa table, board
mente *f.* mind
*mentre while
*menzionare (menziono) to mention
*mercato market; **a buon —,** cheap,
  cheaply
*mercoledì *m.* Wednesday
*mese *m.* month
mesto sad
meta goal
metro meter
*mettere *irr. v.* (metto, *p. part.* messo)
  to place, put
*mezzanotte *f.* midnight
*mezzo half, a half, half a
*mezzogiorno noon, midday
*mi me, to me, myself, to myself
migliorare (miglioro) to improve
migliore better, best
*mille one thousand
minimo minimum
ministro clergyman
*minuto minute
*mio (*pl.* miei) my, mine
miracoloso miraculous
miscuglio mixture
misto mixed
mite mild

mobile *m.* piece of furniture
moda fashion, style
modestamente modestly
modesto modest
modista milliner
modo manner, way
*moglie *f.* wife
*molto *adj.* much, many, a great deal of
*molto *adv.* very, quite, a great deal
*momento moment
monaco monk, friar
*mondo world
monte *m.* mountain, mount
monumento monument
morbido soft
morto dead
mosca fly
*mostrare (mostro) to show, point out;
  mi mostri show me
motivo motive, cause
muffa mold
*muro wall
*musica music
muso snout
muto dumb

N

nano dwarf
*napoletano Neapolitan
*Napoli *f.* Naples
narcotico narcotic
†nascere *irr. v.* (*p. part.* nato) to be
  born
nascondere *irr. v.* (nascondo, *p. part.*
  nascosto) to hide
nasino small nose
naso nose
*nastro ribbon
*Natale *m.* Christmas; **Buon —!** Merry
  Christmas!
natura nature
*naturalmente naturally, of course
nave *f.* ship, boat
*nazione *f.* nation
*ne *pron.* of it, of them, about it, about
  them
nè nor
negare (nego) to deny
*negli = in + gli

*negozio store, shop
negro Negro
*nei = in + i
*nel = in + il
*nell' = in + l'
*nella = in + la
*nelle = in + le
*nello = in + lo
neo mole
*neon m. neon
*nero black
nervoso nervous
nessuno nobody, not any
neutro neuter, neutral
*neve f. snow
niente nothing
*Nina Nancy
*Nino Tony
*nipote m. or f. nephew, niece, grandson, granddaughter, grandchild
*no no; credo di —, I believe not
*noi we
noia weariness
*nome m. name, noun
*non not; non + verb + che only
*nonna, la nonna grandmother
*nonno, il nonno grandfather
nono ninth
nord north
*nostro our, ours
nota note
*nove nine
*novembre m. November
nube f. cloud
nulla nothing
*numero number
*nuovo new; di —, again

O

*o or; o . . . o either . . . or
oblio oblivion
occhio eye
*occupare (occupo) to occupy
*occupato busy
odio hatred
odorare (odoro) to smell
*offrire irr. v. (offro, p. part. offerto) to offer
*oggi today

*ogni every
ognuno everyone
oh! oh!
*olandese Dutch
*ombrello umbrella
ombroso shady
onesto honest
opera work, deed; literary work, artistic production, opera
*ora adv. now; per —, for the present
*ora n. hour
ordinare (ordino) to order
*ordine m. order
orecchio ear
origliare (origlio) to eavesdrop
oro gold
*orologio watch, clock
*orso bear
oscuro dark
*ospite m. or f. host, guest
*osservare (osservo) to observe, remark, watch
*ottanta eighty
ottavo eighth
ottico optician
ottimo excellent
*otto eight
*ottobre m. October
ottone m. brass
*ovale oval
ovest west

P

*padre m. father
paese m. country; small town
pagare to pay
*pagina page
paglia straw
pala shovel
palla ball
*pallacanestro f. basketball
palma palm
panciotto vest
*pane m. bread
panettiere m. baker
panna cream
*pantaloni m. pl. trousers
*Paolo Paul
papa m. pope

*papà *m.* dad; — **Natale** Santa Claus
pappa pap
parco park
*parεntesi *f.* parenthesis
†*parere *irr. v.* (**paio**) to seem, look like
*parlare to speak, talk
*parɔla word
*parte *f.* part
participio participle
*particolarmente particularly
†*partire (**parto**) to depart, leave
*partita game
pasciuto (*p. part. of* **pascere**) pastured
pascolo pasture
°*passare to pass, pass by, surpass; spend (*time*)
*passeggiata walk, ride, drive; **fare una —,** to take a walk (a ride, a drive)
*passeggiεro, passeggiεra passenger
*patata potato
patria fatherland, native place
patto pact
pattuglia patrol
pausa pause
pazientemente patiently
*paziεnza patience; **aver —,** to be patient
*peccato sin; **peccato!** too bad!
*pei = per + i
pena pain, penalty
*penna pen; **— stilografica** fountain pen
*pensare (**pεnso**) **a** to think (of)
pensiεro thought
pepe *m.* pepper
*Peppino Joe
*per *conj.* to, in order to
*per *prep.* for, by, because of, on account of, across
pera pear
*perbacco! by Jove!
*perchè why, because; **εcco —,** that's why
*pεrdere *irr. v.* (**pεrdo,** *p. part.* **pεrso**) to lose, waste, miss
perfεtto perfect
*pεrla pearl
permesso permission

*perɔ however
persistεnte persistent
*pesce *m.* fish
pεttine *m.* comb
*pεzzo piece
*piacere *n. m.* pleasure; **per —,** please
†*piacere *irr. v.* (**piaccio,** *p. part.* **piaciuto**) to please; **mi piace** I like; **Le piace** you like
*piano floor; **al pian terreno** on the ground floor, downstairs; **al — superiore** on the upper floor, upstairs
pianta plant
*piatto dish, plate
*piazza square
*piccolo little, small
piεde *m.* foot
*piεno full
*Piεtro Peter
*pigiama *m.* pyjamas
pigliare (**piglio**) to take, catch
pignatta (kitchen) pot
piɔggia rain
piombo lead
piɔppo poplar
†*piɔvere *imp. irr. v.* (**piɔve**) to rain
pipa pipe
*pisεllo pea
pittore *m.* painter
più more, plus
plotone *m.* platoon
plurale *m.* plural
*pɔco *or* pɔ' little, not much; *pl.* few; **pɔco dopo** soon after; **pɔco fa** a short time ago
poεta *m.* poet
*pɔi then, after, afterward
*polare polar
*pollo chicken; **— arrɔsto** roast chicken
*poltrona armchair
*pomeriggio afternoon
ponte *m.* bridge
pɔpolo people
popoloso populous
poppa stern
porcellana porcelain, china
*pɔrta door, gate
*portare (**pɔrto**) to carry, bring, bear; wear
pɔrtico portico

*posata knife, fork, and spoon
possibile possible
*postino mailman
*posto place, seat
potere irr. v. (posso) to be able, can, may
*povero poor
pozione f. potion
*pranzare to dine
*pranzo dinner; sala da —, dining room
pratico practical
*prato meadow, lawn
*preferire (preferisco) to prefer
*prego! please! don't mention it!
prelevare (prelevo) to deduct beforehand
premere (premo) to press
*prendere irr. v. (prendo, p. part. preso) to take, catch
*preparare to prepare, get ready
presentare (presento) to present
*presente present
presentimento presentiment
preso see prendere
*presto soon, early, quickly
prete m. priest
pretendere irr. v. (pretendo, p. part. preteso) to pretend
*prezzo price
prigione f. prison
*prima (di) before, first
*primavera spring
*primo first
*principale principal
*probabilmente probably
*procedere (procedo) to proceed
procurare to procure
professione f. profession
*professore m. professor
profondo profound, deep
*pronto ready; pronto! (on the telephone) hello!
*pronunzia pronunciation
*pronunziare (pronunzio) to pronounce
propongo (irr. pres. ind. of proporre) I propose
proprio own; his, her or its own
prosa prose

prospero prosperous
*proverbio proverb
provincia province
pugno fist; punch
*pulire (pulisco) to clean
punto point, dot, period
puntura puncture
*pure also, too

Q

*qua here
*quaderno notebook
*quadro picture, painting
*quale what, which
*qualunque whatever, whichever
*quando when
*quanto how much; pl. how many
*quarto fourth, quarter
*quasi almost
*quattro four
*quello, quel that, that one, the one
quercia oak
querulo querulous
questione f. question
*questo this, this one
*qui here
quindi consequently, hence
quinto fifth
quota share, stake, quota

R

*raccontare (racconto) to relate, tell
racconto story
*radio f. radio
*ragazza girl, child
*ragazzo boy, child
raggio ray
*ragione f. reason; aver —, to be right
ragno spider
*ramoscello twig
rarità rarity
raro rare
raso (irr. p. part. of radere) shaven
rasoio razor
rauco hoarse
*re m. king
*recentemente recently

*recitare (rɛcito) to recite, act
rɛggia royal palace
regina queen
rɛgio royal
regnare (regno) to reign
*rɛgola rule
religioso religious
remare (rɛmo) to row
rɛo guilty
†*restare (rɛsto) to remain, be left
*restituire (restituisco) to give back, return
*rettangolare rectangular
rɛuma m. rheumatic pain
*reverɛndo reverend
*Riccardo Richard
riccio curly
*ricco rich
ricevere (ricevo) to receive
*ricevitore m. receiver
ricompɛnsa reward
*riconoscere irr. v. (riconosco, p. part. riconosciuto) to recognize
*ricordare (ricɔrdo) to remember, recall, remind
ridda brawl (dance), reel
ridere irr. v. (p. part. riso) to laugh
ridicolo ridiculous
*riga ruler; line (of writing)
rigore m. rigor, severity
*riguardo a regarding
*rilegare (rilego) to bind
rimɛdio remedy
rimɔrso remorse
*Rina Kate
rinaccio darning
*ringraziare (ringrazio) to thank
*ripɛtere (ripɛto) to repeat
†riposarsi (mi ripɔso) to rest
ripɔso rest, repose
risa (f. pl. of riso) laughter
risalutare to greet again
rischiare (rischio) to risk
*rispondere irr. v. (rispondo, p. part. risposto) to answer
rissa affray, fight
*ristorante m. restaurant
*Rita Peggy
*ritardo delay; ɛssere in —, to be late

†*ritornare (ritorno) to return
*rivista review, magazine
*Robɛrto Robert
*Roma Rome
romano Roman
*romanzo novel
rɔsa rose
rɔspo toad
*rosso red
*rotondo round
rumore m. noise, rumor
*rumorosamente noisily
rupe f. cliff
ruppe (irr. p. abs. of rompere) broke
Russia Russia
*russo Russian

S

sa (irr. pres. ind. of sapere) knows
*sabato Saturday
sabbia sand
sacco bag
sacro sacred, holy
*sala hall, room; — da biliardo billiard room; — da pranzo dining room; — di lettura reading room
sale m. salt
*salɔtto living room, parlor
salsa sauce
*salutare to greet
*saluto greeting
sanguigno bloody
sano healthy
santo saint, holy
*sapere irr. v. (sɔ) to know (a thing or a fact)
sapore m. taste
saporoso savory
saremmo (cond. of ɛssere) we should be
sarta dressmaker
sarto tailor
*sbaglio mistake
sbarco landing
scacchi m. pl. chess
scadɛnza maturity
*scaffale m. shelf, bookshelf
scala stairs
*scambiare (scambio) to exchange

*scarpa shoe
*scatola box
*scegliere *irr. v.* (scelgo, *p. part.* scelto)
to choose, select
scɛna scene, stage
†*scendere *irr. v.* (scendo, *p. part.*
sceso) to descend, go down, step
down
schɛda card, form
schɛma scheme
scherzo jest, joke
schiacciare (schiaccio) to crush
schiavo slave
schifo loathing, disgust
schivo averse
scia wake
sciagura misfortune
scialle *m.* shawl
sciame *m.* swarm
sciarpa scarf, sash
sciɛnza science, learning
scimmia monkey
sciɔcco fool
sciɔlto loosened, untied
sciɔpero strike
sciupare to spoil
†scivolare (scivolo) to glïde, slip
scontɛnto dissatisfied
sconto discount
scopa broom
*scɔpo purpose, aim
scorso run out, past, last
*scritto *see* scrivere
*scrivania desk
*scrivere *irr. v.* (*p. part.* scritto) to
write
scudo shield
scultore *m.* sculptor
scultura sculpture
*scuɔla school
scusa excuse; forgiveness
*scusare to excuse; mi scusi excuse
me
*se if, whether
*sè, se stesso himself, herself, itself,
themselves
*secchietto little pail
*secondo second
sedativo sedative
sedere *irr. v.* (siɛdo *or* sɛggo) to sit

*sɛdia chair
sega saw
segno sign, mark
segreto secret
*seguɛnte following
*seguire (seguo) to follow
*sɛi six
sɛlla saddle
*semplice simple
*sɛmpre always, ever
*sentire (sɛnto) to feel, hear, listen;
†sentirsi to feel (*in a reflexive sense*)
sɛnza without
sequɛla sequel
*sera evening
*serata evening (*in its duration*)
sereno serene, calm
*sɛrie *f.* series, set
*servire (sɛrvo) to serve
sɛsto sixth
*seta silk
sete *f.* thirst
*sɛtte seven
*settɛmbre *m.* September
*settimana week
sɛttimo seventh
sevɛro severe
sfɛra sphere
sfogliare (sfɔglio) to strip of its leaves
sfɔrzo effort
sgonfiare (sgonfio) to deflate
*sguardo glance, look
*si himself, herself, itself, themselves, to
himself (herself, itself, themselves)
*sì yes; credo di —, I believe so;
ma —! why, yes!
*siamo (*irr. pres. ind. of* ɛssere) we
are
*siccome as, since
*siciliano Sicilian; alla siciliana Sici-
lian style
sicuro sure, safe
*signora lady, madam, Mrs.
*signore *m.* gentleman, sir, man, Mr.
*signorina young lady, Miss
silɛnzio silence
simile similar
*sincɛro sincere
*sinistro left; a sinistra at *or* to the
left

sito site, place
*situare (situo) to place, locate
sleale disloyal
slitta sleigh, sledge
smalto enamel
snɛllo agile, nimble, slender
sɔ (irr. pres. ind. of sapere) I know
società society
*sɔcio partner, member
sogno dream
*solamente only
sɔldo cent, penny
*sole m. sun, sunlight
*sɔlito usual; di —, usually
*solo adj. alone; adv. only
*soltanto only
sonaglio bell, child's rattle
*sono (irr. pres. ind. of ɛssere) I am,
  they are
sopra on, upon, above
*soprattutto above all
*sorɛlla sister
*sorellina little sister
†sorgere irr. v. (sorgo, p. part. sorto)
  to arise
*sorpreso surprised
*sorridere irr. v. (p. part. sorriso) to
  smile
sorriso smile
sorvolare (sorvolo) to fly over
*sotto under
*spaghetti m. pl. spaghetti
Spagna Spain
*spagnɔlo Spanish
*specchietto little mirror
*spɛcchio mirror
*speciale special
specialmente especially
spelato stripped of hair
spɛme f. poet. hope
*spɛndere irr. v. (spɛndo, p. part.
  speso) to spend
*spesa expense; fare delle spese to
  shop
*spesso often
spina thorn
*spinaci m. pl. spinach
spirito spirit, soul
*splendɛnte shining
splɛndere (splɛndo) to shine

†spogliarsi (mi spɔglio) to undress
  (oneself)
sponda bank, shore
*spɔrt m. sport
*sportɛllo door (of a car), window
  (of an office)
*squadra squad, team
stagione f. season
stagno tin
stalla stable
*stamane or stamani this morning
stanco tired
stanga bar, shaft
*stanɔtte last night (until noon; after
  noon it means tonight)
*stanza room
†*stare irr. v. (stɔ) to be, stay, stand,
  keep, remain
*stasera this evening, tonight
stato n. state; gli Stati Uniti the
  United States
stato (p. part. of ɛssere and stare)
  been
stavi (p. des. of stare) you were
stavvi = sta + vi poet. there is
*stazione f. station
stella star
stɛndere irr. v. (stɛndo, p. part. steso)
  to spread, stretch
*stesso same, self; uno —, one and
  the same
stile m. style
*stilografico see penna
*stirare to press, iron
*stɔ (pres. ind. of stare) I am
stɔia mat
stɔmaco stomach
*stɔria history, story
*stretto adj. narrow; n. strait
*studɛnte m. student
studentessa (girl) student
*studiare (studio) to study
*studio study
stufa stove
stupido stupid
*stuzzicare (stuzzico) to tease
*su on, upon, up, in, over
subito immediately, at once
*sugante absorbing; carta —, blotter
*sugli = su + gli

sugna lard
*sui = su + i
*sul = su + il
*sull' = su + l'
*sulla = su + la
*sulle = su + le
*sullo = su + lo
sunto abridgment, summary
*suo (pl. suoi) his, her, its, your, yours, of his (hers, yours)
*suonare (suono) to sound, play (an instrument), ring (a bell)
*superiore superior, higher; see piano
*Susanna Susan
*svelto quick, lively
*svizzero Swiss

T

tacco heel
taciuto (p. part. of tacere) been silent
talento talent
*talora sometimes
tanto so much; pl. so many; di — in —, once in a while
tariffa rate, tariff
tasca pocket
taschina small pocket
tassa tax
*tavola table
tavolino small table, stand
*tazza cup
*tedesco German
teglia baking pan
*telefonare (telefono) to telephone
*telefono telephone
*televisione f. television
tema m. theme
*temere (temo) to fear, be afraid of
temperino penknife
*tempo time; weather; tense
tenda tent
tendina curtain
tenore m. tenor
tepido tepid, lukewarm
*Teresa Theresa
terra earth, land, ground
*terreno ground; see piano
terzo third

tesi f. thesis
tesoro treasure
*testo text, textbook
*tetto roof
*ti thee, to thee, thyself; you, to you, yourself
*tigre f. tiger
tino large vat
titolo title
toccare (tocco) to touch
*Tommaso Thomas
tomo tome, volume
tondo round
*Tonio Tony
topo mouse
toro bull
*torta cake
*torto wrong; aver —, to be wrong
Toscana Tuscany
*tostino piece of toast
*tovaglia tablecloth
*tovagliolo napkin
*tra between, among, within
*tradurre irr. v. (traduco, p. part. tradotto) to translate
traduzione f. translation
tragedia tragedy
traino sledge
trama plot
tramonto sunset
trattare to treat
*tre three
tremare (tremo) to tremble
*treno train
*trentatrè thirty-three
trina lace
triste sad
*troppo adj. too much, pl. too many; adv. too, too much
*trovare (trovo) to find
*tu thou, you
tuffo plunge, dive
tufo tufa, a stone of volcanic origin
tugurio wretched lodging
*tuo (pl. tuoi) thy, thine, your, yours
Turchia Turkey
tutore m. guardian
*tutto all, entire, whole, everything; pl. all, everybody; ecco —, that's

all; **tutt'e due** both; **tutti e tre** all three; — **il libro** the whole book; **tutti i libri** all books

U

*ucc**ɛ**llo bird
udire *irr. v.* (**ɔ**do) to hear
*uff*i*cio office
*u*ltimo last, latest
u*mido damp, humid
u*mile humble, poor
umore *m.* humor
*un, uno, una, un' a, an, one
undic**ɛ**simo eleventh
*u*ndici eleven
*u*niversità university
u**ɔ**mo man
u**ɔ**vo egg
urg**ɛ**nte urgent
*usare (uso) to use
u*scio door
†*uscire *irr. v.* (**ɛ**sco) to go out, come out
*u*tile useful
uva grape

V

*va (*irr. pres. ind. of* **andare**) goes
vacca cow
va*glia *m.* money order
va*go vague
†valere *irr. v.* (valgo, *p. part.* valso) to be worth
*val*i*gia suitcase, valise
valle *f.* valley
vanga spade
*Vanna Janet, Jane, Jean
*Vanni Jack
vano vain, futile
vasca basin
*vaso vase
vasto vast, huge
*v**ɛ**cchio old
*vedere *irr. v.* (vedo) to see
vegliare (v*e*glio) to be awake
vela sail
veleno poison
*vendere (vendo) to sell

*vendita sale
*venerdì *m.* Friday
†*venire *irr. v.* (v**ɛ**ngo, *p. part.* venuto) to come
veramente really
veranda veranda
v**ɛ**rbo verb
*verde green
verità truth
*vero real, true
*v**ɛ**rso (di) toward
v**ɛ**spa wasp
*v**ɛ**ste *f.* dress
*vestire (v**ɛ**sto) to dress (*somebody*); †vestirsi to get dressed
vetro glass, pane
*vi you, yourself, yourselves, to you (yourself, yourselves)
*via *adv.* away
*via *n.* street
*vicino *adj.* near, nearby
*vicino (a) *prep.* near
vigna vineyard
*villa villa, suburban residence
villa*ggio village
v*imine *m.* osier twig
*Vinc**ɛ**nzo Vincent
*vino wine
viol**ɛ**nto violent
violetta violet
*Virginia Virginia
v*isita visit
*visitare (v*i*sito) to visit, call upon
viso face
visto (*irr. p. part. of* **vedere**) seen
vita life, living
*vitt**ɔ**ria victory
Vitt**ɔ**rio Victor
°*vivere *irr. v.* (*p. part.* vissuto) to live
v*izio vice
*vocabol*a*rio vocabulary
*voce *f.* voice; **ad alta —,** aloud
v**ɔ**glia wish, desire, longing
*voi you
†*volare (volo) to fly
*volenti**ɛ**ri willingly, gladly
volere *irr. v.* (v**ɔ**glio) to want
volontà will, willingness
*v**ɔ**lta time (*turn*)
*v**ɔ**stro your, yours

Z

zampa paw
zanzara mosquito
zɛbra zebra
zɛlo zeal
zɛnit *m.* zenith

*zɛro zero
*zia aunt
*zio uncle
*zoolɔgico zoological
*zucchero sugar
 zuffa fight, affray

A

a, an un, uno, una, un'
about circa
above su; — **all** soprattutto
Ada Ada
advantage vant*a*ggio; **to take — of** approfittare di
after dopo, dopo di; **soon** —, p*ɔ*co dopo
afternoon pomer*i*ggio
afterward p*ɔ*i
again di nu*ɔ*vo; **till we meet** —, arrivederci
ago fa; **a short time** —, p*ɔ*co fa
air *a*ria
album album *m.*
all tutto; — **books** tutti i libri; — **right!** sta b*ɛ*ne! *or* va b*ɛ*ne! **above** —, soprattutto; **that's** —, *ɛ*cco tutto
almost qua*s*i
alone solo
aloud ad alta voce
already già
also anche, pure
always sempre
America Am*e*rica
American americano
among fra, tra
amuse divertire (div*ɛ*rto)
an *see* **a**
ancient antico
and e, ed (*used only before a word beginning with* e)
Andrew Andr*ɛ*a
animal animale *m.*
Ann, Anna, Anne Anna
another un altro, un'altra
answer *n.* risposta; *v.* rispondere *irr.*
Anthony Ant*ɔ*nio
any di + *def. art.*
apartment appartamento
appetizers antipasto
appointment appuntamento
approach avvicinarsi†

are: we —, siamo; **they** —, sono; **there** —, ci sono; **how — you?** come sta?
armchair poltrona
around attorno; (= *about*) circa; **to go** —, girare
arrive arrivare†
article art*i*colo
as come; (= *since*) sicc*ò*me; (= *while*) mentre
ask (of) domandare (a)
aspect asp*ɛ*tto
assignment compito
at a, ad (*used only before a word beginning with* a); — **last** finalmente
attach attaccare
attend frequentare
attentively attentamente
aunt zia
automobile autom*ɔ*bile *f.*
avenue corso
away via

B

bad cattivo; **not so** —! non c'è male! **too** —! peccato!
ball ballo
bank banca
basketball pallacan*ɛ*stro *f.*
bath bagno
bathing suit costume (*m.*) da bagno
bathroom stanza da bagno
bay golfo
be *ɛ*ssere *irr.*†, stare *irr.*†; **how is your uncle?** come sta suo zio? (*other idioms in which* **to be** *appears are registered only under the other words concerned*)
bear orso
Beatrice Beatrice
beautiful b*ɛ*llo; **how — it is!** com'è b*ɛ*llo!
because perchè
bed l*ɛ*tto
bedroom c*a*mera, camera da l*ɛ*tto

before (*place*) davanti a; (*time*) prima (*adv.*), prima di (*prep.*)
begin cominciare
believe credere
bell campanello
best *see* wish
Betty Bettina
between fra, tra
big grande; (= *bulky*) grosso
billiard room sala da biliardo
billiards biliardo
bind (*books*) rilegare
bird uccello
birthday compleanno
bitter amaro
black nero
blackboard lavagna
blotter carta sugante
blue azzurro
boarding school collegio
book libro
bookcase libreria
bookshelf scaffale *m.*
bookshop libreria
both tutt'e due
box scatola
boy ragazzo
bread pane *m.*
breakfast colazione *f.*; to have (*or* eat) —, fare colazione
brief breve
bring, bring in portare
brother fratello
brother-in-law cognato
brown marrone (*see footnote* 1 *on page* 140)
buffet credenza
building edificio
bulky grosso
burn bruciare°
busy occupato
but ma
butter burro
buy comprare
by da

C

cage gabbia
cake torta
call, call on chiamare

Canada Canadà *m.*
candied fruit candito
candle candela; (*small*) —, candelina
Capri Capri *f.*; (*a wine*) Capri *m.*
car automobile *f.*, macchina; (*of a train*) carrozza
carry portare
cat gatto
catalogue catalogo
cathedral duomo
Catherine Caterina
celebrate festeggiare
center centro
certain certo
certainly certamente
chair sedia
chalk gesso
chance caso; by —, per caso
Charles Carlo
Charlotte Carolina
cheap, cheaply a buon mercato
cheese formaggio
cherry ciliegia
chest of drawers cassettone *m.*
chicken pollo; roast —, pollo arrosto
child ragazzo, ragazza
chocolate cioccolata *or* cioccolato
choose scegliere *irr.*
Christmas Natale *m.*; Merry —! Buon Natale!
city città; in *or* to the —, in città
class classe *f.*
classroom aula
clean *adj.* pulito; *v.* pulire (pulisco)
clearly chiaramente
clerk impiegato, impiegata
clock orologio; o'clock *do not translate*
close chiudere *irr.* (*p. part.* chiuso)
closet armadio a muro
club, clubhouse circolo
coach carrozza
coat giacca
coffee caffè *m.*
cold freddo; it's —, fa freddo
collection collezione *f.*
color colore *m.*
come venire *irr.*† (*p. part.* venuto)
comedy commedia
comfortable comodo; to make oneself —, accomodarsi†

company compagnia
condition condizione *f.*
congratulation congratulazione *f.*
consult consultare
continue continuare (cont*i*nuo)
convenient conveniente
conversation conversazione *f.*
cook cucinare
cool fresco; **it's —,** fa fresco
correction correzione *f.*
correspondence corrispondenza
couch lettino
course corso; **of —,** naturalmente
cousin cugino, cugina
cry gridare; piangere *irr.*; **— out** es-
    clamare
cup tazza
curtain (*of a window*) tendina

D

dad babbo, papà *m.*
dance ballo
daughter figlia
day giorno; (*in its duration*) giornata;
    good —! buon giorno! **the — after to-
    morrow** dopodomani
deal: a great — (**of**) molto
dear caro
delicious delizioso
delightful delizioso
depart partire† (parto)
descend scendere *irr.*†
desk scrivania; **student's —,** banco (*pl.*
    banchi)
dictate dettare
dictation dettato
dictionary dizionario
different differente, diverso
difficult difficile
diligent diligente
dine pranzare
dining room sala da pranzo
dinner pranzo
disappointed deluso
dish piatto
do fare *irr.* (*p. part.* fatto); **how — you
    —?** come sta?
doctor dottore *m.*
does fa

Dolly Dora
door porta; (*of a car*) sportello
Dorothy Dorotea
double doppione *m.*
down giù; **to go —,** scendere *irr.*†
downstairs al pian terreno
downtown giù in città *or* al centro della
    città
draw near avvicinarsi†
drawer cassetto
dress veste *f.*
dressed: get —, vestirsi† (mi vesto)
drive guidare
duplicate doppione *m.*
during durante
Dutch olandese

E

each ciascun, ciascuno, ciascuna; **— one**
    ciascuno
early presto
easy facile
eat mangiare; **— breakfast** fare cola-
    zione
eight otto
eighteen diciotto
either ... or o ... o
elder maggiore
Eleanor Eleonora
elevator ascensore *m.*
eleven undici
Elizabeth Elisabetta
else altro
embrace abbracciare
end finire° (finisco)
engineer ingegnere *m.*
England Inghilterra
English inglese
enormous enorme
enormously enormemente
enough abbastanza, assai; **sure —!**
    altro che!
enter entrare† (in) (*see footnote 1 on page*
    136)
entrance entrata
envelope busta
erase cancellare
eraser gomma
European europeo

evening sera, (*in its duration*) serata; **this —**, stasera
ever sempre
every ogni (*invariable*)
everybody tutti
everything tutto, ogni cosa
everywhere dovunque
evidently evidentemente
examination esame *m.*
exchange scambiare
excuse scusare; **excuse me** mi scusi
exercise esercizio
expensive caro

F

fact fatto; **in —**, infatti
fall cadere *irr.*†
family famiglia
fancy di lusso
far, far away lontano
fashion moda
fast in fretta
father padre *m.*, babbo
favor favore *m.*
fear temere
feel sentire (sento)
festive festivo
fifteen quindici
finally finalmente
find trovare
fine bello
finger dito
finish finire° (finisco)
fireplace camino
first *adj.* primo; *adv.* prima; *prep.* prima di
fish pesce *m.*
five cinque
floor piano; **on the ground —**, al pian terreno; **on the upper —**, al piano superiore
flower fiore *m.*
fly volare†
follow seguire (seguo)
following seguente
fond: be — of amare
football (*soccer*) calcio
for *prep.* per; *conj.* perchè
forget dimenticare (dimentico)

fork forchetta; **knife, —, and spoon** posata
fortunate fortunato
fountain fontana; **— pen** penna stilografica
four quattro
fourteen quattordici
frame cornice *f.*
France Francia
Francis Francesco
free libero
French francese
fresh fresco
Friday venerdì *m.*
fried fritto
friend amico, amica
from da
front: in — of davanti a
fruit frutto (*pl.* le frutta)
full pieno
funny buffo

G

gaily allegramente
game partita
garden giardino
gentle gentile
gentleman signore *m.*
German tedesco
get dressed vestirsi† (mi vesto)
get on (*with somebody*) andare *irr.*† d'accordo (con qualcuno)
get ready preparare, prepararsi†
get up alzarsi†
gift dono
girl ragazza
give dare *irr.*; **— me** mi dia
gives dà
glad contento
gladly volentieri
glance sguardo
glass bicchiere *m.*
glove guanto
go andare *irr.*†; **— around** girare; **— away** andare *irr.*† via, partire† (parto); **— down** scendere *irr.*†; **— out** uscire *irr.*† (esco); **— up** salire *irr.*† (salgo)
goes va
good buono; **pretty —!** non c'è male!

grammar grammatica
grandchild nipote *m. or f.*
granddaughter nipote *f.*
grandfather nonno
grandmother nonna
grandson nipote *m.*
gray grigio
great grande; *see* deal
green verde
greet salutare
greeting saluto
ground *see* floor
guest ospite *m. or f.*, invitato, invitata
guide guidare

H

half, a half mezzo
hall sala
hand mano *f.*; on the other —, invece
handkerchief fazzoletto
hang (up) appendere *irr.*
happy felice
hard duro; (= *difficult*) difficile
has ha
hat cappello
have avere *irr.*; — a good time di-
    vertirsi† (mi diverto)
he egli; — who chi
hear sentire (sento)
Helen Elena
hello! (*on the telephone*) pronto!
help aiutare
Henry Enrico
her la; *poss.* suo (*m. pl.* suoi)
here qua, qui, ci; — is, — are ecco
hers suo (*m. pl.* suoi)
herself si, sè
high alto; — school ginnasio
hill collina
him lo
himself si, sè
his suo (*m. pl.* suoi)
history storia
holiday giorno festivo
home casa; I go —, vado a casa
hour ora
house casa
how come; — do you do? come sta? —
    good he is! com'è buono! — much?
    quanto? — many? quanti?

however però
huge enorme
hum cantarellare
hurriedly in fretta
hurry fretta; in a —, in fretta; to be
    in a —, aver fretta
husband marito

I

I io
ice ghiaccio
idea idea
if se
impatient impaziente
in, into in
indeed infatti
infancy infanzia
ink inchiostro
inside dentro
instead invece
interested: be — in interessarsi† di
interesting interessante
invitation invito
invite invitare
iron *n.* ferro; *v.* stirare
is è
island isola
it esso, essa, lo, la; of —, about —, ne
Italian italiano
Italy Italia
its suo (*m. pl.* suoi)
itself si, sè

J

James Giacomo
Jane, Jean, *or* Joan Giovanna, Vanna,
    or Gianna
Joe Beppe, Peppino
John Giovanni
Joseph Giuseppe
Jove: by —! perbacco!
joyfully allegramente
just giusto

K

key chiave *f.*
kilogram chilogramma *m.*

kind gentile
king re *m.*
kitchen cucina
knife coltello; —, fork, and spoon posata
know (*a person*) conoscere *irr.*; (*a thing or a fact*) sapere *irr.*

L

lady signora; young — (*unmarried*) signorina, (*married*) giovane signora
language lingua
large grande
last *adj.* ultimo; at —, finalmente; *v.* durare†
late tardi; to be —, essere† in ritardo
latest ultimo
Latin latino
lawn prato
lawyer avvocato
lead menare
leaf foglia
learn imparare
least: the —, il meno; at —, almeno; at the —, per lo meno
leave (= *depart*) partire† (parto)
left sinistro; at *or* to the —, a sinistra
leopard leopardo
lesson lezione *f.*
letter lettera
liberty libertà
library biblioteca
lift alzare
light *n.* luce *f.*; *v.* illuminare (illumino)
like *v.* piacere *irr.*†; I —, mi piace; you —, Le piace; do you —? Le piace? *prep.* come
line (*of writing*) riga
linen biancheria; table —, biancheria da tavola
lion leone *m.*
lioness leonessa
listen, listen to ascoltare
little piccolo; (= *not much*) poco
live vivere *irr.*°; (= *dwell*) abitare
living room salotto
locate situare (situo)
lofty alto
log ceppo

long lungo
look, look at guardare; — like parere *irr.*†
lose perdere *irr.*
lot: a — of molto
Louis Luigi
love amare
lucky fortunato
lunch colazione *f.*; to have (*or* eat) —, fare colazione
luxury lusso

M

macaroni maccherone *m.* (*usually used in the pl.*)
machine macchina
madam signora
magazine rivista
maid cameriera
mail posta
mailman postino
make fare *irr.* (*p. part.* fatto); makes fa
mamma mamma
many *see* much
Margaret Margherita
marmalade marmellata
Mary Maria
mate compagno, compagna; school—, compagno (compagna) di scuola
mathematics matematica
maybe forse
meadow prato
meantime, meanwhile intanto
meat carne *f.*
meet incontrare; till we — again! arrivederci!
member socio, socia
memorize imparare a memoria
memory memoria
mention menzionare
menu lista delle vivande
merry allegro; Merry Christmas! Buon Natale!
midnight mezzanotte *f.*
mine mio (*m. pl.* miei)
minute minuto
mirror specchio; little —, specchietto
Miss signorina
mistake sbaglio

moment momento
Monday lunedì *m.*
money danaro
month mese *m.*
morning mattina; **this** —, stamane *or* stamani
mother madre *f.*, mamma
movie cinematografo
Mr. signor *m.*
Mrs. signora
much molto; **how** —? quanto? **how many?** quanti? **so** —, tanto; **so many** tanti; **too** —, troppo
music musica
my mio (*m. pl.* miei)
myself mi

N

name nome *m.*
namely cioè
Nancy Nina
napkin tovagliolo
Naples Napoli *f.*
nation nazione *f.*
naturally naturalmente
Neapolitan napoletano; **— style** alla napoletana
near vicino
nearby vicino
necktie cravatta
need *n.* bisogno; *v.* aver bisogno di
Nelly Nora
neon neon *m.*
nephew nipote *m.*
new nuovo
newspaper giornale *m.*
next to vicino a
niece nipote *f.*
night notte *f.*
night table comodino
nine nove
nineteen diciannove
no no; **why, —!** ma no!
nobody nessuno
noisily rumorosamente
noon mezzogiorno
not non
notebook quaderno
novel romanzo

now ora, adesso
number numero

O

observe osservare
occupy occupare (occupo)
ocean oceano
of di
offer offrire *irr.* (offro)
office ufficio
often spesso
oh! oh!
old vecchio
old-fashioned antiquato
on su; *see* **floor;** *before dates, do not translate*
once una volta; **— in a while** di tanto in tanto
one (*used as an adj.*) un, uno, una; (*used as a pron.*) uno, una
oneself si
only *adj.* solo; *adv.* solo, soltanto, solamente, non + *verb* + che
open *adj.* aperto; **in the** —, all'aperto; *v.* aprire *irr.* (apro)
or o; **either . . . or** o . . . o
order ordine *m.*; **in — to** per
other altro
our, ours nostro
ourselves ci
out, outside *adv.* fuori; *prep.* fuori (di); **to go** —, uscire *irr.†* (esco)
outdoors all'aperto
oval ovale

P

page pagina
pail secchio; **little** —, secchietto
painting quadro
pal compagno, compagna
paper carta
paragraph periodo
parent genitore *m.*
part parte *f.*
particularly particolarmente
pass passare°

passenger passeggiero, passeggiera

patient paziente; **to be** —, aver pazienza

Paul Paolo

pea pisello

pearl perla

pen penna; **fountain** —, penna stilografica

pencil matita

people gente *f.*

perhaps forse

person persona

Peter Pietro

phone telefono

photograph fotografia

physician medico

picture quadro

piece pezzo; *see* **toast**

place *n.* posto; *v.* mettere *irr.*

play (*an instrument or a piece of music*) suonare; (*a game*) giocare

please per favore, per piacere

pleasure piacere *m.*

poem poesia

point at indicare (indico); (*a command*) indichi

polar polare

poor povero

porter facchino

potato patata

praise lodare

prefer preferire (preferisco)

prepare preparare

present *adj. and n. m.* presente; **for the** —, per ora

press stirare

pretty carino

price prezzo

principal principale

probably probabilmente (*see Future of Probability*, § 64, *on page* 301)

proceed procedere

professor professore *m.*

pronounce pronunziare

pronunciation pronunzia

pupil alunno, alunna

purchase compera

purpose scopo

put mettere *irr.*

pyjamas pigiama *m.*

Q

quarter quarto

question domanda

quick svelto

quickly presto

R

radio radio *f.*

rare raro

read leggere *irr.* (*p. part.* letto)

reading lettura; — **room** sala di lettura

ready pronto; **to get** — **to** apparecchiarsi† a

real vero

reason ragione *f.*

receive ricevere; — **with pleasure** gradire (gradisco)

receiver ricevitore *m.*

recently recentemente

recognize riconoscere *irr.*

rectangular rettangolare

red rosso

regarding riguardo a

relate raccontare

remain restare†

remember ricordare

repeat ripetere

restaurant ristorante *m.*

return (= *go back*) ritornare†; (= *give back*) restituire (restituisco)

reverend reverendo

ribbon nastro

rich ricco

Richard Riccardo

right giusto; destro; **at** *or* **to the** —, a destra; **to be** —, aver ragione; **all right!** sta (*or* va) bene!

ring suonare

roast arrosto; — **chicken** pollo arrosto

Robert Roberto

Rome Roma

roof tetto

room stanza; (= *bedroom*) camera; (= *hall*) sala; **bath**—, stanza da bagno; **billiard** —, sala da biliardo; **dining** —, sala da pranzo; **living** —, salotto; **reading** —, sala di lettura

round rotondo

rule regola
ruler riga
run correre *irr.*°
Russian russo

S

salad insalata
sale vendita
salesman commesso
saleswoman commessa
same stesso
Santa Claus Papà (*m.*) Natale
satisfied contento
Saturday sabato
sauce salsa
say dire *irr.* (dico, *p. part.* detto); **says**
  dice; **I should — so!** altro che!
scarcely appena
school scuola; **boarding —,** collegio;
  high —, ginnasio
schoolmate compagno (compagna) di
  scuola
second secondo
see vedere *irr.*
seem parere *irr.*†
select scegliere *irr.*
sell vendere
series serie *f.*
serve servire (servo)
set *n.* serie *f.*; *v.* apparecchiare
seven sette
seventeen diciassette
several diversi, diverse
she ella, essa
shelf scaffale *m.*
shining splendente
shirt camicia
shoe scarpa
shop *n.* negozio; *v.* fare delle spese *or*
  fare delle compere
short (*in time*) breve
should: I — say so! altro che!
show mostrare; **— me** mi mostri
shower doccia
shut chiudere *irr.* (*p. part.* chiuso)
Sicilian siciliano; **— style** alla siciliana
silk seta
silver argento

simple semplice
sin peccato
since siccome
sincere sincero
sing cantare
sir signore *m.*
sister sorella; **little —,** sorellina
sister-in-law cognata
sit sedere *irr.*; **— down** s'accomodi
six sei
sixteen sedici
slowly lentamente
small piccolo
smile sorridere *irr.*
snow neve *f.*
so così; **— much** tanto; **— many**
  tanti; **I say —,** lo dico; **he is —,** lo è
sock calzino
soiled sudicio
some di + *def. art.*
sometimes talora
son figlio
song canzone *f.*
soon presto; **— after** poco dopo; **as**
  — as appena
sound suonare
spaghetti spaghetti *m. pl.*
Spanish spagnolo
sparkle luccicare (luccico)
speak parlare
special speciale
spend spendere *irr.*; (*time*) passare
spinach spinaci *m. pl.*
spite: in — of malgrado
spoon cucchiaio; **knife, fork, and —,**
  posata
spring primavera
square piazza
stamp francobollo
start cominciare
state stato; **the United States** gli
  Stati Uniti
station stazione *f.*
stay stare *irr.*†
step down scendere *irr.*†
still ancora
stocking calza
stop (*somebody or something*) fermare;
  (*oneself*) fermarsi†
store negozio

street via
strong forte
student studɛnte *m.*, studentessa
study *n.* studio; *v.* studiare
style stile *m.*; **Sicilian** —, alla siciliana
sugar zucchero
suit (*of clothes*) abito; **bathing** —, costume (*m.*) da bagno
suitcase valigia
summer estate *f.*
sun, sunlight sole *m.*
Sunday domenica
sure cɛrto; **— enough!** altro che!
surprised sorpreso
Susan Susanna
sweet dolce
Swiss svizzero

T

table tavola; **night** —, comodino
tablecloth tovaglia
tailor sarto
take prɛndere *irr.*; (*= carry*) portare; (*= lead*) menare; **— a walk** *or* **a ride** fare una passeggiata
talk parlare
tall alto
taste gusto; **to my** —, di mio gusto
teacher maɛstro, maɛstra
team squadra
tease stuzzicare (stuzzico)
teaspoon cucchiaino
telephone *n.* telɛfono; *v.* telefonare (telɛfono)
television televisione *f.*
tell raccontare, dire *irr.* (*p. part.* detto); **— me!** mi dica!
ten diɛci
text, textbook tɛsto
thank ringraziare
thanks, thank you grazie
that *relative pron.* che; *demonstr. adj. or pron.* quello; *conj.* che
that is (to say) cioè
the il, lo, la; *pl.* i, gli, le
their, theirs loro
them li, le; **of** — *or* **about** —, ne
themselves si, sè

then (*= afterward*) poi; (*= at that time or in conclusion*) allora
there ci, là, lì; **— is** c'è, (*pointing*) ɛcco; **— are** ci sono, (*pointing*) ɛcco
Theresa Terɛsa
they essi, esse
thing cosa
think (of) pensare (a), credere (di)
thirteen tredici
this questo
Thomas Tommaso
those *see* that
thousand, a thousand, one thousand mille
three tre
through per
Thursday giovedì *m.*
thus così
ticket biglietto
tiger tigre *f.*
till *see* meet
time (*duration*) tɛmpo, (*succession, turn*) volta; **a short — ago** poco fa; **at that** —, allora; **from — to** —, di tanto in tanto; **what — is it?** che ora è? **to have a good** —, divertirsi† (mi divɛrto)
to a, ad (*used only before a word beginning with* a); (*= in order to*) per
toast crostini *m. pl.*; **piece of** —, crostino
today oggi
together insiɛme
Tom Maso
tomorrow domani; **the day after** —, dopodomani
tongue lingua
tonight stasera, stanotte
too (*= also*) anche, pure; (*= exceedingly*) troppo; **— much** troppo, **— many** troppi; **— bad!** peccato!
toward vɛrso
town città; **small** —, cittadina
track binario
train trɛno
tree albero; **Christmas** —, albero di Natale
trousers pantaloni *m. pl.*
true vero

Tuesday martedì *m.*
turn girare
twelve dodici
twenty venti
twig ramoscello
two due

U

ugly brutto
umbrella ombrello
uncle zio
under sotto
understand capire (capisco)
unfold aprire (apro)
united unito; **the United States** gli Stati Uniti
university università
up su
upper *see* **floor**
upstairs al piano superiore
us ci
use usare
useful utile
usual solito
usually di solito

V

vain vano; **in —,** invano
valise valigia
vase vaso
very molto
vest panciotto
victory vittoria
villa villa
Vincent Vincenzo
Virginia Virginia
visit *n.* visita; *v.* visitare (visito)
vocabulary vocabolario
voice voce *f.*

W

wait, wait for aspettare
waiter cameriere *m.*
waiting attesa
walk *n.* passeggiata; **to take a —,** fare una passeggiata; *v.* camminare
wall muro

war guerra
warm caldo; **it's —,** fa caldo
waste perdere
watch *n.* orologio; *v.* guardare, osservare
way cammino; **I am on my —,** sono in cammino
we noi
wear portare
weather tempo
Wednesday mercoledì *m.*
week settimana
welcome *adj.* gradito; *v.* gradire (gradisco)
well bene; **very —,** benone
what che, che cosa; (= *that which*) quello che
when quando
where dove
whether se
which che, cui, quale
while mentre
white bianco
who *relative pron.* che; *interrogative pron.* chi
whole tutto; **the — book** tutto il libro
whom *relative pron.* che, cui; *interrogative pron.* chi
why perchè; **—, yes!** ma sì! **—, no!** ma no!
wife moglie *f.*
willingly volentieri
window finestra
wine vino
wish *n.* desiderio; (*omen*) augurio; **best wishes!** auguri! *v.* desiderare (desidero) di
with con
within in, fra, tra
word parola
work lavoro
world mondo
write scrivere *irr.* (*p. part.* scritto)
wrong torto; **to be —,** aver torto

Y

year anno
yellow giallo
yes sì; **why, —!** ma sì!
yet ancora

you Lɛi, Ella, Loro, tu, voi, La, Li, Le, ti, vi

young giovane; — **man** giovane *m.*; — **lady** signorina

your, yours suo (*m. pl.* suɔi), loro, tuo (*m. pl.* tuɔi), vɔstro

yourself si, ti, vi

yourselves si, vi

youth gioventù *f.*

Z

zero zɛro

zoological zoolɔgico

INDEX

INDEX

Numbers refer to pages; numbers in parentheses refer to paragraphs.

a, contracted with definite article, 111 (**18**)

Accent, 8 (**10–11**)

ad for **a,** 114, footnote 3

Address, pronouns in: 73 (**2, 2**), 120 (**23**)

Addresses in Italian, 105, footnote

Adjectives: agreement of, 84 (**11, 1**); capitalization of, 9 (**14,** *a*); gender and number of, 84 (**11, 1**); in –**o,** 84 (**11, 2**); in –**e,** 106 (**14, 2**); in –**io,** 182 (**36**); position of, 141 (**28**), 255 (**56**)

Adverbs: position of, 107 (**15**)

Agreement of verb with two or more subjects, 191 (**40**)

Alphabet, 3 (**1**)

any, 115 (**19**)

Apocopation, 9 (**13**); 114, footnote 2; of titles in –**ore,** 233 (**50**)

Apostrophe, 8–9 (**12–13**), 80, footnote; 87, footnote 1; 107, footnote

Article, see Definite and Indefinite; article repeated, 77 (**4, 2**), 84 (**9, 3**)

be, Appendix II

both, 251 (**55, 7**)

Capitals, 9 (**14**)

Cardinal numerals, 250 (**54**); use of, 251 (**55**); position of, 255, footnote

che, relative pronoun, 111 (**17**)

Classroom expressions, 11

Close vowels, 4 (**3**), 7 (**9**), Appendix VI

Combined letters, 7 (**8**)

Commands, 278 (**58**), 283 (**60–61**)

Common expressions, 279 (**59**)

con, contracted with definite article, 119 (**22**)

Conjugations, 73 (**1**), Appendix III

Conjunctive personal pronouns: direct objects, 119 (**21**), 136 (**24**); reflexive, 185 (**37**)

Consonants, 5 (**6**); double, 6 (**7**)

Contractions of prepositions and definite article, 111 (**18**), 115 (**20**), 119 (**22**); complete table, 127

cui, 111 (**17**)

da, contracted with definite article, 115 (**20**)

Days of the week, 191 (**41**)

Definite article: forms, 83 (**9**); omission of, 114, footnote 1; 204 (**43**), 232 (**49**); with titles, 232 (**49**)

di, contracted with definite article, 111 (**18**); in partitive construction, 115 (**19**)

Diminutives, 205 (**44**), 209 (**46**)

Diphthongs, 5 (**5**)

dire, present indicative of, 256 (**57**)

Direct object, see Conjunctive personal pronouns

do, auxiliary, 73 (**3, 3**), 81 (**8, 2**)

Double consonants, 6 (**7**)

Doubling of consonant sound at the beginning of a word, Appendix VI

ed for **e,** 87, footnote 2

Elision, 8 (**12**)

Expressions (common commands), 279 (**59**)

Familiar first names, 209 (**46**)

Family names, 110, footnote 1

First names, Appendix I

Forms of address, 120 (**23**)

Future: forms: 1st conjugation, 181 (**34**), 2nd and 3rd conjugations, 190 (**38**), of auxiliary verbs, 209 (**45**); use of, 181 (**35**); of probability, 301 (**64**)

Gender of nouns, 77 (**5**); of nouns in –**ore** or –**zione,** 106, footnote

Genitive, see Possession
going: am going to, 181 (**34, 4**)

have, Appendix II
Hours, 301 (**65**)

Idiomatic expressions, Appendix V
Imperative: of regular verbs, 283 (**60**); of auxiliary verbs, 296 (**62**); of irregular verbs of the 1st conjugation, 297 (**63**); negative, 283 (**61**); Appendix II, III, and IV
in, contracted with definite article, 115 (**20**)
Indefinite article, 76 (**4**)
Indicative, see Tenses
Infinitive, 73 (**1**); used as a stem, 181 (**34, 2**)
Interrogative sentences, 73 (**3**)
Intransitive verbs, 144, footnote; of motion, rest, etc., 160 (**32**)
Irregular verbs, Appendix IV; of the 1st conjugation, 232 (**47 and 48**), 236 (**51**)
–isc– in verbs of the 3rd conjugation, 87 (**12, 1**)

la, as a conjunctive personal pronoun, 119 (**21**)
Lɛi, in direct address, 73 (**2, 2**)
lo, as a conjunctive personal pronoun, 119 (**21**)
Loro, in direct address, 73 (**2, 2**)

Marks of pronunciation, 3 (**2**)
marrone, 140, footnote
Moods, see Imperative, Infinitive, Participle, Subjunctive, Tenses of the Indicative
myself, see Reflexive pronouns

Names, 71D, 209 (**46**), Appendix I
Negative verb, 81 (**8**)
non . . . che, 236 (**52**)
Nouns, see Gender, Plural; in –o and in –a, 77 (**5**); in –e, 106 (**14**); in –io, 182 (**36**)
Numerals, see Cardinal

Object pronouns, see Conjunctive personal pronouns
one: the one, 139, footnote

only, 236 (**52**)
Open vowels, 4 (**3**), 7 (**9**), Appendix VI

Participle, past, 140 (**26**); agreement, 161 (**33**); irregular, 141 (**27**); used as an adjective, 140 (**26**), 141 (**28**)
Partitive construction, 115 (**19**)
Past participle, see Participle
per, contracted with definite article, 119 (**22**)
Personal pronouns, see Conjunctive, Subject pronouns
Plural of adjectives: in –o, 84 (**11, 2**); in –e, 106 (**14, 2**); in –io 182 (**36**)
Plural of family names, 110, footnote 1
Plural of nouns: in –a and in –o, 84 (**10**); in –e, 106 (**14, 1**); in –io, 182 (**36**)
Position of adjective, 141 (**28**), 255 (**56**); of adverb, 107 (**15**)
Possession, 88 (**13**)
Possessive adjectives or pronouns, 156 (**30**); use of, 157 (**31**), 204 (**42 and 43**); with nouns denoting relationship, 204 (**43**)
Prepositions: **a** and **di,** 111 (**18**); **da** and **in,** 115 (**20**); **su, con,** and **per,** 119 (**22**); table of contractions, 127
Present Indicative, 73 (**2**), 80 (**6**), 87 (**12**), 137 (**25**)
Present Perfect: with auxiliary **avere,** 144 (**29**); with auxiliary **ɛssere,** 160 (**32**)
Probability: future of, 301 (**64**)
Progressive meaning in the present, 73 (**2**)
Pronouns, see Address, Conjunctive, Relative, Subject
Pronunciation, 3–7 (**2–9**) and Appendix VI; combined letters, 7 (**8**); consonants, 5 (**6**); diphthongs, 5 (**5**); double consonants, 6 (**7**); marks, 3 (**2**); mispronunciations, 4 (**3, 4**); open and close **e** and **o,** 4 (**3**), 7 (**9**), and Appendix VI; semivowels, 5 (**4**); special doubling of consonant sounds, Appendix VI; Tuscan peculiarities, 5, footnote 2; voiced and unvoiced **s** and **z,** 6 (**6**) and Appendix VI; vowel sounds, 4 (**3**)
Punctuation, 10 (**15**)

Question form, 73 (3)

Recognition of words, 128
Reflexive pronouns, 185 (37)
Reflexive verbs, 185 (37); auxiliary used
  with, 185 (37, 3)
Relative pronouns, 111 (17)

s, pronunciation of, 5 (6), Appendix VI
Semivowels, 5 (4)
some, 115 (19)
Stem of a verb, 73 (1, 2)
Stress, 8 (10); stress marks, 3 (2) and 4,
  footnote
su, contracted with definite article,
  119 (22)
Subject pronouns, 80 (7)
Subjects, verb with two or more, 191 (40)
Subjunctive, present in commands, 278
  (58)
Syllabication, 109

Tenses of the indicative: future, 181
  (34 and 35), 190 (38), 209 (45), 301

(64); present, 73 (2), 80 (6), 87 (12),
  137 (25); present perfect, 144 (29),
  160 (32)
Time of day, 301 (65)
Titles, article with, 232 (49); apocopation of, 233 (50)
Transitive verbs, 144, footnote
tu, use of, 120 (23)
Tuscan peculiarities of pronunciation, 5,
  footnote 2

Unvoiced s or z, 5 (6), Appendix VI

Verb, see Conjugations, Intransitive,
  Irregular, Tenses, Transitive; with
  two or more subjects, 191 (40)
voi, use of, 120 (23)
Voiced s or z, 5 (6), Appendix VI
Vowels, 4 (3), 5 (4–5), 7 (9), Appendix VI

Week: days of the, 191 (41)
Words: recognition of, 128

z, pronunciation of, 5 (6), Appendix VI